臺灣歷史與文化 研究輯刊

二二編

第 7 冊

吳晟詩歌的鄉土意識研究

吳宗良 著

花木蘭文化事業有限公司

國家圖書館出版品預行編目資料

吳晟詩歌的鄉土意識研究／吳宗良 著 -- 初版 -- 新北市：花
木蘭文化事業有限公司，2022〔民 111 〕
目 4+314 面；19×26 公分
（臺灣歷史與文化研究輯刊二二編；第 7 冊）
ISBN 978-986-518-987-7（精裝）
1.CST：吳晟 2.CST：傳記 3.CST：臺灣詩 4.CST：鄉土文學
5.CST：文學評論
733.08　　　　　　　　　　　　　　　　　　111009907

ISBN-978-986-518-987-7

臺灣歷史與文化研究輯刊
二二編　第七冊　　　　　ISBN：978-986-518-987-7

吳晟詩歌的鄉土意識研究

作　　者　吳宗良
總 編 輯　杜潔祥
副總編輯　楊嘉樂
編輯主任　許郁翎
編　　輯　張雅淋、潘玟靜、劉子瑄　美術編輯　陳逸婷
出　　版　花木蘭文化事業有限公司
發 行 人　高小娟
聯絡地址　235 新北市中和區中安街七二號十三樓
　　　　　電話：02-2923-1455 ／傳真：02-2923-1452
網　　址　http://www.huamulan.tw 信箱 service@huamulans.com
印　　刷　普羅文化出版廣告事業
初　　版　2022 年 9 月
定　　價　二二編 9 冊（精裝）新台幣 26,000 元

吳晟詩歌的鄉土意識研究

吳宗良　著

作者簡介

吳宗良 1960 年出生，出生在文藝氣息濃郁的府城——臺南，因為這樣的機緣，造就對文學的熱愛，十七歲開始創作，寫了新詩 4100 多首。目前在中國文化大學中國文學系博士班就讀，也是一位高中電機科專業教師。

對自己寫作的認知：在叩問下和呢喃中，自己的語言是婉約、柔美、抒情；在每次心緒起伏的轉折中，餘韻盪漾。

畢生珍惜青春不倉促虛度，重視自我的性靈洗滌，在作品中呈現追尋理想的深度，將內心世界赤裸裸呈現，具濃濃的深厚情意。

提　　要

鄉土詩人吳晟，窮盡一生歲月，憂國憂民，對社會、文化、教育、政治、經濟、環保，從隱抑到激越，從呼籲到批判，把情感化為實踐，躬耕鄉土，埋首耕耘詩文中的阡陌，以不變的鄉心貼近土地的脈動，只因這是吳晟與生俱有的強烈社會意識、鄉土意識，對臺灣這塊土地的認同感。

本論文對吳晟詩歌的特色加以詮釋，並將其詩作中常用的修辭方式，和使用的鄉土語言進行分析、歸納、統計。以不同時期的作品做比較，進而說明吳晟在詩風上的差異性。

針對當前研究吳晟作品，無論是學位論文或單篇論文，常有論述失真的地方，本論文透過與吳晟本人無數次的訪談中，提出自己的研究心得。並將文學史所忽略而被遺漏的史證，和有待補正的各家目錄集、以及吳晟詩作的數量，和二十四首未曾編入吳晟詩集的新發現，在論文中提出補充。

探討吳晟的詩歌，在精神上、在創作上，在整個文壇中，具有承先啟後的價值和意義。進而從創作中，發現吳晟在現代詩的藝術成就，和他在詩壇上的重要地位。

目
次

表目次

圖目次

第一章 緒 論

　　十八歲正讀高中的那一年，那一夜，踩著腳踏車，到成功大學中文系，聆聽詩人吳晟演講，至今已三十七年，從高工到二專、服兵役、在工業界工作，甚至後來教書歷二十八年，自己一直在電機工程的領域學習與發展；但也不斷的在研讀文學作品。

　　有幸投考上中國文化大學中文研究所，撰寫碩士論文所想到的是詩人吳晟，因為他抓得住我，在我的心靈。這是讀吳晟現代詩所給我的第一個感觸，以及那一夜一面之緣，吳晟所留給我的憨厚、耿直、親切、謙卑，美好的、深深的印象。就像吳晟所言：

　　　　詩家要有怎樣的姿態呢？猶如水稻在微風吹拂，尤其是稻穗飽滿之
　　　　時的低垂意象，謙虛與卑屈之間，有多重面向的解讀吧？〔註1〕

　　泥土是詩人吳晟永恆的故鄉，與它呢喃、呵護，化作最深的情愫。善用經驗，富於想像，文情中總露出土地濃濃的清香。讓稻香從吳晟的故鄉溪州出發，讓田野的一草一木，演奏交響的樂章，有如蒲公英散發曳漾的光影在大地。

第一節　研究動機與目的

一、研究動機

　　無論是余光中或葉石濤，對吳晟的詩讚美有加，認為吳晟的鄉土詩，已在鄉土文學作戰之前，並且深具代表性，引發筆者對吳晟詩的研究。

〔註1〕施懿琳：〈文章千古事〉，收入吳晟：《一首詩一個故事》（臺北：聯合文學出
　　　版社有限公司，2006 年 1 月初版三刷），頁 5。

土地，對吳晟在寫作的素材而言，俯拾皆是。即使落花水面、磚牆屋瓦皆蘊藏詩人動人的詩篇。以感性看待萬物，用理性探求生命。用沉重的生命，在斷垣頹廢的壁中尋找詩的光芒，永遠抑制不了對吾土吾民深邃的關愛，而他的生活態度與創作美學和內心世界更值得探討。

那一畦一畦如鏡的水稻田裡，倒映著藍空和悠然的白雲。苦吟中但求平淡，鍛鍊中以求自然。用詩歌記載心靈的浮光掠影，一步一腳印赤足走在詩的田野。以鄉土為核心、以愛為依歸、以農民的勞動為主軸，以信念為一生堅持的力量，藉以固守家園，對抗現實社會的衝擊，顯現農民憨直的草根性格，只因對生命有絢麗光彩的愛；即使有所沉重，那也是生命中最甜蜜的負荷。

縱然歲月將年齡催老，永遠改變不了詩人一顆燦發的詩心。作者內在生命結構的磁場，潛藏詩的天性，擁有無法磨滅的感覺基因。即使曾經對詩的寫作漸淡，甚至於趨近於停筆〔註2〕，當吳晟重提詩筆，讓詩的園圃呈現盎然的生機，以新的風貌呈現。文路如春流滾滾，流汨曠野，浩浩蕩蕩。有幸研究吳晟，倒不如說，在學習他憨厚的個性與對大地的愛。

二、研究目的

土地對吳晟的影響，以及對親情、愛情、社會之愛進而到家國之愛；熱愛中促使吳晟走向社會實踐，以實際的行動關懷鄉土，從一位作家到社會運動的倡議者，完成知識份子的自我建構，創造了自己作品的獨特風格。他的文學作品之所以廣遠流傳，主要是，反映的內容正是時代中大眾的共同心聲，引起共鳴。

他的詩歌，在精神上、在創作上，在整個文壇中具有承先啟後的價值和意義。藉此，希望從詩的角度來認識吳晟，進而肯定吳晟在現代詩的藝術成就，並具體呈現出他在詩壇上的重要地位。對詩人的風範，希望藉由本論文，可以讓更多的讀者認識他、瞭解他。

第二節　當前研究吳晟詩文現況

至目前為止，研究吳晟詩文的碩士論文，共有十八篇。

〔註2〕吳晟：《店仔頭·〈讀店仔頭開講草稿〉》中引述給曾健民信件內容所言。（臺北：洪範書店有限公司，1985年8月三版），頁1。

1. 吳晟詩研究及教學實務

陳秀琴，2001 年國立高雄師範大學國文教學碩士班論文。

根據吳晟的 234 首詩、從吳晟的生活觀、宿命觀、勞動觀和心靈與創作理念、歷程、環境，探討吳晟的詩觀及鄉土主題的描寫。以吳晟的詩作為教學實務，並對其詩的藝術探究，最後論及吳晟詩的成就、評價與影響。

2. 從《吾鄉印象》到〈再見吾鄉〉以臺灣農村社會發展論吳晟詩寫作

陳文彬，2002 年世新大學社會發展研究所碩士班論文。

以馬克思主義美學理論，為本論文研究的基礎，對戰後台灣農村與文學的現代化影響，並述及吳晟思想養成和創作背景，對於《吾鄉印象》與戰後臺灣農村社會發展與台灣農地政策的變遷，從〈土地公〉探討「再見吾鄉」中農民對土地價值觀的改變，解析吳晟筆下農村的土地倫理、經濟變化的來由脈絡。

3. 吳晟及其散文研究

許倪瑛，2004 年雲林科技大學漢學資料整理研究所碩士論文。

由時空背景進入，對吳晟寫作環境與創作理念更深層瞭解，從吳晟散文特色，探討吳晟散文的意義與價值。論及吳晟的文學觀，強調文學必須真實地反映現實生活，時代生活孕育和決定作家的作品，作家應與時代相結合，表現時代精神。

4. 吳晟散文中的農村書寫

郭玲蘭，2005 年銘傳大學應用中國文學系碩士論文。

透過吳晟寫作背景，瞭解農村生活及其農村書寫的關聯性，並對吳晟的創作理念陳述，透過五個主題的探討：一、農事書寫。二、農業問題書寫。三、農村生活書寫。四、農村景觀書寫。五、農村人物書寫。以期更瞭解吳晟的作品意涵，對其書寫技巧的分析，確立吳晟散文中農村書寫的價值和貢獻。

5. 吳晟《店仔頭》一書的語言藝術運用研究

賴淑美，2006 年國立彰化師範大學國文學系碩士論文。

從《店仔頭》內容之探究，見證時代之變遷，批判社會現象，揭發政策的不周延。探討書中修辭手法的運用，如何使文句靈動、形象鮮明、文句鏗鏘有力的修辭格研究。

認為《店仔頭》在文章節奏上給人親切、和諧的感受。在內容表現手法，

深刻傳達吳晟對社會文化、經濟、文明所帶給農村的衝擊，時時保有一顆憂慮心，情真意切。

6. 吳晟作品中的鄉土

蘇惟文，2008 年淡江大學中國文學系碩士論文。

從詩作與散文做分析、歸納，採資料蒐集、文獻探討、以及詩文交互相映作為其方法論，從作品中分析吳晟的寫作環境與文學觀，探討吳晟作品中的題材及語言風格。分析吳晟作品中的重要題材，以「勞動生活」、「農業問題」、「鄉土人物」、「鄉土精神」四方面為中心。最後再分析吳晟作品中的語言特色，從「閩南語風格」、「生活的意象」、「鄉土意境」三方面來探討其作品中的鄉土特色。

7. 吳晟詩之詞彙風格研究—以重疊詞為例

賀萬財，2008 年國立彰化師範大學國文學系碩士論文。

對吳晟的 207 首詩重新解構，先將他寫詩的創作歷程分為五個時期，並從重疊詞的角度切入，具體呈現他個人獨特的語言表達習慣及慣用的詞彙表現手法，凸顯出這五個時期的詞彙風格有何差異，以期能從中窺探詩人創作風格的轉變，進而探索其個人風格形成的原因。

8. 論吳晟、蕭蕭作品中的彰化人文關懷

林秀英，2009 年逢甲大學中國文學所碩士論文。

戰後中臺灣的第一代本土作家如何進入詩壇，從詩到散文的轉變？探討吳晟與蕭蕭對彰化人文與社會的關懷。

9. 吳晟詩及其入樂現象研究

陳韻如，2009 年高雄師範大學國文學系碩士論文。

「以詩入樂」現象的可行性及效果，是本論文探究的核心，在各時期的作品如何與歷史銜接和連鎖。透過詩人的經歷探討對其寫作風格的影響，再以詩作的主題內涵為研究方向，為吳晟詩作一整體的觀照。從《詩‧誦》專輯，探討朗誦技巧和聲情的傳達。在結合詩與音樂互映的光輝藝術下，肯定詩人在詩壇的成就、詩入樂的價值和在詩壇上的意義及重要性。

10. 吳晟散文之思想研究

莊藝淑，2009 年國立嘉義大學中國文學系研究所碩士論文。

承繼和地域感，形成吳晟散文風格，那是濃厚的扎根精神，來自無飾無偽的真心對時代的責任感，掌握吳晟散文創作的思想理念。

吳晟散文之倫理思想來自家庭倫理、群己倫理、土地倫理三個層次，也是吳晟慣有批判與省思的真切態度。

11. 吳晟與吳音寧詩文中之台灣鄉土情懷研究

林亞筑，2010 年佛光大學文學系碩士論文。

探討分析父女二人的作品所呈現的鄉土情懷，探究作品中的主題內涵、人物描寫，以期對他們的詩文有完整認識，並分析其詩文特色，進而瞭解鄉土詩文的內涵和特點，以呈現兩人共有的鄉土之愛。論述他們的作品主題內涵，主要著重在鄉村風貌、親情描繪、農村問題與文化衝擊。

12. 論吳晟的農村文學

廖苙女勻，2010 年中興大學臺灣文學研究所碩士論文。

從農民、農村、農業三大面向，探討「三農」問題，試以「農民形象」、「地方感與在地關懷」、「農業議題探討」為主軸切入，來建構吳晟在詩作、散文作品中農業議題書寫具體樣貌，與一般勞動者所不同特質與圖像。

從倫理觀和地方感的認同，延展對土地深邃情感，從對家鄉的愛擴展到對國家關懷。以吳晟農業書寫的議題作為探討，探討臺灣農業政策對於農民有何影響，透過吳晟書寫看見臺灣農業的變遷。

13. 吳晟和阿盛散文之研究

柯雅齡，2010 年臺北市立教育大學中國語文學系碩士論文。

從兩位作家作品的主題內涵，期待對他們的散文有完整而具體的認識，並分析其散文，進而瞭解鄉土散文的內涵和特色，呈現戰後臺灣鄉土散文創作的風格與題材的轉變。希望藉由吳晟和阿盛散文之特色，喚起大家對鄉土文學與鄉土的關懷。

14. 吳晟的土地書寫與社會實踐

吳建樑，2011 年國立臺北教育大學臺灣文化研究所碩士論文。

土地的倫理對吳晟深深影響，因熱愛促使吳晟走向社會實踐，從一位作家到社會運動的倡議者。從吳晟的文學觀，由其自述、訪談、詩文作品中歸納並探究其文學與土地、文學與人、文學與社會的關係。

15. 吳晟的文學思想研究

陳美搖，2011 年國立彰化師範大學台灣文學研究所碩士論文。

分成三部分：家庭倫理、社群倫理、鄉土倫理，從倫理為出發點，探討吳晟對生命的熱愛。

吳晟書寫農村，是他的親身經驗。以詩文反省生命、真誠無偽的創作、吳晟的倫理意識、社會關懷、政治理念與環保意識、生命觀、擁有自己的文學主張和對政治社會現實批判。

吳晟的社會關懷、政治理念與環保意識，這三方面和人民的生活息息相關，也是吳晟追求公平正義的具體實踐。他的生命觀，是由檢視自我生命，從中反省學習，觀照自然的生生不息，達到物我合一的境界。

16. 吳晟詩文社會關懷之研究

利宜蓁，2012 年高雄師範大學國文學系碩士論文。

從吳晟詩文的環境背景和親身體驗，將農村真實的樣貌，生動呈現在作品當中，也書寫了對土地的情感、對鄉人的關心、社會的變遷及終極的自然之愛。

現實社會的關懷書寫、生態議題的關切、生命試煉的省思、吳晟社會關懷的詩文藝術、吳晟詩作社會關懷的意象表現用並列、對比、綜合分析歸納。

17. 吳晟詩文作品中生命觀之研究

施玉修，2012 年南華大學生死學系碩士論文。

孤獨是生命的試煉、愛是生命的信仰、文學是生命的昇華、自然是生命的回歸、傳承是生命的延續。對吳晟生命的核心，以縱、以橫的角度面向，對吳晟生命中的起承轉合，呈現生命中重要人與事所代表的意義，發掘生命的深度；鋪陳吳晟生命中的遇合，展現吳晟生命的寬闊。對死亡議題的探究，補足生命的完整性與延續性。最後歸納出：孤獨、愛、文學、自然、傳承這五項重要的生命元素。

18. 吳晟詩中的家人研究

黃世勳，2014 年高雄師範大學國文教學碩士班碩士論文。

藉由吳晟詩中描寫家人的部分加以整理，並且詳加分析，並搭配散文補充以及論文期刊的註解，讓大家瞭解吳晟對於親情詩的描寫，並不亞於鄉土詩。吳晟熱愛這片鄉土，就是因為這片鄉土上，有其熱愛的家人居住於此，所以吳晟寫家人，就是寫鄉土；寫鄉土，就是寫家人。

表 1-1 歷年研究吳晟詩文的碩士論文

編號	研究生	年	論文題目	就讀學校
1	陳秀琴	2001	吳晟詩研究及教學實務	高雄師範大學

2	陳文彬	2002	從《吾鄉印象》到〈再見吾鄉〉以臺灣農村社會發展論吳晟詩寫作	世新大學
3	許倪瑛	2004	吳晟及其散文研究	雲林科技大學
4	郭玲蘭	2005	吳晟散文中的農村書寫	銘傳大學
5	賴淑美	2006	吳晟《店仔頭》一書的語言藝術運用研究	彰化師範大學
6	蘇惟文	2008	吳晟作品中的鄉土	淡江大學
7	賀萬財	2008	吳晟詩之詞彙風格研究──以重疊詞為例	彰化師範大學
8	林秀英	2009	論吳晟、蕭蕭作品中的彰化人文關懷	逢甲大學
9	陳韻如	2009	吳晟詩及其入樂現象研究	高雄師範大學
10	莊藝淑	2009	吳晟散文之思想研究	嘉義大學
11	林亞筑	2010	吳晟與吳音寧詩文中之台灣鄉土情懷研究	佛光大學
12	廖苙匀	2010	論吳晟的農村文學	中興大學
13	柯雅齡	2010	吳晟和阿盛散文之研究	臺北市立教育大學
14	吳建樑	2011	吳晟的土地書寫與社會實踐	國立臺北教育大學
15	陳美搖	2011	吳晟的文學思想研究	彰化師範大學
16	利宜蓁	2012	吳晟詩文社會關懷之研究	高雄師範大學
17	施玉修	2012	吳晟詩文作品中生命觀之研究	南華大學
18	黃世勳	2014	吳晟詩中的家人研究	高雄師範大學

　　有關歷年來對吳晟詩文研究的碩士論文，其中高雄師範大學有 4 篇，彰化師範大學有 3 篇，國立臺北教育大學、臺北市立教育大學、中興大學、嘉義大學、雲林科技大學、淡江大學、世新大學、銘傳大學、逢甲大學、佛光大學、南華大學這十一所學校各有 1 篇。

第三節　研究範圍

　　研究範圍以吳晟的詩集為主（主要針對 2000 年之前的詩），散文為輔。〔註3〕本論文以吳晟的詩集《吾鄉印象》、《泥土》、《飄搖裏》、《吳晟詩集》、

〔註3〕吳晟曾自述「我的詩與散文是相互印證的」，見玉文仁、陳沛淇：〈亞熱帶的文學田園──店仔頭讀詩〉，《文化視窗》第 56 期（2003 年 10 月），頁 41。

《向孩子說》、《吳晟詩選》、《他還年輕》，作為研究的方向，再探究歷年來與此相關的文獻，加以整理論述之。但，因作者本身的生平與某些作品在他的散文有明確說明，將會引用《店仔頭》、《無悔》、《不如相忘》、《農婦》、《一首詩一個故事》、《筆記濁水溪》、《溼地　石化　島嶼　想像》、《守護母親之河：筆記濁水溪》，散文的內容。

> 我的文學創作，原本以新詩為主，但新詩注重精鍊，很難做詳細的
> 描述，因此才改以散文形式來表達。〔註4〕

無論是吳晟的詩或散文都有密切關係，將以散文佐證吳晟詩的脈絡及寫作背景。

綜觀目前的學位論文的內容，筆者認為可以從現代主義、烏托邦的理想世界、鄉土文學、吳晟的草根性，逐一更深入的探討。

一、使用版本

（一）專書

詩集

吳晟：《飄搖裏》（屏東：中國書局，1966 年 12 月初版。）

吳晟：《吾鄉印象》（新竹：楓城出版有限公司，1976 年 10 月初版。）

吳晟：《泥土》（臺北：遠景出版社，1979 年 8 月三版。）

吳晟：《飄搖裏》〔註5〕（臺北：洪範書店有限公司，1985 年 6 月初版。）

吳晟：《吳晟詩集》（臺北：開拓出版有限公司，1994 年 11 月 15 日初版一刷。）

吳晟：《吳晟詩選》〔註6〕（臺北：洪範書店有限公司，2008 年 9 月初版四印。）

吳晟：《向孩子說》〔註7〕（臺北：洪範書店有限公司，2012 年 6 月初版五印。）

〔註4〕吳晟：《一首詩一個故事》（臺北：聯合文學出版社有限公司，2006 年 1 月 1 日初版三刷），頁 203。

〔註5〕按：在吳晟的著作中有兩本《飄搖裏》，本論文以「洪範」版本為主，若用到「中國書局」版本，將特別說明。

〔註6〕吳晟：《吳晟詩選》，初版一印為 2000 年 5 月。

〔註7〕吳晟：《向孩子說》，初版一印為 1985 年 6 月。

吳晟：《吾鄉印象》〔註8〕（臺北：洪範書店有限公司，2012 年 6 月初版
　　四印。）

吳晟：《他還年輕》（臺北：洪範書店有限公司，2014 年 10 月初版。）

散文集

吳晟：《店仔頭》（臺北：洪範書店有限公司，1985 年 8 月三版。）

吳晟：《無悔》（臺北：開拓出版有限公司，1992 年 10 月 15 日初版一
　　刷。）

吳晟：《不如相忘》（臺北：華成圖書出版股份有限公司，2002 年 9 月初
　　版一刷。）吳晟：《農婦》（臺北：洪範書店有限公司，2005 年 8
　　月初版十二印。）

吳晟：《一首詩一個故事》（臺北：聯合文學出版社有限公司，2006 年 1
　　月 1 日初版三刷。）

吳晟：《筆記濁水溪》（臺北：聯合文學出版社有限公司，2009 年 10 月 10
　　日初版三刷第一次。）

吳晟、吳明益主編：《溼地　石化　島嶼　想像》（臺北：有鹿文化事業
　　有限公司，2011 年 1 月初版。）

吳晟：《守護母親之河：筆記濁水溪》（臺北：聯合文學出版社有限公司，
　　2014 年 4 月 8 日增定版一刷。）

（二）專著

宋田水：《「吾鄉印象」的鄉土美學：論吳晟》〔註9〕

　　從中西方文化差異（中國的憫農詩和西方農民文學）及古今時空（憫
　　農詩及現代詩）比較，與吳晟詩文作對照，探討《吾鄉印象》中的
　　鄉土美學，探討吳晟的詩所具有的特質和時代背景，以及在詩壇的
　　地位。

林廣：《尋訪詩的田野》〔註10〕

　　走過詩的阡陌，評析吳晟不同時期的四十首新詩，記載與詩人心靈

〔註 8〕按：在吳晟的著作中有兩本《吾鄉印象》，本論文以「洪範」版本為主，其初
　　版一刷為 1985 年 6 月。若用到「楓城」版本，將特別說明。
〔註 9〕宋田水：《「吾鄉印象」的鄉土美學——論吳晟》（臺北：前衛出版社 1995 年
　　2 月初版第一刷。）
〔註 10〕林廣：《尋訪詩的田野》（臺北：聯合文學出版社有限公司，2005 年 12 月初版。）

的對談、探索詩中的意涵、透過美學觀照，傾聽詩人內心深處的聲音。評論吳晟各時期作品，讓讀者能更完整瞭解詩人的創作風格。

曾潔明：《吳晟詩文中的人物研究》〔註11〕

從意涵特點方面、語言特色方面分析吳晟在詩文上擁有多才多藝的文學特質。而土地是一切的根源，從中體悟親情、愛情、友情的重要與關懷，對吳晟詩文的有深入瞭解和評價。

林明德編：《鄉間子弟鄉間老──吳晟新詩評論》〔註12〕

對吳晟詩作的論文或報導文章或評論共十三篇收錄，有其精闢的論點。書末又附錄整理歷年來評論吳晟的相關文章（至 2007 年），可作為研究資料搜集的途徑參考，對吳晟詩作的主題意識及題材能進一層的認識。

陳建忠：《吳晟集》〔註13〕

內容包括：序文、編輯體例說明、目錄、詩人小傳、詩人影像、詩選、解說、詩人重要生平、文學簡表、閱讀進階指引、詩人已出版詩集要目，是吳晟的小傳與詩選和閱讀進階的指引。

（三）期刊論文

許南村：〈試論吳晟的詩〉〔註14〕

近二萬字的長篇評論，從現代主義談起吳晟詩的風格，並從 1953 年到 1974 年臺灣所處的政治、經濟、文藝潮流與吳晟關係，理解當時候吳晟的地位，對吳晟每個階段的作品有精闢的評論。

蕭蕭：〈向孩子說些什麼？讀吳晟的「向孩子說」〉〔註15〕

說明「向孩子說」序列詩是鄉土詩的變貌，社會變遷下，要以自然天性抗禦權貴和浮華，是吳晟鄉土意識的傳達，從對孩子之愛延伸到國家之愛。

〔註11〕曾潔明：《吳晟詩文中的人物研究》（臺北：萬卷樓圖書股份有限公司 2006 年 1 月初版。）

〔註12〕林明德編著：《鄉間子弟鄉間老──吳晟新詩評論》（臺中：星晨出版有限公司 2008 年 2 月 15 日初版。）

〔註13〕陳建忠編：《吳晟集》（臺南：國立臺灣文學館 2009 年 7 月初版。）

〔註14〕許南村：〈試論吳晟的詩〉，《文季》第 1 卷第 2 期（1983 年 6 月），頁 16～44。

〔註15〕蕭蕭：〈向孩子說些什麼？──讀吳晟的「向孩子說」〉，《文訊》第 21 期（1985 年 12 月），頁 218～226。

　　施懿琳:〈從隱抑到激越——論吳晟詩的政治關懷〉〔註 16〕

　　　　探討吳晟的創作理念,年輕時就有不同流合汙的個性,以及對政治
　　　　關懷的養成原因,並對每個時期的作品風格深入探索。

　　林明德:〈台灣文學中的歷史經驗——以吳晟的作品為例〉〔註 17〕

　　　　從吳晟的詩和散文與臺灣的政治、教育、農業、社會及生態等現象
　　　　結合探討。認為吳晟的鄉土意識鮮明,秉持正義情操對鄉土認同,
　　　　數十年來如一日,這種精神與作品,是臺灣的歷史經驗。

　　丁旭輝:〈從《飄搖裏》論吳晟 1970 年以前詩作的開展意義與價值〉
〔註 18〕

　　　　大多數評論家以《飄搖裏》和《吾鄉印象》做為切割,很少討論屬
　　　　於現代主義時期的作品,此文認為這階段的詩,是之後作品轉變的
　　　　重要根源,不可忽視。

　　從林明德編著《鄉間子弟鄉間老》〔註 19〕所列出「評介吳晟」、「吳晟詩
作評論」、「吳晟單篇詩作評論」、「吳晟散文評論」〔註 20〕就有 275 篇,國家
圖書館「台灣期刊論文」收錄 127 篇(含吳晟投稿的作品 8 篇),眾多評論中
筆者僅擇要者敘述。

二、未曾被討論的 24 首詩

　　一般學位論文研究吳晟在 2000 年以前的詩,最多以《吳晟詩集》編目所
列 234 首,其實這是不足的。筆者發現尚有 24 首未被列入,若含 2014 年 10
月洪範書店出版《他還年輕》詩集,內有 52 首,吳晟的詩總共 310 首。這 24
首分別為:1.〈飛還吧!我底童年〉。2.〈雨後〉。3.〈醒睡〉。4.〈中華兒女〉。
5.〈激流〉。6.〈別——給童年〉。7.〈小徑〉。8.〈塑〉。9.〈企〉。10.〈鳥〉。

〔註 16〕施懿琳:〈從隱抑到激越——論吳晟詩的政治關懷〉《台灣日報・台灣副刊》。
　　　　(上)1999 年 5 月 27 日,(中)1999 年 5 月 28 日,(下)1999 年 5 月 29
　　　　日。
〔註 17〕林明德:〈台灣文學中的歷史經驗一以吳晟的作品為例〉,《文學台灣》13 期
　　　　(1995 年 1 月),頁 288～315。
〔註 18〕〈從《飄搖裏》論吳晟 1970 年以前詩作的開展意義與價值〉,《台灣文學研
　　　　究學報》第七期(2008 年 10 月),頁 209～234。
〔註 19〕林明德編:《鄉間子弟鄉間老》(臺中:星辰出版有限公司,2008 年 2 月 15 日
　　　　初版。)
〔註 20〕林明德編:《鄉間子弟鄉間老》,頁 259～269。

11.〈孤石〉。12.〈你〉。13.〈月〉。14.〈過客〉。15.〈誤〉。16.〈門・門・門〉。17.〈兩岸〉。18.〈不眠夜〉。19.〈夜談〉。20.〈鄉居日記鈔（詩體七則）〉。21.〈終結〉。22.〈餘燼〉。23.〈迷津〉。24.〈餘震總會停止〉。詳細資料記載於第八章及附錄裡。這 24 首詩，是經過吳晟所證實。

第四節　研究方法

一、本論文規劃

　　第一章緒論。分四個小節，分別說明本論文的研究動機與目的、當前研究吳晟詩文現況、研究範圍、與研究方法。

　　第二章臺灣鄉土文學概述。分三小節，第一節鄉土意識的界定。第二節論緣起。第三節繼承。

　　第三章吳晟的生平與創作歷程。分四小節，第一節憨直個性的農家子弟。第二節求學過程及文學啟蒙。第三節創作歷程，含時代背景、政治情勢、社會環境。第四節與臺灣新文學之父的詩緣。

　　第四章說明吳晟的詩觀。從作品中探討出吳晟具有任重道遠、承先啟後的能力。

　　第五章說明吳晟詩歌的鄉土意識。分三小節，第一節吳晟詩的鄉土特色，第二節親情、鄉情的眷戀，第三節農村生活的寫實，第四節環境議題的關切。

　　第六章吳晟詩歌的修辭特色，透過吳晟詩的內容分類解析，並將他的不同時期作品，做比較歸納出特色所在與寫作中鄉土語言的運用。

　　第七章吳晟詩歌的評價與影響。分三小節，第一節深刻反映出臺灣農村受到現代工商業衝激後的困頓和變貌。第二節吳晟詩歌的流佈與價值。第三節吳晟詩歌的影響。

　　第八章吳晟詩新事證。舉出當前未被發現的資料，與澄清吳晟作品被誤解的事證，共有十項，這些是經過吳晟證實。

　　第九章結論。

二、使用文獻分析法、分析歸納法、統計法、訪談研究

　　本論文採文獻分析法，暨蒐集所有吳晟的詩作，探討吳晟現代詩的文獻資料，選其最有代表性作品分析其詩義並加以統整。在吳晟現代詩的題材分

類、並對藝術特色等方面分別採用分析、詮釋、比較及歸納法，期望能有比較完整詳盡的論述。

「分析歸納法」是把客觀對象分解為各個部分，並認識部分在全體中的作用；歸納是把分析得來的各部分重新整合，得出結論。本文在第五章、第六章即利用分析歸納法，先以吳晟的每首詩為分析單位，來解析吳晟在詩中運用這些詞彙的深意，並從中找出他寫詩的用詞習慣，最後再整合分析結果，歸納出吳晟詩的特色。

「統計法」是將研究分析的成果用科學數據來將它呈現，藉數據精確的表述，達到定量分析的方法，這是現代語言學所應用的新方法。本文利用統計法，表列分析後所得到的統計數字，藉統計數字具體顯現吳晟在不同時期的差異性，讓讀者對吳晟詩作的風格一目了然，再和其他研究方法相配合，做全面的分析、統整。

「比較法」是指把兩種，或兩種以上同類事物，作為研究對象互相比較，以辨別差異或高低好壞的方式。在個人作品風格方面的比較，可以有「同一時代不同作家的語言風格比較」、「同一作家不同題材的語言風格比較」、「同一題材不同作家的語言風格比較」、「同一作家不同時期的語言風格比較」四種不同角度。因為風格是透過比較才能突顯其間的語言風格特徵，許多事物都是在相互對比中，才能看出它們的同與異。所以本論文欲將吳晟在《泥土》、《飄搖裏》、《吳晟詩集》、《吳晟詩選》、《向孩子說》、《吾鄉印象》的詩作做比較，比較他在不同時期運用詞的習慣，更清楚的來解析吳晟詩的風格。

此外本論文也運用竺家寧所說的語言風格學三個研究步驟：「分析」、「描寫」、「詮釋」來進行研究。「分析」是把一個語言片段進行解析；「描寫」是把語言片段各成分之間的搭配規律說出來；「詮釋」是把為什麼是這樣的原因說出來。其實語言風格的研究，是以尋找語言風格現象的特點和規律為目標，在方法的運用上，無法單靠哪一種方法來完成研究，唯有透過各種方法的應用，才能確實解析出作品的語言特色。竺家寧在《語言風格與文學韻律》一書裡曾說：

> 語言風格學是一門新興的學科，它是語言學和文學相結合的產物。它
> 是利用語言學的觀念與方法來分析文學作品的一條新途徑。〔註21〕

〔註21〕竺家寧：《語言風格與文學韻律》（臺北：五南圖書出版有限公司，1979年3
　　　　月初版），頁1。

　　本文並分析吳晟的詩，常用何種方式增進達意傳情，來觸動讀者的情思，並提出新的論證。引吳晟的詩，探討吳晟從愛荷華回臺後，從 1984 年到 1995 年這十一年期間僅發表五首詩的緣由，以及《吳晟詩選》編目未列入的詩作，另分析吳晟的詩在節數上日愈增加的原因，並且提新事證，一般研究吳晟作品卻錯誤之處，而這些論述是經過吳晟證實。並做訪談研究，以事先擬定問題請詩人詮釋，以獲得更為完整的答案，從中做更深入的探討。

第二章　臺灣鄉土文學概述

　　鄉土文學，無論在中國現代文學史或臺灣現代文學的發展過程，都佔據極為重要的地位。主要緣起臺灣歷史的特殊性，經過清朝割臺、日治時代、臺灣光復，以及後來國、共兩黨分別統治兩岸，臺灣鄉土文學的歷史發展尤其複雜，在不同的時期有著不同的意義。〔註1〕

　　作家以自己所熟悉的生長地方作為取材的來源，在他們的作品中具有明顯的地域性，因此，文學史家就稱他們為鄉土作家，對他們的作品稱為鄉土文學。

　　臺灣鄉土文學所指的是生活在臺灣這塊土地上人民的文學，是在反省臺灣人民生活的面貌、反映人民生存與認同困境的小說、文章、詩歌、戲劇……；在這樣的前提之下，往往臺灣鄉土文學流露出人道主義民胞物與的關懷，為基層人民說出心聲。

第一節　鄉土意識的界定

　　對此有中外學者提出看法：

　　　　有關台灣「鄉土意識」的議題，戰前與戰後的文化界都經歷過深層的討論。戰前台灣「鄉土意識」的消長，從 1910 年代台灣民族運動開始以來，經過幾番的變動波折。「鄉土意識」一詞，在文學和民俗

〔註1〕參見呂正惠：〈鄉土文學與台灣現代文學〉，收入在陳映真總編輯：《鄉土文學論戰三十年——左翼傳統的復歸》（臺北：人間出版社，2008 年一月初版一刷），頁 97。

學的領域中，也同樣呈現階段性的意義。1930 年代初期，在台灣文學界發生的「鄉土文學論爭」中，我們可以清楚從論爭的思辨中，捕捉台灣知識份子思考「鄉土」＝「台灣」的主體性脈絡。〔註2〕

鄉土文學「應該相當於西方文學中的地區主義（regionalism）加上地方色彩（local color）」〔註3〕這樣的地區，可以是某一區域、鄉村田野、海邊漁村、社區都會、山林沼澤，換句話說國家領土內的某一處土地，都含蓋在內。法國作家梭維斯特（Emile Souvestre，1806～1854）在其著作《屋頂間的哲學家》〔註4〕中藉退伍軍人對少年哲洛美說的一席話：

　　你也許從來沒有想到過祖國是什麼，這是環繞著你的一切，將你養育大的一切，你所喜愛的一切！你所看見的這片田野，這些房子，這些樹木，這些在那邊笑著走過的少女，這便是祖國！那些保護你的法律，那償付你的麵包，你所交談的言語，你從那些和自己共同生活的人與事物得來的快樂與悲哀，這便是祖國！你以前在那裡見過你的母親的那小小的房間，她所留給你的回憶，她所安眠著的土地，這便是祖國！你到處看見它，到處呼吸到它，你去想像一下吧，我的孩子，你的權利和你的義務，你的情愛和你的需要，你的回憶和你的感激，把這一切集合在唯一的一個名稱下面，而這名稱便是祖國！〔註5〕

這段話裡的「祖國」（patrie）即故鄉、鄉土，或者鄉土之愛，因而，聽了退伍軍人解說後，這位少年領悟了：「啊！我懂了，這是擴大了的家族，這是上帝使我們的身體和我們的靈魂在這世界上依戀著的那片土地。」〔註6〕讓我們身心依戀的土地，即是鄉土，鄉土文學即表現在我們的土地上的文學，由此延伸，莫渝認為台灣鄉土詩具備幾個要素：

一、描寫台灣的歷史、地理與現實為前提。

〔註2〕張修慎：〈1940 年代台灣「鄉土意識」的底端——從「鄉土文學論爭」到「民俗台灣」的討論〉，《台灣國際研究季刊》第 10 卷第 3 期（2014 年秋季號），頁 46。

〔註3〕何欣：〈鄉土文學怎樣「鄉土」〉，收入尉天聰主編：《鄉土文學討論集》，（臺北：遠景‧長橋聯合發行部 1978 年 4 月 1 日初版），頁 273。

〔註4〕黎烈文譯：《愛的哲學》，（公論報社，1948 年 10 月出版。），或《屋頂間的哲學家》（大業書店，1967 年 1 月再版。）

〔註5〕黎烈文譯：《愛的哲學》，頁 170。或《屋頂間的哲學家》，頁 185。

〔註6〕黎烈文譯：《愛的哲學》，頁 170。或《屋頂間的哲學家》，頁 185。

二、凸顯一個地方——不限農村或小市鎮，特殊的生活風貌具有濃厚的地方色彩，傳達出風土人情，讓讀者呼吸到泥土的氣息和芬芳。

三、文字表現寫實明朗，展現樸素的風格。〔註7〕

筆者認為，對於自己周遭熟悉的環境的認同感，進而以鄉土的語言，寫作鄉土的人、事、物，表達自己濃厚的鄉土感情，更希望藉著文學、藝術的表達和呼籲，促使所關懷的地方更進步、更和諧。也就是由認知鄉土而生的認同意識稱為「鄉土意識」。

吳晟也曾說：

我的成長背景、生活體驗，和農村密切關連。而文學最重要的根源，乃是反映真實生活，我的寫作題材，自然而然大都以農村為主。〔註8〕

由此可見，最密切的鄉土是吳晟最基本的創作觀，由生活中所衍生的「鄉土意識」，自然反映在作品中：

早在七〇年代初期，詩壇上正盛行「現代主義」潮流下，我的「吾鄉印象」系列詩作，已表現了濃厚而明確的鄉土意識，那是根源於實實在在的生活體驗、自然萌發而來；我的鄉土意識，也隱含著頗為執著的批判精神。〔註9〕

吳晟由鄉居生活所衍生的「鄉土意識」，及反映在作品中的社會批判，就是他再現生活後所作的解釋與判斷，這顯示了他不只是一位純文學的作家，還是一個具有思想的人……。〔註10〕

關於創作中的「鄉土」題材，吳晟的一段話可以說明他的立場：

文學基本上是生活的反映。我絕無意以「鄉土」自居，更不願以「鄉土」自我限制。我抒發生於斯、長於斯、工作於斯的鄉土經驗、鄉

〔註7〕莫渝：〈六〇年代台灣的鄉土詩〉收入封德屏主編：《臺灣現代詩史論：臺灣現代詩史研討會實錄》（臺北：文訊雜誌出版，1996年3月初版），頁200。

〔註8〕吳晟：《一首詩一個故事》，頁202。

〔註9〕吳晟：《無悔》（臺北：開拓出版有限公司，1992年10月15日初版一刷），頁240。

〔註10〕吳孟昌：〈吳晟鄉土散文（1979～1989）析論：一個文學社會學的視角〉，《彰化師大國文學誌》第十八期（2009年6月），頁42。

土情感，以及從鄉土出發的思考，本是極為自然的發展，不足為奇。
〔註11〕

筆者曾經訪問吳晟對「鄉土意識」的看法？詩人如此答覆：

「鄉土」，在我的看法是，我們每個人，立基在自己生活的土地上，因為你是靠這些在生活，這個地方的好壞，跟你息息相關，這個叫做環境意識。

任何動物一定會顧自己的窩，再來顧自己的週邊，這是一個本能，我都會強調這一點。每個人在生活的環境裡面，你將會自然的這樣做。

第一，比較熟悉。

第二，比較有感情。

第三，一定希望環境比較好，我們說是安身立命的地方。

所謂「鄉土」，安身立命的地方，這是非常自然。因為我們臺灣的教育、文化，時常引導到別的地方去，讓我們淡忘、忽略、喪失這樣的本能。本能也會受到外在環境改變，像母親哺乳這麼基本的本能，都可以被商業行為改變，何況那麼一般鄉土意識的本能，也會受到外在改變。

所以「鄉土意識」，應該是非常簡單、自然的本能，台灣歷經多次殖民，往往為了改變國族認同，使用一些強硬的手段，壓制了本土意識。〔註12〕

身為一位鄉土作家，他的

鄉土精神，該是較踏實地，從鄉野的土地出發。詩人不但能抒懷個人的感受，而且也能喚起普遍性的體驗。詩人關懷鄉土，關懷鄉土人們的生活，且也為他們的苦難而歌唱。〔註13〕

而一位

詩人寫詩，不要故意的、過份的去寫文人詩，而是要踏實在自己的土地上去寫詩，一個沒有「根」的人，或不重視自己「根」的人，他們寫詩的反省力是很薄弱的。〔註14〕

〔註11〕吳晟：《一首詩一個故事》，頁127
〔註12〕2014年2月8日在吳晟鄉間書屋訪談紀錄。
〔註13〕趙天儀：〈鄉土精神〉，《笠》73期（1976年6月），頁1。
〔註14〕趙天儀：〈現代詩的批評——座談記錄〉，《笠》81期（1977年10月），頁41～42。

第二節　緣起

　　鄉土文學在世界各民族是無法缺少，尤其是一個歷史悠久的民族，將演變成自己民族的特色。

　　關於臺灣文學的變遷，其中對鄉土文學的問題，是在二〇年代到三〇年代之間，二〇年代後期，臺灣的政治局勢開始有了變化，首先在 1927 年「臺灣協會」分裂，1928 年臺灣民眾黨、臺灣共產黨成立，帶動知識青年的思潮，因此臺灣鄉土文學受到關注的眼神，也是左翼文學和鄉土文學逐漸興起的時期。

　　1930 年 8 月 16 日，黃石輝在《伍人報》發表〈怎樣不提倡鄉土文學〉一文，其中頗被傳誦的一段話：

> 你是台灣人，你頭戴台灣天，腳踏台灣地，眼睛所看到的是台灣的狀況，耳孔所聽見的是台灣的消息，時間所歷的亦是台灣的經驗，嘴裡所說的亦是台灣的語言，所以你的那支如椽的健筆，生花的彩筆，亦應該去寫台灣的文學了。台灣的文學怎麼寫呢？便是用台灣話做文，用台灣話做詩，用台灣話做小說，用台灣話做歌謠，描寫台灣的事物。

　　就是要以農民和工人階級的語言創作台灣文學，他認為無論是中國的白話文或日本的語言，都具有階級性，唯有臺灣話才是勞苦大眾、無產階級的語言。刻意以臺灣區隔於日本、中國大陸之外，以臺灣話成為印刷的語言。

　　繼而在 1931 年 7 月 24 日黃石輝又發表〈再談鄉土文學〉，主要內容是要從文字的形式談鄉土文學，共分為七節：一、鄉土文學的功用。二、描寫問題。三、文字的問題。四、言語的整理。五、讀音的問題。六、基礎問題。七、結論。這樣的論述獲得郭秋生的響應，隨後在《台灣新聞》發表〈建設「台灣話文」一提案〉〔註15〕，關於台灣話文、民間文學、臺灣話文期望將其結合，共分四節二萬多字：一、文字成立的過程。二、言語和文字關係。三、言語乖離的現象。四、特殊環境的台灣人。對日文或中文的文言文和白話文，都認為「不是言文一致」，而是該以「台灣語的文字化的台灣話文」。這樣的論述也有學者持不同的看法，後來引發正反雙方論戰，文學史上稱為「鄉土文學論戰」，有人將其稱為「第一次鄉土文學論戰」或「台灣話文論戰」；為了容易

〔註15〕郭秋生：〈建設「台灣話文」一提案〉，《台灣新聞》（1977 年 7 月 7 日）以連載方式刊登。

分辨,將 1970 年代的論戰稱之為「第二次鄉土文學論戰」或「台灣鄉土文學論戰」。

　　這場論戰一直延續到 1934 年。其中左翼的文學雜誌紛紛出版,對臺灣文學產生了影響,但這些雜誌隨著 1931 年臺灣總督府禁止結社而被禁止,從此臺灣共產黨崩潰。最終在 1937 年 7 月 7 日中日戰爭爆發,日本人開始推行皇民化運動,漢文書寫被禁,使得剛萌芽的台灣話文運動遂告中斷,直到臺灣光復;然而這段時期的論爭,侷限在對臺灣新文學的內容與形式。

　　當日據時代結束、國民政府 1945 年來臺、1947 年二二八事件影響,一為語言的隔閡,一為被政府壓抑,處在這樣的時代,不利於寫實主義的書寫,因此作家曾經中斷或以更暗喻的手法寫作,使得五〇年代以反共文學,到六〇年代以現代主義文學為主,文學上較難看到臺灣這塊土地的面貌書寫。

　　一直到六〇年代後期,國內外情勢有所變化,臺灣的經濟社會走到轉形期的時候,鄉土文學才重新崛起,取代「反共文學」和「現代派文學」而回復臺灣文學主流的地位。

　　1977 年 5 月,葉石濤在「夏潮」發表「台灣鄉土文學史導論」,闡明臺灣鄉土文學的歷史淵源和特性。他說:

> 很明顯的,所謂台灣鄉土文學應該是台灣人（居住在台灣的漢民族及原住居民）所寫的文學。儘管我們的鄉土文學不受膚色和語言的束縛,但是台灣的鄉土文學應該有一個前提條件;那便是台灣的鄉土文學應該是以「台灣為中心」寫出來的作品;換言之,它應該是站在台灣的立場上來透視整個世界的作品。〔註16〕

其中和現代詩的淵源

> 與今日之詩具有聯繫關係,實在是從紀弦主編了「詩誌」,與鍾鼎文,覃子豪合編了「新詩週刊」,培養了年輕的一輩,提供了一塊專門墾植的園地,才促成了臺灣詩壇的生機。但在這段期間,詩壇並無明顯的趨向,甚至在「新詩週刊」停刊之後,紀弦再創辦了「現代詩」,覃子豪創辦了「藍星週刊」,在初期,亦祇各自培養新人,提供園地而已。真正導引了臺灣詩壇的分裂,而有趨向與發展,是在民國四十二年二月,現代詩第十三期,紀弦倡導了現代派以後的事。今日冷靜地回顧,所謂詩壇的發展趨向,實在祇是幾個詩刊中

〔註16〕葉石濤:《台灣文學史綱》（春暉出版社,2003 年 10 月 20 日再版）,頁 144。

心人物的詩觀指向罷了。作為導引了今日詩壇情況的開導人物——
紀弦和覃子豪，也就是說，今日詩壇轉變至此的決定性因素，實在
是由於這二個開導人物有其大部相同的詩觀所促成，並且由這大部
相同的詩觀所培養出來的下一代，已成為今日詩壇主要力量的詩
人，更無形中穩定了走向現代的這一個趨向。〔註17〕

假若，做為開導人物的紀弦和覃子豪，二者在詩觀上根本南轅北轍，
則今日詩壇必無一個重心，現代的觀念，必不能普遍為下一代詩人
所接受，而成為今日詩壇的主流。〔註18〕

　　七〇年代，台灣在外交上受到極大的衝擊，1970 年 11 月所發生的釣魚臺
事件，激發知識分子的民族主義覺醒，1971 年 10 月，臺灣退出聯合國〔註19〕，
1972 年 2 月，美國總統尼克森訪問中國，簽署「上海公報」，對外承認中華人
民共和國政府為唯一合法的中國政府，讓臺美外交關係由此生變，同年 9 月，
日本宣布中日建交，與臺灣斷絕關係，這些都是導致臺灣在國際上困厄的處
境。在如此的外交危機之下，知識分子受到衝擊，因此有了回歸鄉土的覺醒。
從文化上尋求自立自強的重建，「民族」與「鄉土」這樣的概念開始浮上檯面。
長久以來就存在於臺灣文學書寫中的鄉土文學因此重獲評價與重視。〔註20〕
「鄉土文學」就在外部困境和內部的覺醒下，成了七〇年代顯著的類型與發
展。

　　也就是，假如將 1970 年代鄉土文學論戰，視為戰後臺灣文學論述典範的
轉折點，臺灣當時所處的國際地位變化實為關鍵。整個七〇年代，不斷遭遇打
擊，民族意識也跟著巨大轉變，以致引發臺灣鄉土文學論戰（1977 年～1978
年），是一場從 1970 年代初期開始，對台灣文學寫作的方向和路線的探討，
尤其是在 1977 年 4 月至 1978 年 1 月之間，更是達到前所未有的高峰。表面
上對於文學的本質是否能夠反映現實社會的文壇論爭，實質上不如說是對臺
灣戰後政治、經濟、社會、文學的總檢驗。改變了現代主義成了寫實主義。

〔註17〕白萩：《現代詩散論》（臺北：三民書局有限公司，1972 年 5 月初版），頁 46
　　　　～47。
〔註18〕白萩：《現代詩散論》，頁 46～47。
〔註19〕按：在當時，一年內有 23 個邦交國和臺灣斷交。
〔註20〕林淇瀁：〈沒有鄉土，哪有文學？——七〇年代的現代詩論戰與鄉土文學論
　　　　戰〉，收入須文蔚主編：《文學@台灣：11 位新銳台灣文學研究者帶你認識台
　　　　灣文學》（臺南：台灣文學館，2008 年 9 月初版），頁 167～168。

七○年代的「鄉土文學」之破繭而出，就文學場域的變化來看，是最根本的內部因素。……1964 年《臺灣文藝》雜誌和《笠》詩刊的創刊，也標誌著臺灣本土文學社群集結和鄉土文學再起的里程碑——「跨越語言的一代」作「鄉土文學」發展空間。〔註21〕

1983 年中國大陸劉登翰撰寫〈論台灣的「現代詩」運動——一個粗略的史的考察〉，陳述台灣現代詩的歷程，曾說：

從日據時期開始的台灣詩歌，在五四新詩革命的影響推動下，現實主義是它的主潮。雖然它在三、四○年代，也曾受到日本現代詩的影響，但和整個新詩一樣都未曾佔據主導地位。只是到了五○年代，由於政治方面的原因，台灣省籍詩人中的現實主義創作消竭了；而受日本現代詩影響的詩人，與大陸去台的詩人匯合一起，形成了佔據台灣詩壇主導地位的現代詩潮，並一直持續到七○年代以後。鄉土文學論爭進一步喚醒了台灣文學的民族意識，詩歌中的現實主義也重新崛起，並且形成了堪與現代詩抗衡的現實主義詩潮。特別是七、八○年代以後走上詩壇的青年詩人，在吸取現代詩某些藝術積累的同時，都具有比較強烈和鮮明的現實意識。它提示著台灣整個文學的新的歷史走向。〔註22〕

七○年代以來的詩人們隨著時代潮流，反而不再逃避，特別關切現實，以現實生活為主體，對落實本土所衍生的本土意識格外重視，他們所迫切關懷的反以身處的社會環境為重。其中王拓撰寫〈是「現實主義」文學，不是「鄉土文學」〉〔註23〕文章，直截指出鄉土文學的內涵是現實主義的文學，他說

鄉土文學，就是根植在台灣這個現實社會的土地上來反映社會現實、反映人們生活的和心理的願望的文學，它不只是以鄉村為背景來描寫鄉村人物的鄉村文學，它也是以都市為背景來描寫都市人的都市文學。……也就是說，凡是生自這個社會的任何一種人、任何一種事物、任何一種現象，都是這種文學所要反映和描寫。〔註24〕

〔註21〕林淇瀁：〈沒有鄉土，哪有文學？——七○年代的現代詩論戰與鄉土文學論戰〉，頁 167～168。
〔註22〕劉登翰：《台灣文學隔海觀》（臺北：風雲時代，1995 年 3 月初版），頁 220。
〔註23〕王拓：〈是現實主義文學，不是鄉土文學〉，收入尉天驄主編：《鄉土文學討論集》，（臺北：遠景、長橋聯合發行部 1981 年），頁 119。
〔註24〕王拓：〈是現實主義文學，不是鄉土文學〉，頁 119。

他所著重的是臺灣這塊土地的社會環境，和在這個環境下生活的現實問題。又說：

> 文學是根植於我們所生長的土地上，描寫人們在現實生活中的種種
> 奮鬥和掙扎、反映我們這個社會中的人的生活辛酸和願望，並且帶
> 著進步的歷史眼光來看待所有的人和事，為我們整個民族更幸福更
> 美滿的未來而奉獻最大的心力的。〔註25〕

對把握現實的這份重要感，其實是成就當時整個鄉土文學的論戰；換言之，也是基於對現實的自覺，才有鄉土文學、台灣文學、本土文學種種聲浪的崛起。

有關現實的寫實詩能夠得以重生的緣由，李漢偉在《臺灣新詩的三種關懷》有其論述，是來自詩的內部環境，以三部份來探討：第一是來自對詩壇的批評：1972年、1973年關傑明、唐文標的幾篇鏗鏘有力的批判文章，對現代詩「逃避現實」命題上，大加批判，導引1977年鄉土文學論戰。第二是台灣新詩社及詩刊的成立：七○年代以後台灣詩壇成立不少詩刊，並出版詩刊，有不少是特以現實關懷的寫實面貌展出，除了六○年代已成立的「笠」外，如「主流」、「草根」……諸詩社，又如《葡萄園》、《陽光小集》…等詩刊的不斷努力與堅持。第三是詩人的省思：例如孟樊所言：

> 不少在六○年代鍾情於超現實主義的前代詩人，由於直接或間接受
> 到寫實主義的影響，歷經七○年代的挑戰，其詩風有轉趨明朗的傾
> 向，並微妙地開始從內在真實趨向外在現實……〔註26〕

顏元叔，他率先在《中華文化復興月刊》第十卷第九期發表了〈我國當前的社會寫實主義小說〉一文，提出：「鄉土文學」，用臺灣鄉土文學作家王拓的話來說：

> 它包括了鄉村，同時又不排斥城市。而這種意義上的「鄉土」所生
> 長起來的鄉土文學，就是植根在臺灣這個現實社會的土地上，來反
> 映社會現實，反映人們生活的和心理願望的文學……也就是說，凡
> 是生自這個社會的任何一種人，任何一種事物，任何一種現象，都

〔註25〕李漢偉：《台灣新詩的三種關懷》（駱駝出版社，1997年10月初版一刷），頁
　　　　21。
〔註26〕孟樊：《當代台灣新詩理論》（臺北：揚智文化事業股份有限公司，1995年6
　　　　月第二版），頁133。

是這種文學所要反映和描寫，都是這種文學所要了解和關心的。〔註27〕

　　鄉土文學所要突出的反映，是在反映生活在這一片土地上的人們，尤其是農民和工人，他們的心理和願望。此後的若干年的文壇風雲，「鄉土文學」為臺灣社會所認同，為民眾所喜愛。〔註28〕

第三節　繼承

　　彭瑞金在〈鄉土文學與七〇年代的台灣文學〉，反省檢討七〇年代鄉土文學論戰的功過，可以作為我們更深入的瞭解。他說鄉土文學經由意識的狂飆，整體鄉土文學運動雖然意義未盡落實，卻已為台灣文學的走向確認了四件事〔註29〕：

　　　　一、文學運動的位階轉移，作品的題材能夠走向與泥濘打滾、汗水
　　　　　　交融的勞動階層。
　　　　二、建立從土地思考的模式，從土地得到靈感，對土地的歌詠與疼
　　　　　　惜、請命。
　　　　三、能敏銳地反映現實自我期許，寫實精神受到鼓舞。
　　　　四、文學的主體是人的精神獲得確立，打破工具文學的謊言，也確
　　　　　　立文學多元化的基礎。

　　七〇年代以後所喚醒的是（或說是找回）臺灣的主體性。「本土意識／主體性」的辨認與重要感解脫了超現實的困境與迷失，也因此確切的扣住土地與人民，才找回真正的傳統，屬於自己的根，不致於流離失所。〔註30〕

　　1997 年 5 月 10 日，王拓以李拙為筆名，在《中國論壇》四卷三期發表〈二十世紀台灣文學發展的動向〉，為臺灣文學的發展歷程和性質做了一番整理。他總結臺灣本土文學的現實主義的創作傳統，指出：

　　　　一、文學必須札根於廣大的社會現實與人民的生活中，正確地反映
　　　　　　社會內部的茅盾，和民眾心中的悲喜，才能成為時代和社會真

〔註27〕古繼堂主編：《簡明台灣文學史》（臺北：人間出版社，2003 年 7 月初版一刷），頁 434。
〔註28〕古繼堂主編：《簡明台灣文學史》，頁 434。
〔註29〕彭瑞金：《《台灣文學探索》（臺北：前衛出版社，1995 年 1 月），頁 258～259。
〔註30〕李漢偉：《台灣新詩的三種關懷》，頁 23。

摯的代言人，而為廣大民眾所愛好和擁戴。而這種具有明顯、
強烈的「現實主義」精神的文學，因為具有較真誠的道德勇氣、
較強烈的愛心和熾熱的感情，所以也往往具有感動人心的說服
力。

二、文學的發展必須與當時社會發展相一致；文學運動必須能發展
為一種社會運動或與社會運動相結合，文學才能有效地發揮它
改良社會的熱情和能力。〔註31〕

王拓進而要求台灣文學界應繼起這種優良的現實主義傳統，不僅使
台灣文學成為台灣人民的代言人，發揮文學的社會功能，更呼應當
時政治社會改革動向，主張文學運動必須能發展為一種社會運動，
或與社會運動相結合，以利文學的社會功能的發揮。〔註32〕

談臺灣鄉土文學，土地是一切的本源，與農民是息息關聯，尤其是在臺
灣過去的歲月裡，當詩人在吟哦土地的眷戀過程，必然會描摹或記載儉樸的
農民他們辛勤耕作精神。因為

土地靠人耕作才有生機，稻子靠土地才能生根，靠人的照料才能成
長結穗，而人靠土地立足，靠稻子維持生計，他們之間是休戚相關、
患難與共的。〔註33〕

李漢偉曾經以大量篇幅討論吳晟的作品，認為臺灣新詩的「土地」之愛，
有三個特色〔註34〕：

一、展現儉樸勤奮的耕作精神。

二、展現眷戀土地的深深之情。

三、展現認同的扎根意識。

將這三個特色視為李漢偉評論吳晟作品的結論，甚為恰當。換言之，「鄉
土議題」的現實關懷中，吳晟擁有標竿式的典範作用。

〔註31〕王拓：〈廿世紀台灣文學的動向〉，原載 1977 年 5 月《中國論壇》第四卷第三
期，轉引自尉天驄《鄉土文學討論集》（臺北：遠景出版事業公司，1978 年 4
月），頁 124～125。陳信元：〈一九七○年代台灣的鄉土文學論戰〉收錄於聯
合報副刊編輯：《台灣新文學發展重大事件論文集‧一九七○年代台灣的鄉土
文學論戰》（臺南：國家台灣文學館，2004 年 12 月），頁 141～142。
〔註32〕王拓：〈廿世紀台灣文學的動向〉，頁 141～142。
〔註33〕宋水田《「吾鄉印象」的鄉土美學——論吳晟》（臺北：前衛出版社 1995 年 2
月初版第一刷），頁 134。
〔註34〕李漢偉：《台灣新詩的三種關懷》，頁 102。

第三章　吳晟的生平與創作歷程

　　研究一個人的作品，首先應該先瞭解他的生平。當作者將其思想、情感形諸於文字，必然與他一生所處的環境和歷練有相當大的關係，所謂文格、詩格、風格、人格將有密切關聯；尤其詩的書寫，常常含有暗喻，倘若能夠對作者的背景事先瞭解，有助於對其作品的研究。

第一節　憨直個性的農家子弟

　　吳晟（1944～）本名吳勝雄，世居[註1]彰化縣溪州鄉圳寮村[註2]，世代務農。根據宋田水所言：「吳晟不是龍的傳人，而是牛的傳人。」[註3]他個性坦朗真誠，自稱「愚直鄉間子弟」[註4]、「只是憨直而無變巧的農家

〔註1〕吳晟：〈我帶你去廣袤的田野走走〉，收入彰化縣文化局陳允勇總編輯：《彰化縣文學家的城市・我帶你去廣袤的田野走走》（彰化：彰化縣文化局，2012年11月第一版第一刷），頁011。根據吳晟所言：「世居，亦即從幼年至現今已老邁、成長於斯、工作於斯、養育子女於斯、及協助照顧孫子孫女，都定居在這裡。世，我取一世人、一輩子、人的一生之意。我的戶籍所在地，就是我的永久地址、通訊地址，未曾更改。」

〔註2〕根據訪問中吳晟所言，溪州原為溪洲，是因政府重新規劃行政區時，鄉人為了和部落與村莊區分，更改為溪州，而後沿用至今。另外參見吳晟：〈大圳悲嘆〉《自由時報・自由副刊》（2011年8月7日）：「從台灣頭到台灣尾，至今仍以「溪洲」為名的村庄、聚落，總有十多處吧，但唯有「溪州」是鄉名，應該是為了有所區隔。我向人介紹的時候，一定要特別強調，溪流的溪、沒有三點水的州。」

〔註3〕宋田水：《「吾鄉印象」的鄉土美學——論吳晟》（臺北：前衛出版社1995年2月初版第一刷。），頁16。

〔註4〕吳晟：《無悔》（臺北：開拓出版有限公司，1992年10月15日初版一刷），頁253。

子」〔註5〕。他除了寫詩，並擅長散文，是一位詩文兼寫的作家，早期以新詩為主，顯見詩的創作是他的最愛，也是他心路歷程跡痕，更是臺灣農村的見證，作品可以看到數十年來農村的滄桑史；重要的是他的作品反映了現實，在文學的領域上回歸了社會。

曾健民在《農婦》的序文裡曾說：

> 若成功的文學作品必然孕育於社會而反哺給社會。若成功的文學作品能給予心靈慰安、激勵與啟示。則，吳晟的作品清楚地顯示了這特質。〔註6〕

> 沒有一位作家這樣深情地刻畫過臺灣數十年來農鄉的真實景像。更沒有一位作家這麼執意地典型住農鄉人們的高貴美德及生活哲學。

> 而這農鄉美德正是這虛無年代所欠缺的。〔註7〕

所以創作必須刻劃自己的心靈世界，否則不會真實，也無法長久。

吳晟曾經為筆名多次致歉，〔註8〕當初取名為「吳晟」是堅持本姓和盡量保留本名的音，以表達對祖先與父親的敬愛。「晟」在字典所查為形容詞，明亮的意思，其讀音ㄕㄥˋ；但還有另有一讀音ㄔㄥˊ，只是當時多本字典裡只注音ㄕㄥˋ，為了順應個人的本意，將其認定為ㄕㄥˋ。多年後，教育部在《國語一字多音審訂表》統一讀ㄔㄥˊ。〔註9〕怎樣也料想不到，這個筆名

〔註5〕吳晟：《泥土》（臺北：遠景出版社，1979 年 8 月三版），頁 209。

〔註6〕曾健民：〈變異中的農鄉——序「農婦」〉，收入吳晟：《農婦》（臺北：洪範書店有限公司，2005 年 8 月初版十二印），序頁 1。

〔註7〕曾健民：〈變異中的農鄉——序「農婦」〉，收入吳晟：《農婦》，序頁 2～3。按：其中「典型住」這樣的詞彙，根據筆者於 2015 年 6 月 30 日電話中向吳晟請益，詩人所言：「這是左派理論常用的詞彙，表示保留了、描繪了、留住了……這樣的典型、典範。」

〔註8〕吳晟：〈為筆名致歉〉，《自由時報·自由副刊》（2008 年 9 月 18 日。）內容如下：「該怎麼唸呢？理性上，我知道應該順應普遍性，唸做ㄔㄥˊ；感性上要我放棄取這個筆名的原意，確實很抗拒，難以『欣然接受』。有時也頗為懊悔，想乾脆回復本名或另取筆名，但又捨不得相伴了半世紀的『聲名』。講來講去，我還是很猶疑，唸做ㄕㄥˋ或ㄔㄥˊ好呢？我想，只好『隨人』去決定吧，而我已步入老年，容許我維持『本音』吧，沒有必要再更改。至於造成的困擾，我只能向曾經費心思去『研究』這個筆名該怎麼唸的讀者致歉，尤其是『廣大』的國文老師和學子，更要表達我的衷心歉意。其實，我也是這個筆名的『受害者』。」

〔註9〕依據 1998 年 4 月公布之《重編國語辭典修訂本》與 1999 年 3 月公布之《國語一字多音審訂表》，編《取音差異表》：「多音字，晟，又音ㄔㄥˊ，ㄕㄥˋ一字多音取辭典之又音為正。」

竟然帶給那麼多國文老師教學上的困擾，徒然浪費不少寶貴時間，去討論該念做ㄕㄥˋ還是ㄔㄥˊ。

　　吳晟的父親吳添登先生（1914～1966）在農會上班，是位待人誠懇，樂於為鄉人牽掛和奔走的人

> 幾乎無一日，不是在為鄉里的建設而奔走，無一日不是在替親友鄰居排難解紛而忙碌。〔註10〕

雖然農會是民間機構，也無退休的月俸，但吳晟的

> 父親曾多次感慨地表示，他唯一的心願，便是無論如何也要栽培我們完成大學學業。〔註11〕

是一位非常重視子女功課的父親，奉行「玉不琢，不成器」的信念，在新學期換新老師時，一定拜訪老師，請老師對吳晟嚴加管教。母親吳陳純女士（1914～1999）〔註12〕身體強壯，是個典型的農婦，「不懂甚麼高深的大道理，沒有甚麼非凡的學問，更沒有一些虛妄的夢想」〔註13〕對子女的管教由於過度急切，就顯得較嘮叨，往往以大罵來表示關切，她深信千方百計，不如種地，「做田人比較有底」〔註14〕，她堅持用一生的汗水，辛辛勤勤，灌溉泥土中的夢。她勤奮於農耕，回家後養鴨、養雞、養豬……因此家中的經濟較不缺乏。也因為如此，當別人只能吃蕃薯簽配菜脯時，吳晟家卻有白飯、魚、肉、蛋。由於吳晟從小深具悲天憫人的同情心，在校午餐時，經常拿白飯和同學交換蕃薯簽飯；其實吳晟並非真的愛吃蕃薯簽飯。

　　吳晟，曾獲中國優秀青年詩人獎、吳望堯中國現代詩獎、吳三連獎——新詩獎、彰化縣磺溪文學貢獻獎。他的詩，樸拙明朗厚實，處處可見源於對鄉土、對農村、對生命真摯的熱愛，以大自然和現實社會為文學的依歸，情意真摯動人，他的散文也頗受好評。他的作品不是即興而隨即忘卻的感觸，

〔註10〕吳晟：《不如相忘》（臺北：華成圖書出版股份有限公司，2002年9月初版一刷），頁152。

〔註11〕吳晟：《不如相忘》，頁153。

〔註12〕依據吳晟：〈堤岸〉，《自立晚報·本土副刊》（1986年12月2日。）內容所言：吳晟母親名字的由來，和濁水溪的堤岸有很大關聯。當時有幾位堂舅，參與修築堤岸工作，每天看著日警巡來巡去，很是神氣，正逢吳晟母親出生，便建議祖母取單名為純，純和巡的閩南語本是同音，寓有雙重意義。

〔註13〕吳晟：《農婦》，頁3。

〔註14〕吳晟：《農婦》，頁65。

更非技巧與主義或派別等格局下的表現，卻是對土地、對生命醞釀再醞釀後的深情流露。他的詩作以組詩為主，是有計畫性的創作。他說

　　如果必須探究我的詩作中有什麼鮮明意識，我只知每一份詩情，都
　　是連接台灣島嶼的每一寸土地。〔註15〕

　　而這份根植於土地的情感，隨他走了數十年的人生，他也用詩作〈角度〉傾訴他的心聲。

　　〈角度〉〔註16〕
　　　遙遠的星光特別燦爛嗎
　　　如果照不見腳下的土地
　　　那是為誰而炫耀
　　　遨遊的眼界特別開闊嗎
　　　如果無視於身邊的山川
　　　是否隱含倨傲

　　　我也常無比傾慕
　　　聆聽世界風潮的滔滔論述
　　　只是有些質疑
　　　沒有立足點
　　　候鳥般飄忽來去的蹤跡
　　　每一處都是異鄉都是邊陲

　　　其實我更常怯怯質疑自己
　　　長年守住村莊的田土
　　　是否如人議論的褊狹

　　　在反覆對照思量中
　　　或許不妨這樣說
　　　每片田園四時變換的風姿
　　　每株作物開展出去的角度
　　　也可以詮釋豐富的國際意涵

〔註15〕吳晟：《一首詩一個故事》（臺北：聯合文學出版社有限公司，2006 年 1 月 1 日初版三刷），頁 225。

〔註16〕吳晟：《吳晟詩選》（臺北：洪範書店有限公司，2008 年 9 月初版四印），頁 268〜270。

　　如果我有什麼褊狹

　　反而是對於立足的土地

　　愛得還不夠深沉

　　〈角度〉表達了立足在故鄉的土地上，自然有他的寬廣和多元的角度。對於在鄉土或遨遊國外的見解，吳晟與一般人持有著不同的「角度」，一般人所謂國際的視野，指的是遨遊海外，批評固守故鄉土地的人淺薄；吳晟以為土地因為四季的相異，所開的花果不同，自然多元。也認為站在任何一塊土地上，都可以擁有不同的角度，看見自然的豐姿。此詩表意婉轉，詩意清晰。

　　一般評論者大多稱吳晟為「鄉土詩人」、「農民詩人」或「田埂上的詩人」。主要在表彰他對農民文學的貢獻，他寫作的觸角很廣，除了對家鄉的關懷、無論是倫理、教育、政治的議題，或山川、林木、水土保持都擁有深度關切和憂心。

　　在他平實的文字風格裡、和他本人談話或電話中的請教，可感受他的純厚樸實。雖然吳晟已在文壇佔上重要地位，還卑謙的說：

　　詩家該有怎樣的姿態？猶如水稻在微風吹拂，尤其是稻穗飽滿之實

　　的低垂意象，謙虛與卑屈之間，有多重向的解讀吧。〔註17〕

　　正如他的詩句：「不習慣裝腔作勢，沒有英雄式的宣言」〔註18〕，不追求時代的潮流，不與人爭，對土地的關愛流露在字裡行間，確實的反映鄉人的心聲，深入他們的精神與信仰的內心最深處，充分傳達農民的情懷和個人特有的鄉土意識。吳晟的詩作，為台灣現代詩開啟了另一嶄新的風貌，和探索深沉的心靈。透過吳晟的「筆耕」，我們可以很清楚瞭解，所謂的「鄉土詩」並非僅用鄉土語言表達情感。而是他用汗水耕耘著生活，以致文字間可以喜於農民所喜、也苦於農民所苦的情懷。

第二節　求學過程及文學啟蒙

　　在資質與家境比他人好之下，也就少有競爭的對手，國小不但學業成績年年得第一，演講及作文比賽也少有人比得過他，然而父親怕他成績較優，導致驕傲自狂，經常戒訓，如此的表現

〔註17〕吳晟：《一首詩一個故事》，頁224。

〔註18〕吳晟：《向孩子說》（臺北：洪範書店有限公司，2012年6月初版五印），序頁1～3。

> 只是小小魚池中稍微較大的一條魚而已，到了大海，真正的大魚滿
> 滿是，還不夠人家塞牙縫呢。〔註19〕

吳晟與藝文接觸很早，於國小五年級時就喜歡看課外讀物。在小學五年級因為班級所訂的《小學生》雜誌深深吸引住他，從此凡有自習時間，便獨自安靜的閱讀，之後如果有機會取得其他課外讀物，如《非洲打獵記》、《森林之王》、《馬哥孛羅遊記》皆能讀之有味，常常渾然忘我，可以一坐數小時。

吳晟在 1957 年國小畢業時，以第一名榮獲縣長獎，並保送北斗中學。在北斗中學只讀一學期，下學期參加省立彰化中學插班考試及格。由於離家較遠，交通不便，開始居宿在外。這一年無意接觸文藝書刊，被深深吸引，更如癡如狂探尋文學的世界，其中含大量的武俠小說和演義小說，並抄寫佳句、背誦詩篇，大量吸收新詩，與投稿，多篇被刊登，鼓舞士氣，於是更為著迷。初三，獲得曾留學日本，頗有文人氣質的李捷凱老師喜歡。告訴吳晟，有關外國現代詩流派的訊息，並且送他詩集，讓吳晟深覺溫馨，至今依然念念不忘。

吳晟

> 常單獨攜帶幾本詩、文集，去郊野河邊，吟誦佳句。即使每天上、
> 下學途中，也大都是單獨行走，往往一面走、一面思索讀過的詩句
> 中的含意。〔註20〕

因此在整個中學的階段，孤獨的身影，幾乎占滿了吳晟大部分少年的歲月。

吳晟

> 從初二開始學習寫詩，並且經常在各報刊雜誌發表習作，在整個中
> 學階段發表過的詩篇，大約有百首。包括在《野風》、《文苑》、《文
> 星》、《幼獅文藝》、《亞洲文學》、《創作》等雜誌，以及《藍星詩頁》、
> 《海鷗詩頁》和一些學生刊物，約有二、三十種，也寫了多本滿滿
> 的筆記簿。〔註21〕

可見吳晟在中學時期投注多少心思，雕琢了多少年少的憂悒，幾乎完全不理會課業、根據吳晟所言，當時根本完全聽不下長輩的規勸，一味沉迷在

〔註19〕吳晟：《不如相忘》，頁126。
〔註20〕吳晟：《一首詩一個故事》，頁101～102。
〔註21〕吳晟：《一首詩一個故事》，頁116。

文學的妄想中。〔註22〕因為多量拜讀他人作品,發現「我也有我的心情啊!別人的作品感覺上好像沒有把我想要表達的心情表達得很好。」〔註23〕於是開始有了創作的意念和動機。

吳晟每年至少寫滿二、三本詩稿的筆記簿,對正當課業開始荒廢,成績急速下降,以致初中無法畢業。1960 年以同等學歷參加多處高中升等考試,考上一所八卦山上新設學校,據吳晟所言,大概只要報名就可錄取,留下難以回憶的苦澀滋味。一學期後,大哥帶他參加臺北市高中插班考未錄取,留在臺北補習,八月以同等學力考入臺北縣立樹林高中。

因為從初中三年級至大專畢業,除了假期返家,一直是單獨租屋居住,不曾和同學共租一個房間。然而吳晟的父親每個月所供應的零用錢,還算充裕,大都拿去書店購買文學書籍,尤其吳晟偏好詩集、詩誌,只要發現或得知出版訊息,總要設法買到。〔註24〕每年累積下來的存書,總有一大皮箱之多,也都細細讀過,畫重點、做筆記,並拿去租書店裝釘牛皮紙套,寶貝般存藏。

> 因為如癡如狂耽讀文學作品,課業上很少花心思,因而很不順遂,轉換過多所學校,遷居過多處,有些書就跟隨著「四界」流浪,但都保持得乾淨無損無皺褶,始終對文學書籍存著近乎迷戀的珍惜。
> 〔註25〕

考入樹林高中後,因為樹林與臺北相距不遠,吳晟常在重慶南路、牯嶺街、以及常流連詩人周夢蝶(1921~2014)的書攤,偶而向詩人請益。此階段發表不少詩作,但課業依然毫無起色。1964 年三月,因神經衰弱自動退學。〔註26〕九月,再插班彰化縣私立精誠中學高三就讀,第二年考上屏東農專畜牧科。

屏東農專(三專)正常三年畢業,因為擔任校刊《南風》的主編,將大部分時間貢獻給文學,也因為吳晟常熬夜讀書、寫稿而缺課,在狂熱耽讀人文

〔註22〕吳晟:《一首詩一個故事》,頁 118。
〔註23〕參見林明德總策劃:《親近臺灣文學家——作家現身》(臺北:五南圖書出版股份有限公司,2007 年 3 月初版一刷),頁 31。吳晟在 2004 年 10 月 6 日在彰化師大國文系館 4 樓視聽教室演講:〈新詩與散文的雙重奏〉。
〔註24〕吳晟:《一首詩一個故事》,頁 113。
〔註25〕吳晟:《一首詩一個故事》,頁 113。
〔註26〕2014 年 2 月 8 日訪問時,經吳晟所言,當時年紀已大,唯有自動退學才有辦法爭取考大學的機會。

書籍之餘,連普通課程也無力顧及,因而服完兵役,再返校重修學分。重修期間,靜不下心來研讀,又留校重修一年,所以實際讀了五年。吳晟的母親常常對他碎碎念:

> 我是不願把你漏氣,不想想自己初中讀無畢業、高中無畢業,大學也險險讀無畢業,每一階段都要讀「貪頭」,都比別人多讀一、二年……。〔註27〕

在歷經波折的求學過程,吳晟的父親差點要爆發脾氣,但都強忍下來、對吳晟一而再的苦勸,甚至化成眼淚,然而吳晟考上屏東農專隔沒幾個月,吳晟的父親因車禍逝世,吳晟想到父親生前常因為他的功課操心,從此有一段日子不再對外投稿。後來(1996年)吳晟非常遺憾,認為在文學上,他的成績即使多麼傑出,永遠也無法彌補。

吳晟從年少就學習寫詩,至今堅持不加入任何詩社和文學團體,他

> 一直相信、親近詩,遠比親近詩人單純。而盡量求單純,是我奉行的生活信條。不過,主要還是孤獨性格使然吧。〔註28〕

另一方面,他所看到

> 在台灣的詩壇上,許多喜歡詩的創作者,結社入派,是很普遍的現象。許多詩學研討會,往往熱中討論詩社活動、乃至詩社與詩社間的傾軋粉爭、是非恩怨、反而多於討論詩人的作品。〔註29〕

他喜歡孤獨,但絕非孤僻。他熱愛真心的朋友,但不要表面上的成群結黨,寧願只有幾位相知相重、一輩子的朋友。即使老年

> 依然覺得沉靜中讀讀書、唸唸詩,是每日最愜意的休閒。更覺得紛擾的世事,往往如過雲煙,還不如一卷薄薄的詩集。〔註30〕

吳晟認為:

> 我之熱中文學,和詩結下深緣,或許真是天性使然,不過和我的挨打經歷,應該也有密切關聯。〔註31〕

因為吳晟從小就比較「九怪」常被父親修理,

〔註27〕吳晟:《一首詩一個故事》,頁92。
〔註28〕吳晟:《一首詩一個故事》,頁108~109。
〔註29〕吳晟:《一首詩一個故事》,頁109。
〔註30〕吳晟:《一首詩一個故事》,頁114。
〔註31〕吳晟:《一首詩一個故事》,頁98。

　　早年台灣子弟，尤其是七〇年代以前的鄉間孩童，有誰未曾嘗受過
「暴力體罰」呢。但是像我的挨打經驗這樣豐富，可能並不多見。
〔註32〕

　　若說我的童年，是在一巴掌又一巴掌、一藤條又一藤條之下長大，
雖然誇張，卻也不失真實。〔註33〕

　　甚至有一次貪玩，偷切孀孀的肥皂，被父親綁起來教訓。有時父母還將
其雙手用背巾綁緊，以「升國旗」的方式吊在樹上、樑上，或反綁在廊柱上，
一面口頭教訓，一面用藤條鞭打腿部，遇到夏天蚊子群集，更為難受。然而
吳晟從不懷恨，日後對父母的感懷更深，從他的作品處處可見感恩的心。吳
晟常和父親共乘鐵馬，一路聊，一路笑。長大後曾經問父親：「你為什麼要打
我？我成績很好，都當班長啊！」父親卻回答：「因為你的個性太『九怪』。」
〔註34〕如此的個性也為其添加不少的回憶。他好打抱不平，只要看到較弱小
的同學被欺負，就會衝過去斥責：「沒那麼厲害啦！有本事就來找我！」又有
一次在臺北火車站，看見警察拖著穿著破舊衣衫的小男孩小販要進警察局，
並不時拍打他的頭部，趕緊買了月臺票跟隨過去，正要質問警察局中數位邊
打小男孩又開罵的警察，不料被二位年輕力壯的警察架住揍他，越是質問被
打的越兇。自己也深刻體悟：

　　我從小原是大方開朗，頗有「俠義」之氣（這就是我惹禍的原因吧？）
　　在一次又一次的「暴力體罰」中，個性逐漸受到壓抑、逐漸收斂，
　　並逐漸傾向沉悒孤獨。〔註35〕

這些都是吳晟與生俱來的正直坦誠，

　　從年少即充滿激情的社會關懷，仍不時衝激著我的良知；長期留意
　　社會風尚、省思人文發展、觀察政治體制、體會生命意義，累積了
　　無數難以排遣的憂慮疑惑，催促我抒發出來。〔註36〕

　　從不標榜自己的特立獨行，筆觸真摯而富感情，對大地擁有直接的認同，
他認為：

〔註32〕吳晟：《一首詩一個故事》，頁98。
〔註33〕吳晟：《一首詩一個故事》，頁99。
〔註34〕吳晟：《一首詩一個故事》，頁127～128。
〔註35〕吳晟：《一首詩一個故事》，頁100。
〔註36〕吳晟：《無悔》，頁252。

秉持著正直的情操，為公義，為促進更合理的社會而耗費苦心的追
求過程中，已足可尋找到嚴肅深刻的生命意義吧！〔註37〕

這樣的堅持是來自現實的親身體驗、反省，再與學說相印證，所淬鍊出
來的智慧。

吳晟感謝妻子莊芳華在生命中長期的鼓勵：「你對我充滿了希望期待，期
待我從年少所懷抱的社會關懷，能真正化為行動，至少也該傾注在文學作品
中表現出來，發揮一些影響力。」〔註38〕可見孤寂中卻非一人獨擔，依然有
摯愛的人給予勇氣力量，而男人的成功常是背後有位偉大的女性。因此除了
戀愛中寫了〈階〉，在「愛荷華家書」〔註39〕寫了十首綿綿的愛意與謝意的作
品。

他從年少就喜歡和朋友放言高論，批評時政，縱談社會的改革，而且形
諸於詩文，也因此遭受到情治單位的注意。〔註40〕在他們的標準裡：

凡是批評政府便是思想有問題；凡是不同主張便是偏激分子；凡是
要求改革，便是擾亂安定、破壞團結……〔註41〕

顯然，吳晟就是他們所要找的對象。〔註42〕所敘述，就是他的白色恐怖
經歷與見證，一個二十出頭的專一學生：

當時的驚惶錯愕，乃至逐漸加深的恐懼，持續了很長的時日。在純
真煥發、正該任意舒展無限奔放的年輕心靈，蒙上一層厚重的陰
影，彷如夢魘般緊緊跟隨著我，造成實在無從估計的壓抑和挫傷。
〔註43〕

處在這樣「一個離亂的時代」，他有許許多多怨怒的心聲，以他的個性不
吐不快，卻只能畏畏縮縮，藉著隱喻的方式來表達，例如《泥土》中的〈意
外〉

〈意外〉〔註44〕
一粒怯怯的種籽，如何

〔註37〕吳晟：《無悔》，頁24。
〔註38〕吳晟：《無悔》，頁140。
〔註39〕吳晟：《飄搖裏》（臺北：洪範書店有限公司，1985年6月初版）的系列詩。
〔註40〕吳晟：《無悔》，頁241。
〔註41〕吳晟：《無悔》，頁230。
〔註42〕吳晟：《無悔》，頁17～24。
〔註43〕吳晟：《無悔》，頁95～96。
〔註44〕吳晟：《泥土》，頁49～50。

而芽而苗而青青的樹

以不情不願的哭聲抗議

如何，小小的我驚惶的來臨

那只是一件非常偶然的

小小、小小的意外　　（第一節）

一株青青的樹，如何

而枝而葉而不怎麼芬芳的花

以多少淒清的夜晚熬著屈辱

如何，在一本小詩刊上

有人竟讀到我小小的才華

那只是一件非常偶然的

小小、小小的意外　　（第二節）

一朵不怎麼芬芳的花，如何／而澀澀的果

以幾番風風雨雨的搖撼

如何，我小小的姓名

填上一紙頗為好聽的名聲

那只是一件非常偶然的

小小、小小的意外　　（第三節）

一顆澀澀的果，如何

而熟而落而怯怯的種籽而蒼老了樹

一棵蒼老的樹，如何

而蕭蕭而颯颯而枯竭了汁液

以最後一聲哽咽告別

如何，在一張小小的訃聞上

有人風聞我已消失的消息

啊！那也只是一件非常偶然的

小小、小小的意外　　（第四節）

　　詩中雖然寫種籽成樹的歷程，實際上隱喻他的矜持與固執在內心深深處，以及在《泥土》中的

〈自白——序詩〉〔註45〕

不願隱藏起太陽

長期熬煉過的皮膚

却又不能漠視

不屑的眼色　　　（第一節）

明知所有的議論

都是徒然

仍然忍不住悄悄發言

向一樣卑微的同伴　　　（第四節）

明知靈巧討人喜歡

仍然泥土般笨拙

不懂裝模作樣　　　（第五節）

　　這是整個時代的悲劇，也是吳晟個人深度的內省，有著無窮的淒涼、徬徨、憂慮。在無法確定的命運下，與不可預知的前途裡，使得不得不對自己懷疑、思索，或者可說是時代在風雨的飄搖中，更加深了消沉淒涼的感慨。

　　1966 年 12 月，由在美國留學的大哥資助美金 100 元，供出版詩集《飄搖裏》。詩集中，共收入三十首詩，八十五頁，採用四十開小型版本。收入的詩作大多寫於中學時期。詩集出版後，除了少數送給親友，和拿幾本給一、二家書局代售，大多堆積在竹床下。隔了年餘，也是吳晟父親去世一年後，家中龐大的債務逼迫甚緊，家境窘困，想到自己該畢業，卻仍需留校重修，也想到父親生前常因自己的功課操心、焦慮而流淚，倍感難過而自責，覺得一生天資愚鈍，既無法擺脫對文學興趣，又執意選擇自然組，更不懂妥善分配時間，沒有能力二者兼顧；出版《飄搖裡》，只是在呈顯罔顧對現實的任性，竟為一己之私而要求大哥資助，在極端複雜的心情下，將其全部燒毀，如今僅留有當年送給女友（現為吳晟的太太——莊芳華女士）僅有的一本詩集〔註46〕，後來當嫁妝嫁到吳家。甚至當時還將陪伴多年的文學書刊全部丟棄。

　　1970 年寒假，留在屏東農專（三年制，於 1997 年 8 月改名為國立屏東科技大學）補修學分，以學生身分參加救國團「大專院校刊編輯人研習營」

〔註45〕吳晟：《泥土》，頁 3～5。

〔註46〕吳晟：《飄搖裏》（屏東：中國書局，1966 年 12 月初版），本章僅此處為中國書局版本，其餘使用洪範書店版本。

與《幼獅文藝》主編瘂弦再次結緣，將近一星期的研習營裡時常向詩人請益，並受鼓勵，希望重新整理文稿。吳晟回首檢視七〇年代後所發表的作品，大都尋得到貴人的因緣，尤其與瘂弦的淵源最深，而千里馬終於遇到伯樂，吳晟並於當年榮獲五十九年度中國優秀青年詩人獎。

　　1971 年二月，吳晟終於在屏東農專畢業，瘂弦有意栽培他，找他到臺北任職編輯工作，正要搭車北上報到，卻因緣湊巧在車站遇上高中的國文老師，吳晟向前問候並相偕上車，才知道他正任職家鄉的國中校長，承老師的好意，邀吳晟回鄉教書。報到隔日約女友商量，她表示不計辛苦，願意跟吳晟回到鄉間。那時因為吳晟的父親已去世多年，兄姊皆已婚嫁，弟妹還在外求學，編輯工作固然是吳晟的志趣，但吳晟想想若一畢業，隨即離家北上，仍繼續獨留母親一人在家耕種田地，何況臨門前母親流不止的淚水，其情其景，何其不忍，既然有機會返鄉任教，陪伴母親做田，總是較心安。對此吳晟多年後感受人生際遇真是微妙！一個巧遇、一聲問候，加上一份貼心的支持，最後還是決定回到家鄉任教，擔任溪州國中生物科教師，教書之餘為自耕農，親躬農事工作，並致力於詩和散文的創作，就這樣歷經三十年的教學生涯。〔註47〕吳晟也曾對往事回憶：

> 離開家鄉去都會就學，並留在都會就職求發展，是多數鄉間子弟出身的知識青年普遍的模式，我則選擇回鄉教書、課餘跟隨母親從事農耕，主要因素是顧及母親；但樸實的鄉村大地，也在深深召喚吧！〔註48〕

其中原因吳晟也說明了：

> 在我專一的那年寒假，父親因車禍不幸喪生，不識字的母親，多年來獨自守住偌大的鄉間房子，耕作微薄的田地，供應我和弟妹四人在外求學的昂貴學費和生活費，不只勞苦，而且淒傷寂寞。而我好不容易完成學業，便即北上，繼續獨留母親一人在家，怎麼安心呢？我曾要求母親和我一起北上，然則母親怎麼願意呢？那些田地誰來耕作呢？弟妹的求學費用誰來負擔呢？〔註49〕

那時也分析給女友，並獲得支持：

> 我將複雜的心情分析給你聽，要你做決定，同時明白告訴你，若回

〔註47〕吳晟：〈青青校樹〉《自由時報・自由副刊》（2000 年 6 月 15 日。）
〔註48〕吳晟：〈鄉間子弟鄉間老〉《中國時報・人間副刊》（2003 年 4 月 15 日。）
〔註49〕吳晟：《無悔》，頁 131。

家鄉教書，生活必然很苦，只因鄉間房子既破舊，設備又簡陋；而且家裡負債累累，弟妹都還在求學，負擔沉重，不可能有餘力改善家庭情況；教書、家事之餘，還要協助母親操作農事。

你靜靜聽了我的困惱，卻不表示任何意見，並一再安慰我：無論你做怎樣的決定，我都會全心全意支持你。

幾經內心的掙扎考慮，我寧可求取心安，放棄都市文明，終於選擇了返鄉教書，跟隨母親耕作的道路。〔註50〕

回鄉教書，生活漸漸安定，才又開始購買文學書籍，可惜的是早期很多詩集已無法買到。對於已在詩壇乏人提及的詩人，他們樸素、單純而真摯的詩情特別思念。在他的作品提及

無論聲光媒體如何繽紛繁複，那樣樸素、單純而真摯的詩情，不矯飾、不虛浮，更不耍弄，正是我至今信奉不渝的風格。〔註51〕

吳晟也開始再對外發表作品，大都刊登在《幼獅文藝》，女友莊芳華也請調到家鄉另一所國中任教並與他結婚；婚後育有一女二子，事後吳晟總覺得

人生的道路，經常會遇上或顯或隱的分叉，必須不斷作抉擇，不同的抉擇，當然造就歧異的命運。而我這番抉擇，應該是生命歷程中非常重要的分水嶺。〔註52〕

而婚後十年是吳晟心情最穩定踏實的歲月、詩作最豐沛的時期，出版了詩集：《吾鄉印象》、《泥土》。1980 年曾以詩人身份應邀參加美國愛荷華大學國際作家工作坊，為訪問作家，為期四個月。而教書的生涯伴隨吳晟直到 2000年二月從溪州國中退休，專事耕讀。

第三節　創作歷程

吳晟創作起步甚早，1959 年初中二年級（即十五歲）開始寫詩投稿。〔註53〕目前所發現為 1959 年〈飛還吧！我底童年〉發表於《亞洲文學》第 2期。1960 年〈雨後〉發表於《亞洲文學》第 6 期。1961 年〈醒睡〉發表於《亞

〔註50〕吳晟：《無悔》，頁 132。
〔註51〕吳晟：《一首詩一個故事》，頁 115。
〔註52〕吳晟：《一首詩一個故事》，頁 121。
〔註53〕吳晟：《一首詩一個故事》，頁 193。

洲文學》第 17 期。這三首詩，當年都以「吳勝雄」發表。〔註54〕1966 年出版
《飄搖裡》，2000 年五月，由洪範書店出版《吳晟詩選》，其內容為 1963 到
1999 年作品，總結了 2000 年以前的精要之作。

　　吳晟的創作涵蓋新詩與散文，但一直堅持新詩的創作，他承認這是需要
「堅強的創作信念和熱情」〔註55〕。他十五歲開始寫詩，〔註56〕至今先後出
版了九本詩集：《飄搖裡》（1966 年，中國書局出版。）、《吾鄉印象》（1976 年，
楓城出版社出版。）、《泥土》（1979 年，遠景出版社出版。）、《飄搖裡》（1979
年，洪範出版社出版。）、《吾鄉印象》（1985 年，洪範出版社出版。）、《向孩
子說》（1985 年洪範出版社出版。）、《吳晟詩集》（1994 年，開拓出版社出
版。）、《吳晟詩選》（2000 年，洪範出版社出版，內含詩集「再見吾鄉」。）、
《他還年輕》（2014 年，洪範出版社出版。），以及散文集等八本：《農婦》
（1982 年，洪範出版社出版。）、《店仔頭》（1985 年，洪範出版社出版。）、
《無悔》（1992 年，開拓出版社出版。）、《不如相忘》（2002 年，開拓出版社
出版。）、《一首詩一個故事》（2002 年，聯合文學出版。）、《筆記濁水溪》（2002
年，聯合文學出版。）、《溼地　石化　島嶼想像》（2011 年，有鹿文化出版。）、
《守護母親之河：筆記濁水溪》（2014 年，聯合文學出版。）

　　身為農家子弟的吳晟，他用真摯無華的筆觸書寫鄉居的生活

　　　　我常說，像我有這樣完整的農村生活背景，又有寫作經驗，顯然並不
　　　　多，因而數十年來記述廣大農村的文學作品，很可惜比較少見。〔註57〕

　　　　我畢竟是道道地地的農家子弟，家鄉的土地和土地上的人、事、物、
　　　　風俗民情，一直繫著我的濃厚感情。尤其農專畢業，結束求學生涯，
　　　　隨即返鄉定居，一面教育鄉間子弟，一面跟隨母親耕作家鄉田地，
　　　　親身擔負農事勞動，斯土斯民的體驗更深刻，自然而然蘊育了我主
　　　　要的創作根源確立了我的「鄉土」文學風格。〔註58〕

　　　　一個文學創作者，尤其是偏居鄉野如我，如何琢磨自己的作品，才
　　　　是最需要傾注心思。〔註59〕

〔註54〕有關詳細資料，筆者寫在第八章「吳晟詩新事證」，尋找吳晟詩的遊蹤。
〔註55〕吳晟：《一首詩一個故事》，頁 125。
〔註56〕2014 年 2 月 8 日訪問時，經吳晟所言。
〔註57〕吳晟：《一首詩一個故事》，頁 129。
〔註58〕吳晟：〈文學起步〉，《自由時報》，（2004 年 1 月 15 日）第 47 版。
〔註59〕吳晟：《一首詩一個故事》，頁 134。

詩，是生活的映現，是生命的深刻省思。透過詩，生命的印痕更加
深刻了；透過詩，生活的迷惑因之獲得一定程度的消解。〔註60〕

吳晟也曾提及自己的創作心路：

從一九八〇年，我的詩創作快速減少，過了二、三年即幾乎完全停
頓，因素十分複雜，我曾在散文集《無悔》的篇章中有所剖析。十
多年來雖出版過《農婦》、《店仔頭》、《無悔》、《不如相忘》四冊散
文集，但寫詩的渴望不時在內心深處召喚。……吳晟認為活著，不
只是身體的，更是心靈上的；只因詩作一直是我和生命最真切貼近
的對話，也是我熱愛人世最佳的表達方式。

我一向很少發表「即興」的單篇作品，以系列性組詩形式出現，已
成為我的創作習慣，也就是先尋找到主題方向，歷經長年思索醞釀，
偶有吉光片羽，散句片段「靈光一閃」，隨時作札記，累積到感覺已
孕育成型，才著手整理成詩篇。我的寫作進展特別緩慢。每組詩作
醞釀期難以估算，從進行初稿、稍具規模，一篇一篇再三斟酌到修
改完成，通常費時數載。〔註61〕

對於從愛荷華返臺之後，對社會的關心更急切，使他無法再以隱忍的態
度曲折地以詩作的形式來表達內在的憂懷。

吳晟因為對這個社會的關心過於急切，使他無法再以隱忍的態度曲
折地以詩作的形式來表達內在的憂懷。八〇年代初期，他改用直截、
平淺的散文進行他的呼籲和批評判，吾人若對照他的詩、文作品，
可以發現有許多篇散文都是他新詩內容的再詮釋。」〔註62〕

吳晟也曾自述「我的詩與散文是相互印證的。」〔註63〕，這種詩文的雙
重奏現象，成為文學裡奇特的景觀。〔註64〕

〔註60〕吳晟：《一首詩一個故事》，頁10。
〔註61〕吳晟：《一首詩一個故事》，頁158。
〔註62〕施懿琳：〈稻作文化蘊育下的農民詩人——試析吳晟新詩的性格特質與批判
精神〉，《台灣新文學》第10期（1998年6月），頁332。
〔註63〕玉文仁、陳沛淇：〈亞熱帶的文學田園——店仔頭讀詩〉，《文化視窗》第56
期（2003年10月），頁41。
〔註64〕參見林明德編：《鄉間子弟鄉間老·論吳晟新詩的主題意識》（臺中：晨星出版
有限公司，2008年2月15日），頁228～258。此處從陳秀琴：《吳晟詩研究及
教學實務》（高雄：國立高雄師範大學國文教學碩士班論文，2001年）引出。

表 3-1　吳晟詩文雙重奏

類別 項次	詩				散　文			
	詩　名	年代	詩　集	頁　數	篇　名	年代	書　名	頁　數
1	曬穀場	1972	吾鄉印象	37～38	珍惜	1982	農婦	17～19
2	店仔頭	1972	吾鄉印象	30～32	店仔頭	1985	店仔頭	1～5
3	手	1974	吾鄉印象	9～11	一本厚厚的大書	1982	農婦	1～3
4	腳	1974	吾鄉印象	12～14	不驚田水冷霜霜	1982	農婦	155～158
5	制止他們	1981	吾鄉印象	139～147	富裕	1990	無悔	151～159
6	詢問	1983	向孩子說	81～87	謊言	1987	無悔	55～60
7	期許	1983	向孩子說	89～95	抱歉	1988	無悔	83～89

　　他的作品以自然和現實社會為文學的依歸,「寫臺灣人、敘臺灣事、繪臺灣景、抒臺灣情」〔註65〕是吳晟一貫的創作主張。平淡裡蘊藏深情,淺白中寓含批判,筆觸堅實而富於濃濃感情。

　　吳晟自承舉凡臺灣農村土地的改變、人民價值觀的改變,他都參與其中。1975 年第二屆中國現代詩獎頒獎典禮,當時對他的評語為「詩風樸實,自然有力,以鄉土性的語言,表現時代變化中的愁緒,真摯感人」。1980 年,以詩人身分應邀參加美國愛荷華大學國際作家工作坊,為訪問作家。

　　他的散文作品也享有盛譽,1983 年,《讀者文摘》將《農婦》全書濃縮,以十八頁篇幅刊載,並以十六國文字發行於世界。1993 年中國北京人民文學出版社出版吳晟詩集以「吾鄉印象」為書名。1996 年美國加州學者 Monterey 又選取《吾鄉印象》中的三十七首詩,加以英譯,出版詩集《My Village》。詩:《人生報告》韓譯版,由金尚浩教授選自吳晟詩歌其中一百首,經一年時間翻譯,2015 年在韓國出版。

　　從作品的內容、數量及所獲得的肯定來說,吳晟可說是台灣當代詩壇相當具有代表性的鄉土作家。其中〈吾鄉印象〉經羅大佑改編譜曲,收錄於 1984 年羅大佑第三張專輯《家》。

〔註65〕吳晟:《一首詩一個故事》,頁 210。

全曲模仿陳達民謠式的吟唱，蘊蓄著幽遠縹緲的意境，增強了古老鄉愁的意象，樂評普遍認為是本張中的頂尖之作。〈吾鄉印象〉八分多鐘的曲子裡加入了胡琴、月琴……等傳統樂器，層層疊疊的音效，細膩的編曲結構加上羅大佑吟哦式的唱腔，透露出和之前的作品完全不同的企圖。不僅誠懇地道出創作者內在的渴盼，也像暮鼓晨鐘，在喚醒人們沉睡的心靈。

吳晟多次反覆聆聽羅大佑的幾張專輯唱片，並對照所附歌詞，認為皆在反映社會的現象，傳達人們普遍的心聲。

表 3-2　羅大佑改編《吾鄉印象·序說》

〈吾鄉印象·序說〉原文〔註66〕	〈吾鄉印象〉 作曲：羅大佑（改編詞）／編曲：三枝成章
古早古早的古早以前 吾鄉的人們 開始懂得向上仰望 吾鄉的天空 就是那一副無所謂的模樣 無所謂的陰著或藍著	古早的古早的古早以前 吾鄉的人們就懂得開始向上仰望 吾鄉的天空傳說就是一片 無所謂的陰天和無所謂的藍天
古早古早的古早以前 自吾鄉左側綿延而近的山影 就是一大幅 陰鬱的潑墨畫 緊緊貼在吾鄉人們的臉上	古早的古早的古早以前 自吾鄉左側延綿而近的山影 就是一大片潑墨畫 緊緊地貼在吾鄉的人們的臉上
古早古早的古早以前 世世代代的祖先，就在這片 長不出榮華富貴 長不出奇蹟的土地上 揮灑鹹鹹的汗水 繁衍認命的子孫	古早的古早的古早以前 世世代代的祖公 就在這片長不出榮華富貴長不出奇蹟的土地上 揮灑鹹鹹的汗水 播下粒粒的種子 繁衍他們那無所謂而認命的子孫

2008 年，文建會和國立台灣文學館贊助，賴和文教基金會承辦，風和日麗唱片公司發行吳晟的兩張 CD 專輯，名稱為《甜蜜的負荷》。其一是〈吳晟詩·誦〉，詩人朗誦了二十多首自己的詩作，由 929 樂團主唱、也是這張專輯的製作人吳志寧（吳晟的次子）配樂；另一張是〈吳晟詩·歌〉，收錄多位知

〔註66〕吳晟：《吾鄉印象》（臺北：洪範書店有限公司，2012 年 6 月初版四印），頁　　23～24。

名創作歌手，依據吳晟的詩作譜曲，演唱的歌曲。〔註67〕包括了以下作品：

表3-3　2008年《吳晟詩‧歌》

首	歌　名	演唱者
1	吾鄉印象	羅大佑
2	晒穀場	林生祥
3	全心全意愛你（原詩名：〈制止他們〉）	吳志寧
4	息燈後	胡德夫
5	我不和你談論	張懸
6	秋日	陳珊妮
7	雨季	濁水溪公社
8	沿海一公里	黃小楨
9	階	黃玠
10	負荷	吳志寧

　　其中〈全心全意愛你〉是吳志寧擷取吳晟的長詩〈制止他們〉改編。〈制止他們〉發表於1981年，當時吳晟已清楚預見藉拼經濟的美名下，漫無節制的開發，台灣山川遭受破壞、環境遭受污染、土地倫理淪喪……的嚴重性，試圖大聲疾呼阻擋這些現象的惡化，用語急切而激烈。而吳志寧改編的歌詞，溫和委婉。其實，無論激烈或委婉，總是隱藏不住無比憂煩，只因這些現象，惡化的快速程度，遠遠超乎當初創作這首詩的想像。〔註68〕

　　2014年再由吳志寧音樂創作，以吳晟的詩，改編詩名或部分修改內容，或完整呈現吳晟的作品，風和日麗唱片公司發行《野餐》。如此可證明吳晟的詩含有音律可入歌。正如余光中說「一首詩若未經誦出，只有一半的生命，因為它的繆思是啞了的繆思」〔註69〕，詩若加入聽覺的傳達，更能呈現詩人的創作情感。施師順生也提及當新詩若可唱，以詩入樂，將使更多的群眾接納新詩，也能提升價值性。〔註70〕

〔註67〕吳晟：〈守護一片綠蔭〉，《自由時報‧自由副刊》（2009年1月28日。）

〔註68〕吳晟：〈守護一片綠蔭〉。

〔註69〕余光中：《望鄉的牧神‧豈有啞巴繆司？》（臺北：純文學出版社有限公司，1983年4月十一版），頁148。

〔註70〕施師順生：〈從詩歌的可唱性論新詩和流行歌曲的發展〉，《中國文化大學中文學報》第九期（2004年3月1日），頁147～162。

因為可唱，所以「傳播力」強。借由歌唱，可以輕易地將詩詞的內容傳播出去；借由歌唱，歌者也不必死記死背詩詞的文句，即可輕易記住。〔註71〕。

表3-4　2014年《野餐》

首	歌　　名	原詩篇名
1	野餐	野餐
2	我生長的小村莊	輓歌
3	泥土	泥土
4	水田	水田濕地
5	阿媽不是詩人	阿媽不是詩人
6	春氣始至	春氣始至
7	時・夏將至	時・夏將至
8	菜瓜棚	菜瓜棚
9	大雪無雪	大雪無雪

依照吳晟的創作大概可分為幾個時期：

表3-5　吳晟創作分水嶺

評論者	創作年代劃分			
	第一階段	第二階段	第三階段	第四階段
施懿琳	1963年～1970年	1972年～1977年	1977年～1983年	
	創作的摸索期——青年吳晟〔註72〕	以土地及農民為關懷基點的〈吾鄉系列〉〔註73〕	由隱微漸趨激烈的抗議聲音〔註74〕	

〔註71〕施師順生：〈從詩歌的可唱性論新詩和流行歌曲的發展〉，頁151。
〔註72〕施懿琳：〈稻作文化蘊育下的農民詩人——試論吳晟新詩的性格特質與批判性格與批判精神-上〉，《臺灣新文學》第9期（1997年12月），頁323。
〔註73〕施懿琳：〈稻作文化蘊育下的農民詩人——試論吳晟新詩的性格特質與批判性格與批判精神-上〉，頁324。
〔註74〕施懿琳：〈稻作文化蘊育下的農民詩人——試論吳晟新詩的性格特質與批判性格與批判精神-下〉《臺灣新文學》第10期（1998年6月），頁322。

林明德	1963 年～1970 年	1972 年～1990 年	1990 年～1994 年	2000 年～
	前社會經驗時期〔註75〕	社會經驗時期〔註76〕	批判參與時期〔註77〕	沉潛反思時期
曾潔明	1963 年～1970 年	1971 年～1994 年	1996 年～	
	勇於嘗試的文藝青年〔註78〕	悲憫的批判壯年〔註79〕	成熟的初老時期〔註80〕	
許南村	1972 年以前	1974 年～1977 年		
	青年吳晟之形成〔註81〕	走向成熟〔註82〕		

六〇年代，臺灣詩壇籠罩在現代主義的風潮中，吳晟難免也受到影響，寫過現代主義的作品，如陳映真所言：

> 〈菩提樹下〉依然沒有脫出少年浮淺的感傷和沈思，〈懷〉寫少年的孤單，而〈雲〉則顯得造作而不自然。但〈岸上〉和〈空白〉，就顯得自在多了。但是，即使是這比較自在，比較有一點少年詩人自己情感的詩，雖不晦澀，卻無法從語法、語構中傳達一個清晰而完整的意念。〔註83〕

後來吳晟逐漸走出現代主義的風潮，在「吾鄉印象」組詩的時候，可以看出吳晟開始擁有自己明顯的風格。如：

> 〈菩提樹下〉〔註84〕
> 凌於青空之上
> 陷於塵往之中

〔註75〕林明德：〈臺灣文學中的歷史經驗——以吳晟的作品為例〉，收入東海大學中國文學系編：《台灣文學的歷史經驗研討會論文集》（臺北：文津出版社，1997年 6 月出版），頁 167。

〔註76〕林明德：〈臺灣文學中的歷史經驗——以吳晟的作品為例〉，頁 167。

〔註77〕林明德：〈臺灣文學中的歷史經驗——以吳晟的作品為例〉，頁 167。

〔註78〕曾潔明：《吳晟詩文中的人物研究》（臺北：萬卷樓圖書股份有限公司，2006年 1 月初版），頁 024～034。

〔註79〕曾潔明：《吳晟詩文中的人物研究》，頁 27。

〔註80〕曾潔明：《吳晟詩文中的人物研究》，頁 34。

〔註81〕許南村：〈試論吳晟的詩〉，《文季》第 1 卷第 2 期（1983 年 6 月），頁 19。

〔註82〕許南村：〈試論吳晟的詩〉，頁 25。

〔註83〕陳映真：《歷史的孤兒　孤兒的歷史》（臺北：遠景出版公司，1984 年 9 月出版），頁 183～184。

〔註84〕吳晟：《飄搖裏》，頁 112～114。

　　如來啊，你的合十
　　宣示了多少悲憫
　　你巍然的趺坐
　　展示多少堅忍　　　（第一節）

　　菩提樹下再無菩提
　　再無非臺的明鏡
　　你徹悟的菩提樹下
　　唯淒切紛飛
　　憂鬱一仰望你的東方少年　　　（第四節）

　　〈懷〉〔註85〕
　　掬一握這兒冷冷清清的湛藍
　　——冷清清的神奇
　　寄給你；倘若
　　你喜歡
　　就用你已擱置已久的畫筆
　　留下來吧　　　（第一節）

　　你該仍在不勝寒的高樓
　　苦苦抗拒紛繁的街聲
　　哪！也讓我寄去一曲
　　恬靜而悠遠的潮音　　　（第二節）

　　〈雲〉〔註86〕
　　遙遠的不再遙遠　　　（第一節）

　　沉默的懷想裏但你跳來躍去的追尋
　　向我探索甚麼呢
　　向明日探索甚麼呢　　　（第三節）

　　一波接連一浪的奔逐中
　　我年少的狂熱和激情
　　已一滴一滴被篩盡

〔註85〕吳晟：《飄搖裏》，頁84～86。
〔註86〕吳晟：《飄搖裏》，頁87～89。

　　如兀立岸邊的枯岩

　　唯剝落可為我詮釋　　　（第四節）

　　〈岸上〉〔註87〕

　　去路已失，回顧已茫的岸上

　　有人靜默如石

　　一夕搖搖欲墜的星光，淒迷地

　　返照他年少的蒼老　　　（第一節）

　　如果，湖泊泛濫了

　　有河流接著；如果

　　河堤缺了，有大海收容著

　　無際的涯岸啊，如果

　　是你崩潰了呢　　　（第二節）

　　〈空白〉〔註88〕

　　所有發生過的，都沒有

　　發生。所有抒寫過的

　　都只留下空白

　　輝煌也罷！低佪也罷

　　終要輕輕掩上封底　　　（第二節）

　　所有未發生的

　　也都不會發生

　　枕著不因誰而響的潮聲

　　咳！且容我就此眠去　　　（第四節）

　　這些是吳晟少年時代一部分的作品，充滿孤獨和理想，也充滿現代主義的影子。

第四節　與臺灣新文學之父的詩緣

　　賴和被稱譽為「臺灣新文學之父」，具醫生、小說家、詩人與社會改革者身分。他所醫療不僅是病人的病症，對於社會、國家問題尤為關切。對無力

〔註87〕吳晟：《飄搖裏》，頁97～99。
〔註88〕吳晟：《飄搖裏》，頁94～96。

償還診療費用的鄉親，不忍他們還債，年末總是默默將他們的帳單燒燬。當別人過年燒紙錢給鬼神求祈平安，他卻是點燃冬日的陽光，帶給鄉人永遠的溫暖。在日據時代，醫生本是崇高的地位，但他以質樸的心，親切的笑容，親近農民、原住民，如兄弟般的相擁交談。

　　賴和做為一位社會運動與文學運動的先驅者，白天看診深夜筆耕，為社會的診斷書苦思，在文化協會的講臺上，大聲疾呼時代的改革。曾經兩度入獄，但無法改變先哲傲骨的精神，不願成為日本皇民的楷模。即使與人照相，總是選在角落，不願自我凸顯，卻有堅持的鄉土意識。

　　　〈回聲——致賴和〉〔註89〕
　　　身為醫者，積極介入文化抗爭
　　　招來二度拘捕監禁
　　　讀你的獄中日記
　　　表白了平庸的悽苦惶急
　　　豈有什麼英雄宣告
　　　只是基於良知義憤　　　（第六節）

　　　身為白話文學先驅
　　　提早耗盡性命
　　　避開了政權更換的暴亂
　　　你的骨灰，仍避不過流亡政權
　　　白色恐怖的誣陷　　　（第七節）

　　　〈我時常看見你——再致賴和〉〔註90〕
　　　我時常看見你穿著白衣
　　　在往診的道路上顛簸
　　　專注構思社會診斷書
　　　在寂寞的夜晚
　　　熬成一篇一篇新文學的先聲　　　（第一節）

　　　歲末天寒迎接年節
　　　家家戶戶焚燒紙錢賄賂鬼神
　　　你卻在自家庭院

〔註89〕吳晟：《吳晟詩選》，頁 195～199。
〔註90〕吳晟：《吳晟詩選》，頁 231～234。

默默點燃

貧苦病患無力償還的帳單　　　（第二節）

我時常看見你穿著讀書人便服

站在文化協會講台上

年輕昂揚的義憤

激發出如你的詩句般

正直的呼聲　　（第三節）

我多麼不願去揣想

多少愛穿和服、急於樹立皇民楷模

和你同輩的功名文人

當年和誰站在一起、替誰說話　　（第七節）

　　吳晟身為教師，也是散文家與詩人，與賴和同是彰化人。在吳晟文學作品裡，除了孫中山先生以外，最敬愛的就是賴和；賴和一生愛鄉、愛民、愛國的典範是詩人心中的英雄。吳晟一輩子對鄉土忠誠之心，對社會的不公不義，嚴厲批判，為平民發聲，並且親身力行走在抗議的最前線，呼籲改革的熱情從不間斷，是當今鄉土文學作家的先導者。詩人自言與賴和時常相遇，這本是對賴和精神典範的崇敬與嚮往。讀吳晟致賴和的兩首詩，宛如這兩位時代改革者的影子疊印在一起。

第四章　吳晟詩觀

　　從吳晟的生平，和他的作品，在詩藝上探索，瞭解所建立的詩觀，是來自強烈的社會意識、鄉土意識和民族意識。吳晟在 1972 年發表「吾鄉印象」系列組詩，無論是從形式上或主題而言，已建立他的詩風，這些形成都與所處的環境和土地及個性相結合。吳晟的鄉土詩，創作於鄉土文學論戰之前，成為文學史上鄉土詩的典範。

　　從吳晟的生平，和他的作品，在詩藝上探索，瞭解所建立的詩觀，是來自家庭的倫理、年少就有的愛打不平個性和強烈的社會意識、鄉土意識與民族意識，以及看見農村逐漸蕭條的面貌，與謙恭自省的態度，胸懷以出世精神做入世工作……由這些所形成。

　　吳晟在 1972 年發表「吾鄉印象」系列組詩，無論是從形式上或主題而言，已建立他的詩風，這些形成都與所處的環境和土地及個性相結合。吳晟的鄉土詩，創作於鄉土文學論戰之前，成為文學史上鄉土詩的典範。

一、縱橫間的座標

　　在縱的方面，薪傳祖先的精神；橫的方面，要對大地上的生活關注。吳晟的創作主張：

> 從我返鄉教書，並實際下田耕作，我的創作根源，深深連繫著立足
> 於斯的土地，處處可見鄉土景致、鄉民生活、鄉親身影。」〔註1〕

〔註 1〕吳晟：《一首詩一個故事》（臺北：聯合文學出版社有限公司，2006 年 1 月 1
　　　日初版三刷），頁 186。

他崇拜波蘭詩人——米洛舒，在一九八○年獲得諾貝爾文學獎時，在得獎致答辭中曾說：「身為一名詩人，我若想要博得聲名，也只想揚名於我出生的村落或市鎮。」〔註2〕

> 我絕非要求鄉親多麼重視我的作品；但我真正期盼，多數的鄉親子弟，有興趣親近台灣文學，有興趣從我的作品去體認共同的鄉情。〔註3〕

> 我寫的詩，莫不是植根於踏實的生活土壤中，歷經長時期的體會醞釀，才緩慢發芽、成形，而以鮮活熱烈的血液記錄下來。〔註4〕

> 長久以來我堅持如是的信念，並一再警惕自己；絕不假藉任何理由寫下一言一句虛假的文字。〔註5〕

在與友人相處，想起曾經有一位前輩詩人的引薦，參加官方舉辦的文藝大會，並參加聚餐，是那麼豪華和氣派有所感嘆：

> 只要不去揭穿權貴的虛假面具，不去觸及當權者的隱痛，也可博得美名令譽大受歡迎。〔註6〕

> ……和今晚這樣寒傖的對比之下，我才了解冠蓋滿京華、斯人獨憔悴的真實意義，也才真切了解，為甚麼有那麼多文人，置文學良知於不顧，小心謹慎地順應當權者的呼吸，從來不肯為時代的災難、為生民的悲苦說幾句公道話，的確有他們的道理！在龐大的白色恐怖陰影長期壓抑下，一般的知識份子，大多學得更為聰明，年紀輕輕就經於世故，懂得自我約束言論尺寸，不去逾越，善於保護自己……〔註7〕

畢竟在吳晟的生命中，他憑真誠、憑道理、憑耐磨力，以知識分子自居，盡其言責。他深具憂患意識，偶爾好發些議論，卻觸犯禁忌。在白色恐怖時代，在大專一年級的暑假，也是吳晟父親剛車禍去世半年，就遭遇到「四個警察來家裏查問」〔註8〕（事後知道是帶著國家安全局的機密公函），那時吳

〔註2〕吳晟：《一首詩一個故事》，頁188。

〔註3〕吳晟：《一首詩一個故事》，頁187。

〔註4〕吳晟：《無悔》（臺北：開拓出版有限公司，1992年10月15日初版一刷），頁34。

〔註5〕吳晟：《無悔》，頁77。

〔註6〕吳晟：《無悔》，頁21。

〔註7〕吳晟：《無悔》，頁23。

〔註8〕吳晟：《無悔》，頁94。

晟母親的焦慮與驚惶，加深了他的恐懼感，在年輕心靈蒙上一層厚重的陰影。
但他一直堅信

> 無論多麼艱困的處境下，無論必需付出多大的代價，也要不斷發出
> 清醒而耿直的聲音，喚起世間沉睡的正義和公理，絕不迷失良知而
> 隨波逐流，絕不為自身的利益而姑息敗德的行徑任意橫行。〔註9〕

他的批判精神，數十年的詩文，就是最好的見證。

在鄉土議題書寫上，他認為：

> 文學基本上是生活的反映。我絕無意以「鄉土」自居，更不願以「鄉
> 土」自我限制。我抒發生於斯、長於斯、工作於斯的鄉土經驗、鄉
> 土情感，以及從鄉土出發的思考，本是極為自然的發展，不足為奇。
> 〔註10〕

即使在得獎之後，他有所感慨：

> 寧願信奉作品本身就是最直接的傳達。然則像我這樣乏於活動、若
> 非經由得獎的熱鬧宣傳，有可能被承認嗎？每次想起來，就非常羞
> 愧難當不自在，而真想忘掉這件事。〔註11〕

> 一個文學創作者，尤其是偏居鄉野如我，如何琢磨自己的作品，才
> 是最需要傾注心思。〔註12〕

林明德在〈臺灣文學中的歷史經驗——以吳晟的作品為例〉〔註13〕一文
認為吳晟的創作動機不外是：一、落實生活。二、生活感動。三、抒發親身體
驗。四、至誠而創作、說真話講實話。五、熱烈的全心全意的追求，自我充
電。六、力求作品本身的完美。然而從吳晟的散文與詩作也可以清楚瞭解到
他的詩觀：在《農婦・一本厚厚的大書》中寫著——

> 母親只能認識幾個數目字，不懂什麼高深的大道理，沒有甚麼非凡
> 的學問和事業，更沒有一些虛妄的夢想。然而，母親不虛華、不怨
> 嘆、安分守己、刻苦耐勞、充滿愛心的生活，就是一本厚厚的大書，

〔註 9〕吳晟：《無悔》，頁 35。
〔註10〕吳晟：《一首詩一個故事》，頁 127。
〔註11〕吳晟：《一首詩一個故事》，頁 125。
〔註12〕吳晟：《一首詩一個故事》，頁 134。
〔註13〕林明德：〈臺灣文學中的歷史經驗——以吳晟的作品為例〉，《文學臺灣》第 13
　　　期（1995 年 1 月），頁 288～320。

寫滿讀不完的情思、寫滿解不盡的哲理。」〔註14〕

　　吳晟的母親是影響他這輩子最深的人，無論是詩或文都有最深的感觸和追憶。母親雖然未曾讀過書，但一生的言行卻充滿哲理，吳晟也如是堅持自己和母親的信念有所為而為。

　　在《吳晟詩集》的「詩觀」非常明確的列出〈土〉、〈阿媽不是詩人〉、〈阿爸偶爾寫的詩〉、〈我不和你談論〉。其中〈土〉為《吾鄉印象》的序詩、〈我不和你談論〉為《飄搖裏》的序詩、〈阿爸偶爾寫的詩〉為《向孩子說》的序詩，一連串從「吾鄉印象」到「再見吾鄉」的詩作。歲月流逝，但詩人的心依然堅守腳下的泥土，直到今日在《他還年輕》還不斷呼籲：

　　　　如果台灣子弟，從我的詩篇中有些體會，更懂得尊重倫理，更懂得
　　　　珍惜自己、珍惜萬物的生命價值，則是我奢侈的願望。我要特別感
　　　　謝。〔註15〕

二、以鄉土之愛為核心

　　吳晟自承「農民性格可以說是貫穿我一生的主要基調」，舉凡臺灣農村土地的改變、人民價值觀的改變，他都參與其中。作品的內容、數量及所獲得的肯定來說，吳晟可說是台灣當代詩壇相當具有代表性的鄉土作家。

　　他的詩，樸拙明朗厚實，處處可見源於對鄉土、對農村、對生命真摯的熱愛，以大自然和現實社會為文學的依歸，情意真摯動人，他的散文也頗受好評。他的作品不是即興而隨即忘卻的感觸，更非技巧與主義或派別等格局下的表現，卻是對土地、對生命醞釀再醞釀後的深情流露。

　　他的詩作以組詩為主，是有計畫性的創作。他說「如果必須探究我的詩作中有什麼鮮明意識，我只知每一份詩情，都是連接台灣島嶼的每一寸土地。」〔註16〕，而這份根植於土地的情感，隨他走了數十年的人生，他也用詩作〈角度〉傾訴他的心聲。

　　　　〈角度〉〔註17〕
　　　　遙遠的星光特別燦爛嗎

〔註14〕吳晟：《農婦》（臺北：洪範書店有限公司，2005 年 8 月初版十二印），頁 3。
〔註15〕吳晟：《他還年輕》（臺北：洪範書店有限公司，2014 年 10 月初版），頁 230。
〔註16〕吳晟：《一首詩一個故事》，頁 225。
〔註17〕吳晟：《吳晟詩選》（臺北：洪範書店有限公司，2008 年 9 月初版四印），頁 268～270。

如果照不見腳下的土地

那是為誰而炫耀

遨遊的眼界特別開闊嗎

如果無視於身邊的山川

是否隱含倨傲

我也常無比傾慕

聆聽世界風潮的滔滔論述

只是有些質疑

沒有立足點

候鳥般飄忽來去的蹤跡

每一處都是異鄉都是邊陲

其實我更常怯怯質疑自己

長年守住村莊的田土

是否如人議論的褊狹

在反覆對照思量中

或許不妨這樣說

每片田園四時變換的風姿

每株作物開展出去的角度

也可以詮釋豐富的國際意涵

如果我有什麼褊狹

反而是對於立足的土地

愛得還不夠深沉

〈角度〉表達了立足在故鄉的土地上，自然有他的寬廣和多元的角度。對於在鄉土或遨遊國外的見解，吳晟與一般人持有著不同的「角度」，一般人所謂國際的視野，指的是遨遊海外，批評固守故鄉土地的人淺薄；吳晟以為土地因為四季的相異，所開的花果不同，自然多元。也認為站在任何一塊土地上，都可以擁有不同的角度，看見自然的豐姿。此詩表意婉轉，詩意清晰。

　　一般評論者大多稱吳晟為「鄉土詩人」、「農民詩人」或「田埂上的詩人」。主要在表彰他對農民文學的貢獻，他寫作的觸角很廣，除了對家鄉的關懷、無論是倫理、教育、政治的議題，或山川、林木、水土保持都擁有深度關切和憂心。

在他平實的文字風格裡、和他本人談話或電話中的請益,可感受他的純厚樸實。雖然吳晟已在文壇佔上重要地位,還卑謙的說:「詩家該有怎樣的姿態?猶如水稻在微風吹拂,尤其是稻穗飽滿之實的低垂意象,謙虛與卑屈之間,有多重向的解讀吧。」〔註18〕正如他的詩句:「不習慣裝腔作勢,沒有英雄式的宣言」〔註19〕,不追求時代的潮流,不與人爭,對土地的關愛流露在字裡行間,確實的反映鄉人的心聲,深入他們的精神與信仰的內心最深處,充分傳達農民的情懷和個人特有的鄉土意識。

吳晟的詩作,為台灣現代詩開啟了另一嶄新的風貌,和探索深沉的心靈。透過吳晟的「筆耕」,我們可以很清楚瞭解,所謂的「鄉土詩」並非僅用鄉土語言表達情感。而是他用汗水耕耘著生活,以致文字間可以喜於農民所喜、也苦於農民所苦的情懷。

三、熱愛斯土斯民並為他發聲

吳晟歷經臺灣島內種種風暴,僅能寫詩求取安慰,才有辦法「對抗生命的龐大悲哀」〔註20〕,他的悲觀來自對人性的無奈與人生的殘缺;但,詩人無論遭受任何愴傷與劫難,他仍然願意拭去眼淚,在汪洋中掌起舵來駛往自己的方向。

〈我仍繼續寫詩〉〔註21〕

也許只是不甘願

留不住年少的澎湃詩情

我仍繼續寫詩

可以吟詠心靈隱密的悲哀

尋找一些些逃避

也許只是捨不得放棄

自我沉醉的非凡才華

〔註18〕吳晟:《一首詩一個故事》,頁 224。

〔註19〕吳晟:《向孩子說》(臺北:洪範書店有限公司,2012 年 6 月初版五印),序頁 1~3。

〔註20〕吳晟:〈寫詩的最大悲哀〉,收入《吳晟詩集》(臺北:開拓出版有限公司,1994 年 11 月 15 日初版一刷),頁 228~230。

〔註21〕吳晟:《吳晟詩選》,頁 228~230。按:此詩刊登於 1997 年 4 月 11 日《自由時報》。

我仍繼續寫詩

不妨裝扮大師姿態

彌補俗世的寂寞和挫敗

也許只是不願意適應

紛雜多變的聲光資訊

我仍繼續寫詩

可能只是過度耽溺

把玩詞藻散發的魅力

其實詩情與才華云云

乃至文字的迷信

早已點點滴滴

沉積在滔滔流逝的現實歲月底層

寧願只是沉默耕作的鄉間農人

而我仍繼續寫詩

或許是大地的愴傷、人世的劫難

一再絞痛我的肺腑

即使眼淚，也無法平息

即使大聲控訴，也無法阻擋

只有求取詩句的安慰

　身為農家子弟的吳晟，他用真摯無華的筆觸書寫鄉居的生活，他說：

　　我畢竟是道道地地的農家子弟，家鄉的土地和土地上的人、事、物、風俗民情，一直繫著我的濃厚感情。尤其農專畢業，結束求學生涯，隨即返鄉定居，一面教育鄉間子弟，一面跟隨母親耕作家鄉田地，親身擔負農事勞動，斯土斯民的體驗更深刻，自然而然蘊育了我主要的創作根源確立了我的「鄉土」文學風格。〔註22〕

　　一個文學創作者，尤其是偏居鄉野如我，如何琢磨自己的作品，才是最需要傾注心思。〔註23〕

〔註22〕吳晟：〈文學起步〉，《自由時報》，（2004年1月15日），第47版。

〔註23〕吳晟：《一首詩一個故事》，頁134。

詩，是生活的映現，是生命的深刻省思。透過詩，生命的印痕更加
深刻了；透過詩，生活的迷惑因之獲得一定程度的消解。〔註24〕

很清楚可以瞭解到吳晟的作品與生活緊密結合在一起，只是「很自然的
將心中的感情寫下來」〔註25〕，他不用艱澀的言語，「只是在記載了一個農家
子弟的生活心象」〔註26〕，誠如向明所言：「詩，其實是一個寫詩人的心聲吐
露，即使用最華麗的語言，用最明的技巧，如果心緒不正，絕對可以看出那
是一種虛偽的掩飾。詩人最不能說謊，他的詩會露出馬腳，大詩人洛夫先生
說得好，凡詩都是有它的意義的，把幾行美麗的詞句拼湊起來並不是詩，這
就說出了詩人寫詩是不是出自真心。」〔註27〕

四、大地是永遠的召喚

在時間上，吳晟長期沈潛中國傳統文化的認同；在空間上，吳晟對臺灣
這片鄉土深入生活中，長期的關懷。

〈我不和你談論〉〔註28〕
我不和你談論詩藝
不和你談論那些糾纏不清的隱喻
請離開書房
我帶你去廣袤的田野走走
去看看遍處的幼苗
如何沉默地奮力生長

我不和你談論人生
不和你談論那些深奧玄妙的思潮
請離開書房
我帶你去廣袤的田野走走
去觸摸清涼的河水

〔註24〕吳晟：《一首詩一個故事》，頁10。
〔註25〕李明白：〈一位執著人和土地之間的作家——訪吳晟〉，《臺灣文藝》第126期
（1991年8月15日）。
〔註26〕楊昌年：《現代詩的創作與欣賞》（臺北：文史哲出版社，1991年9月初版），
頁345。
〔註27〕向明：〈我對新詩的認知——回答一位研究生的問題〉，《海星詩刊》第10期
（2013年12月），頁12～13。
〔註28〕吳晟：《飄搖裏》（臺北：洪範書店有限公司，1985年6月初版），頁序1。

　　如何沉默地灌溉田地

　　我不和你談論社會

　　不和你談論那些痛徹心肺的爭奪

　　請離開書房

　　我帶你去廣袤的田野走走

　　去探望一輩一輩的農人

　　如何沉默地揮汗耕作

　　你久居鬧熱滾滾的都城

　　詩藝呀！人生呀！社會呀

　　已爭辯了很多

　　這是急於播種的春日

　　而你難得來鄉間

　　我帶你去廣袤的田野走走

　　去領略領略春風

　　如何溫柔地吹拂著大地

　　詩裡「沒有聞過糞味和泥土味，怎能真正領略花香。」〔註29〕，這是他真切的體會，對於春風的溫柔觸撫，需要全心全意的領略和感知，也只有生活在大地的農民能夠深深的感受。

　　1985 年吳晟在出版的詩集《向孩子說》的序：〈阿爸偶爾寫的詩〉。以質樸的文字描述，對真摯情感的表露，這一直是他的一貫詩風，也是他為人謙卑真誠、坦率的性格所呈現。

　　〈阿爸偶爾寫的詩──序「向孩子說」〉〔註30〕

　　和我們生長的鄉村一樣

　　不喜歡裝腔作勢

　　阿爸偶爾寫的詩

　　沒有英雄式的宣言

　　也沒有輝煌的歌頌

　　只是一些些

　　粗俗而笨重的腳印

〔註29〕吳晟：《農婦》，頁 47。
〔註30〕吳晟：《向孩子說》，頁序 1。

和我們日日親近的泥土一樣

不喜歡說漂亮話

阿爸偶爾寫的詩

沒有繽紛耀眼的光采

也沒有華麗迷人的詞句

只是一些些

安份而無甜味的汗水

孩子啊！阿爸偶爾寫的詩

無意引來任何讚嘆

也不必憑藉任何掌聲

和我們每天在一起勞動的村民一樣

對深奧的大道理，非常陌生

又欠缺曲曲折折的奇思妙想

只是一些些

對生命忍抑不住的感激與掛慮

吳晟也曾提及自己的創作心路：

> 我一向很少發表「即興」的單篇作品，以系列性組詩形式出現，已
> 成為我的創作習慣，也就是先尋找到主題方向，歷經長年思索醞釀，
> 偶有吉光片羽，散句片段「靈光一閃」，隨時作札記，累積到感覺已
> 孕育成型，才著手整理成詩篇。我的寫作進展特別緩慢。每組詩作
> 醞釀期難以估算，從進行初稿、稍具規模，一篇一篇再三斟酌到修
> 改完成，通常費時數載。〔註31〕

五、土地是阿媽的生命根源

泥土與母親，對吳晟而言交織映襯，都是最重要的寶，成為文學的泉源。
整首詩以「反語」方式書寫，形成更大的力量和重要性。

〈阿媽不是詩人〉〔註32〕

不識字的阿媽

不是詩人

〔註31〕吳晟：《一首詩一個故事》，頁158。
〔註32〕吳晟：《向孩子說》，頁13～15。

不懂詩詞歌賦風花雪月

辛勤的一生中

只知道默默奉獻堅韌的愛心

粗手大腳的阿媽

不是詩人

不懂隱隱藏藏暗喻比興

坦朗的一生中

只知道直著心腸說話

忙碌操勞的阿媽

不是詩人

不懂安適飄逸優雅閒愁

艱苦的一生中

只知道盡心盡力流汗

一滴一滴滋養家鄉的田地

孩子呀！而你們要細心閱讀

阿媽寫在泥土上的每一步足跡

——不是詩人的阿媽

才是真正的詩人

　　其實不識字的阿媽，表面上雖然不是詩人，但阿媽的步伐是那麼踏實，精神是那麼投入，一生的勞苦與歷練和為人處世的模範，卻是一本厚厚的書，展開閱讀才能瞭解其中的精華奧妙。

　　宋玉評論

　　　　他的詩文展現古代詩教「思無邪」（心思純正無邪念）的精神，用「怨
　　　　而不怒」的筆法，抒發有別於其他田園作家的文學情調。身為農民，
　　　　他奮力耕耘；身為農民詩人，他賣命為土地謳歌。〔註33〕

六、土地永遠的守護者

　　勤樸的農民在農村中，他們的生活與態度，生於斯、長於斯、死於斯。

〔註33〕宋玉：《與作家有約‧親像土地一樣憨的人——吳晟》（臺北：幼獅文化事業
　　　　股份有限公司，2011年5月初版），頁79。

土地，是農民的宿命，也是萬物的根源。農民在沉默中用堅定、堅強的意志握鋤荷犁承擔一切的負荷。縱然，生活中有許許多多的失落，也不悲嘆，勇敢的走下去。如果有朝不得不停留下來，也會放下所有的一切，不在意能否留名於歷史，只須以最真誠的心做該做的事。

　　〈土〉〔註34〕

　　　赤膊，無關乎瀟灑
　　　赤足，無關乎詩意
　　　至於揮汗吟哦自己的吟哦
　　　詠嘆自己的詠嘆
　　　無關乎閒愁逸致，更無關乎
　　　走進不走進歷史

　　　一行一行笨拙的足印
　　　沿著寬厚的田畝，也沿著祖先
　　　滴不盡的汗漬
　　　寫上誠誠懇懇的土地
　　　不爭、不吵，沉默的等待

　　　如果，開一些花、結一些果
　　　那是獻上怎樣的感激
　　　如果，冷冷漠漠的病蟲害
　　　或是狂暴的風雨
　　　蝕盡所有辛辛苦苦寫上去的足印
　　　不悲、不怨，繼續走下去

　　　不掛刀、不佩劍
　　　也不談經論道說賢話聖
　　　安安分分握鋤荷犁的行程
　　　有一天，被迫停下來
　　　也願躺成一大片
　　　寬厚的土地

―――――――――

〔註34〕吳晟：《吾鄉印象》（臺北：洪範書店有限公司，2012 年 6 月初版四印），頁序 1。

　　整首詩流露厚實的情操與樸拙的心懷，這樣說明唯有簡簡單單、真真實實的性情，才能在生命所託負的土地上開出豐碩的果實。

　　吳晟也在《一首詩一個故事‧詩名》〔註35〕如是的寫著：

　　你看出歲月的滄桑，明顯刻劃在我臉上，是否也能理解我對人世的
　　關注，反而更熱切。

　　你看到詩作的累積，襯托在我年老的資歷，是否也可以體會，我的
　　心境，仍然如文學少年那般單純而狂熱。

　　你看見我在文學活動的場合，似乎有些熱絡，是否也能想像，我在
　　小鄉鎮的日常生活，很少很少有機會記得自己是詩人身分。

　　我仍信奉，就像土壤中的種子，各自汲取水分，耐心等待生根發芽，
　　只有在寂寞中浸過汗水或淚水、只有在孤獨中傾注心血的詩句，才
　　可能貼近人們的心靈深處。

　　請你確實檢驗我的新作，是否仍鮮活豐沛，如果只是重複老調，我
　　寧願從此沉默不語。

　　他是一位凡事自省的人，也因為如此，他的寫作題材多元，深深扣人心絃，吳晟對鄉土的關懷，從吾鄉印象至今未曾改變，難怪陳芳明說吳晟數十年來一直沒有什麼變。

〔註35〕吳晟：《一首詩一個故事》，頁222～223。

第五章　吳晟詩歌的鄉土意識

　　西元 1970 年代的臺灣詩壇是現代主義文學〔註1〕和鄉土文學〔註2〕論戰的時代，但早在這之前，吳晟在故鄉教書，即開始用樸實的文字描寫臺灣農民的生活、關懷農村社會的變遷，他在這樣的環境下，雖然從未加入任何詩社、詩派，孤獨成性；但是，由於他的努力，和長期居住在農村的生活，使得創作上的成就，成了臺灣鄉土派詩人的驕傲。

第一節　吳晟詩的鄉土特色

　　古繼堂稱許吳晟的詩

　　　　表現出既淺顯，又深沉；既明朗，又含蓄；既清新，又渾厚的特殊
　　　　韻味。……在吳晟的詩中，既豐富深刻，又淺顯易懂。經過吳晟天
　　　　才的消化用最淺顯、生動、形象的語言加以表達，於是深奧的哲理
　　　　就變成了明白的道理了。

〔註1〕「現代主義文學」：一種二十世紀的藝術潮流。起因於十九世紀工業革命後的
　　　物質主義與二次世界大戰後的撞擊，使得人類內心產生精神上的空洞、虛無。
　　　表現在文學作品上，強調個人的孤立性、經驗的破碎性。在語言技巧上，現
　　　代主義有別於過去者，在於不斷創新語言，不避土語方言，融入嚴肅的作品
　　　中。同時，由於佛洛依德學說的興起，現代主義強調意識流及象徵作用。參
　　　見《教育部重編國語辭典修訂本》。上網日期：102.10.3 網址：http://dict.revised.
　　　moe.edu.tw/index.html。
〔註2〕「鄉土文學」：帶有地方色彩的文學作品。如描寫純樸的鄉土人物、鄉土故事
　　　及具有濃厚鄉土風味的作品皆是。參見《教育部重編國語辭典修訂本》。上網
　　　日期：102.10.3 網址：http://dict.revised.moe.edu.tw/index.html。

更在《臺灣新詩發展史》一書中將他列為西元 1970 年代臺灣青年詩人羣的前茅。〔註3〕

吳晟在獲得第二屆中國現代詩獎時，評審會給予其詩作的評語為

> 詩風樸實，自然有力，以鄉土性的語言，表現時代變化中的愁緒，真摯感人。

周浩正則提到

> 吳晟的成就之一，是他的詩伸入了鄉土豐富的語言中攝取養料，適切而忠實地反映了他周圍的人們。〔註4〕

吳晟的思想有稻作文化的民粹精神，其作品的最大特色，在於濃濃的泥土香味，他的鄉土詩風格確立於「吾鄉印象」之後，余光中也曾這樣評價吳晟的鄉土詩：「只有等吳晟這樣的作者出現，鄉土詩才算有了明確的面目。」〔註5〕可見吳晟的作品，對後來鄉土詩的發展具有很大的影響。吳晟如何在現代主義文學與鄉土文學論戰的氛圍中，走出自己獨特的風格，運用國語和台語混合的詞彙來創作，這是非常好的方式。

一、質樸的語言

吳晟的語言是質樸平實的，一如其人；他的節奏是迂緩的，十分迂緩，也正像他的言行舉止。〔註6〕又如顏炳華在《泥土》的代序中說：

> 吳晟的詩不是鮮艷流動，不可觸摸的世界，而是色彩簡單，明暗交錯，深深淺淺，溶入時空感覺的世界。⋯⋯吳晟的詩誠然不是流行性的，也不光彩奪目，但在他如泥土般真摯厚重的作品中，我們却可從平實中見深情，從平淡中見深刻。〔註7〕

蕭蕭也說：

> 吳晟的語言，不是美化的詩語言，而是淺白俚俗的詩語言，而且往

〔註3〕古繼堂：《臺灣新詩發展史》（臺北：文史哲出版社，1989 年），頁 420～424。

〔註4〕周浩正：〈一張木訥的口──初讀吳晟的詩〈吾鄉印象〉與〈植物篇〉〉，收入林明德編：《鄉間子弟鄉間老──吳晟新詩評論》（臺中：晨星出版有限公司，2008 年 2 月 15 日初版），頁 9。

〔註5〕余光中：《青青邊愁‧從天真到自覺》（臺北：純文學社，1985 年 4 月初版第 6 次印刷），頁 125。

〔註6〕張健：〈吾鄉‧孩子‧飄搖──評吳晟的三本詩集〉，《聯合文學》二卷四期（1986 年 2 月），頁 143～144。

〔註7〕吳晟：《泥土》（臺北：遠景出版社，1979 年 8 月三版），頁 24～27。

往直接以鄉土的語言，寫作鄉土的人、事、物，以表達濃厚的鄉土感情。語言是鄉土的，題材是鄉土的，感情是鄉土的，此三者是構成吳晟鄉土詩的基本特色。〔註8〕

鮑昌寶認為：

在吳晟的詩作中，有一種平淡中的蒼涼，構成其詩歌的主要情緒內涵。〔註9〕

白文蔚也提到：

以方言土語入詩是吳晟詩歌的又一特色。比起現代派詩歌的華麗艱澀來，吳晟的詩顯得有些「土氣」，然而，當你細細品嚐，在那充滿泥土味的詩歌中，滲透著「純樸」和「憨厚」，體現著「原生態」的美。……值得一提的是，在語言象用上，作者並非全用鄉土語，他時而將文言句式與通俗詞語混用，如《土》中的「無關乎」與「赤膊」夾雜在一起，顯得亦雅亦俗，十分和諧。〔註10〕

吳晟寫詩的創作歷程，不是一味的淺白樸實而已，他仍然有不同時期的風格轉變。如顏炳華對吳晟寫詩的各個歷程分析如下：

初期〈飄搖裏〉的迷惑與憂悒，時而激昂，時而低徊。……〈不知名海岸〉時期的清冷、凝聚和用世意念之舒展。……〈吾鄉印象〉的厚重、悲憫和愁緒。……〈向孩子說〉的關愛與〈愚直書簡〉中的憂國。〔註11〕

吳晟寫詩的創作習慣，總是歷經長年的思索醞釀，並且從初稿到修改完成，通常費時多年，如開始的「吾鄉印象」十三首，寫了兩年，「再見吾鄉」歷經十年的醞釀計畫才完成。吳晟曾經提過：

我一向很少發表「即興」的單篇作品，以系列性組詩形式出現，成為我的創作習慣，也就是先尋找到主題方向，歷經長年思索醞釀，偶有吉光片羽，散句片段「靈光一閃」，隨時作札記，累積到感覺已孕育「成形」，才著手整理成詩篇。我的寫作進展特別緩慢。每組詩

〔註8〕蕭蕭：《現代詩縱橫觀》（臺北：文史哲出版社，1991年），頁249。

〔註9〕鮑昌寶：〈捍衛鄉村的尊嚴——論臺灣詩人吳晟的詩歌〉，《江漢大學學報（人文科學版）》第27卷第4期（2008年8月），頁17～20。

〔註10〕白文蔚：〈唱大地之歌抒鄉土之情——評吳晟的鄉土詩〉，《寫作》第8期（1997年4月），頁13～14。

〔註11〕吳晟：《泥土》，代序頁8～19。

作醞釀期難以估算，從進行初稿、粗具規模、一篇一篇再三斟酌到修改完成，通常費時數載。〔註12〕

例如他在創作「吾鄉印象」系列組詩的時候已萌發「向孩子說」系列組詩的創作靈感，並確定了「向孩子說」的名稱，但他仍只是先記下札記，待《吾鄉印象》詩集出版後，才全力整理《向孩子說》的篇章，並經過修改斟酌後才集結成冊。

此外顏炳華在《泥土》的代序中也曾提到：

> 吳晟寫詩的歷程，依次大致可分為幾個重要的階段，即初期的〈飄搖裏〉、〈不知名海岸〉，近期的〈吾鄉印象〉和最近的〈向孩子說〉與〈愚直書簡〉。……不過為了追述解析吳晟的詩，我以為按他詩完成的時間順序，必更能幫助我們了解吳晟的成長過程，詩風的演變與其精神面貌。〔註13〕

二、母語詞彙的運用

此外大家雖然肯定吳晟的鄉土詩，但是他在接受訪談時，卻表示自己在寫詩時，對於鄉土語言的使用，其實是常不自覺的；後來他因鄉土詩而獲得了些許的名聲，瞭解到自己在這方面的優勢，而開始刻意要將更豐富的閩南語詞彙融入詩中，但此時寫出來的詩，卻已無法和當年的鄉土詩相比了。由此可知，詩是高度精鍊的語言，太過刻意的經營反而無法寫出好詩，只有在這樣的語言已成為作者生活習慣的一部份時，才能寫出好的作品。而在這種情形之下，作品也一定會有個人強烈的語言風格。

吳晟的新詩創作，開始於他中學初二時期（十五歲），務農家庭的出身，對他的文學創作具有深刻的影響，無論是作家的創作精神或是作品的特色，吳晟是臺灣農村書寫的代表。引用林明德對吳晟的評價：

> 在當代台灣文學中，不乏藝術造詣高深的詩人，但以一生擁抱鄉土、信奉鄉土倫理，寂寞堅持信念、積極實踐理想，並獨樹一幟的詩人，恐怕不多見，無庸置疑的，吳晟是位深具特色的台灣詩人。〔註14〕

〔註12〕吳晟：《一首詩一個故事》（臺北：聯合文學出版社有限公司，2006年1月1日初版三刷），頁158。

〔註13〕吳晟：《泥土》，頁7～8。

〔註14〕林明德，〈鄉間子弟鄉間老──論吳晟新詩的主題意識〉，《國文學誌》第十期（彰化：彰師大國文學系，2005年6月），頁29。

吳晟，曾被質疑詩意淺白，遣詞過於口語化，視角過於褊狹，但林廣卻認為：

> 吳晟的詩作其實蘊含著一種深邃的美學，只是這種美被他純厚的語
> 言蓋住，必須深入去探索才能發現他心靈的內頁風景。〔註15〕

多數人將他定位為鄉土詩人，但不足以概括詩人在詩壇的整體風貌及貢獻。吳晟以鄉土詩嶄露頭角，卻不受侷限，反而擴展關懷面向，社會、政治、教育、生態等，以放射狀涵蓋萬物，在發表「晚年冥想」〔註16〕組詩後，回歸生命本體，完整了他的詩歷程。吳晟的詩，沒有華麗的詞藻、深奧的典故，一如農人性格的質樸，也帶著農人真誠直率的語氣，詩，雖是一種曖昧的藝術，但吳晟的詩，卻能保留了詩味，但又帶有強烈的性格和意識，在現代主義的詩壇外，反是另一道清新的潛流。

余我在他的〈談風格〉中提到

> 從前講風格的人都注重辭意的曲折，認為辭意愈曲折愈好，要是直
> 說，便顯現不出作者寫作的才能……。風格的質直和婉曲，完全從
> 文章的內容和作者所所處的場合來決定，不從這些地方著眼，無論
> 提倡直說或婉曲，都是可議的。〔註17〕

而吳晟的詩正是以此為依歸，用字淺白，但時而以譬喻方式表達。

三、關懷土地

在讀者與評論家，一般將吳晟歸類於鄉土文學的「農民詩人」或「田埂上的詩人」或「鄉土詩人」。甚至施懿琳對來自鄉間的吳晟是「根植於泥土的土地之花」，〔註18〕從 1972 年開始到 1974 年，正是吳晟返鄉任教（1970 年）兩年後，也許因為白天教書，課餘躬身農事，晚上在夜深人靜勤於筆耕，對

〔註15〕林廣：《尋訪詩的田野》（臺北：聯合文學出版社有限公司，2005 年 12 月初
版），頁 325。

〔註16〕「晚年冥想」22 首，整組詩收入於吳晟：《他還年輕》（洪範書店有限公司，
2014 年 10 月初版），頁 48～130。一般論說大都以《聯合文學》第 246 期
（2005 年 4 月）的十首詩輯為主，內含〈告別式〉、〈生平報告〉、〈晚年〉、
〈在鄉間老去〉、〈趁還有些微光〉、〈落葉〉、〈學習告別〉、〈不要責備他〉、〈火
葬場〉、〈森林墓園〉，是吳晟的自省與生命觀。

〔註17〕余我：《文學的境界‧〈談風格〉》（臺北：水芙蓉出版社，1979 年 5 月 20 日
五版），頁 54。

〔註18〕施懿琳、楊翠：《彰化縣文學發展史（下）》（彰化：彰化縣立文化中心 2009
年 10 月 1 日初版），頁 334。

農村現實生活有了更進一層的瞭解，他的文思筆湧，突然湧現大量描寫臺灣農村中農民的生活、對農民的命運探討、對臺灣社會變遷的關懷，這是吳晟創作的豐碩時期。

> 在人類的文明發展中，可藉由許多的途徑去瞭解，然而，如果透過文學的表達，更能對其發展掌握命脈，在作者與讀者的交流裡，也能更深刻知道時代步履的移動。吳晟的寫作速度，比起一些作家並不快，他一字一句的刻寫，用虔誠的心寫下對土地、事物的關懷，希望讀者也能感受到，體會他的深情與哀愁，每首詩讀來都能扣動心絃。
>
> 吳晟的所謂鄉土詩，並非僅限於用鄉土語言表現情感，更重要的是她用鄉土情感來描繪鄉民的生態。吳晟的詩，處處可見源於對鄉土、對生命的熱愛，不是即興的隨即的隨即忘卻的感觸，也非技巧與主義派別等格局下的表現，而是醞釀再醞釀後的深情流露。……即使不用所謂的鄉土語言，我們相信，吳晟詩中所蘊藏的熾熱情感，仍能打動我們的心靈。〔註19〕

其中

> 鄉土詩有幾個共同的特色，那就是以鄉土的語言，寫作鄉土的人、事、物，表達濃厚的鄉土感情。這三項缺一不可。吳晟寫作鄉土詩已久，作品極多，顯然已經成為他的特色了。〔註20〕

其實吳晟對鄉土無盡的關懷，對民族深厚的愛，這些在年少就有跡可尋。在吳晟十八歲（1962年）曾寫豪氣萬丈的〈中華兒女〉：

〈中華兒女〉〔註21〕

飄揚的戰鬥旗幟已昇起，

前進啊！熱血沸騰的中華兒女。　　　（第一節）

以源源不絕底力，

吹響嘹亮的戰鬥交響曲，

給沉睡者以甦醒的音符

〔註19〕顏炳華：〈「泥土代序」〉，收入吳晟：《泥土》，頁3。

〔註20〕蕭蕭：〈向孩子說些什麼？讀吳晟的「向孩子說」〉，《文訊月刊》第21期（1985年12月），頁218。

〔註21〕吳晟：〈中華兒女〉，《青年世紀》第14期 （1962年11月1日）。

以永不褪色底熱誠，

戳碎夜幕的重幃，

給顫慄的靈魂以鼓舞的勇氣。　　（第五節）

時代的脈搏就是我們的脈搏，

前進啊！熱血沸騰的中華兒女。

飄揚的戰鬥旗幟已昇起。　　（第六節）

這種壯志凌雲的精神，這樣的筆觸早已刻印心中，延續往後數十年強烈的社會意識與憂國憂民的情懷。

第二節　親情、鄉情的眷戀

若成功的文學作品必然孕育於社會而反哺給社會。若成功的文學作品能給予心靈慰安、激勵與啟示。則，吳晟的作品清楚地顯示了這特質。〔註22〕

一、父子情深

吳晟父親因車禍過世，父親的身影如同雕刻刀，一筆一畫刻在吳晟的心裡，縱然歲月流逝，刻畫在心裡的只有越刻越深，永遠無法磨滅。縱然龍樹柏樹長久鮮綠，但是也無法分散吳晟與兄弟姊妹的眼意。

〈百日祭〉〔註23〕

蕭蕭索索的寂寞裡

我們來此，來此祭您

父親！歲月的雕刀

將我們淒苦的想念

雕得越深、越密

株守在您墳前兩旁的常綠龍柏樹

也綠不了我們的眼意　　（第一節）

所有的笑顏，都已隨您遠去

〔註22〕曾健民：〈變異中的農鄉——序「農婦」〉，收入吳晟：《農婦》（臺北：洪範書店有限公司，2005年8月初版十二印），頁序1。

〔註23〕吳晟：《飄搖裏》（臺北：洪範書店有限公司，1985年6月初版），頁139～141。

　　每一樽祭杯

　　在您靈前，斟滿悲戚

　　每一聲淒切的低喚，苦苦繞著您

　　不該是終點的終點　　　（第二節）

　　沒有您陪伴的夕陽，不復絢麗

　　朝暉，不復燦爛

　　每一個夢境盈溢幽咽

　　我們仰望、我們尋覓

　　唯漫漫謎底，哀傷我們的雙瞳　　　（第三節）

　　用眼淚，滴串成鮮花

　　每日獻上一束給冥冥中的您

　　父親！您該能收到

　　──您就聳立在我們心中

　　雖然，我們流落在外　　　（第四節）

　　雖然自古而來夕陽無限美好，但是父親不在的時候，連晨曦也不再那麼
的燦爛，然而父親對吳晟而言：「在我的心目中，父親一直是堅強的象徵⋯⋯」
〔註24〕。

　　父親的影像和言行，時常縈繞在我的思念中，而最常浮現的，是那
　　年在山徑上，強忍住脾氣，滿臉淚水苦勸我的情景。也常想像父親
　　從眼角至臉頰緩緩流下那一滴淚的景象，那是怎樣焦慮的淚水啊！
　　那是包含多少無盡的掛慮和繫念的一滴淚。〔註25〕

　　吳晟二十三歲在屏東農專就學時，曾經自費出版《飄搖裏》一書，後記
〔註26〕中所言，如今讀來令人不勝噓唏。

　　在學校裏，我承認，我不是一個「好學生」！我不但沒有優異的成
　　績，可以愉悅老師，甚至還帶給關心我的老師，很多苦惱。以此類
　　推，在家庭中，我不是一個「好孩子」！為了我的「不長進」，不知

〔註24〕吳晟：《不如相忘》（臺北：華成圖書出版社股份有限公司，2002年9月初版
　　　　一刷），頁120。

〔註25〕吳晟：《不如相忘》，頁123。

〔註26〕吳晟：《飄搖裏·後記》（屏東：中國書局，1966年12月初版），頁81。本章
　　　　僅有此處使用到中國書局版本，其他為洪範版。

道讓愛子心切的父母親，流過多少痛惜的眼淚，為了我的「無可救藥」，遠在美國的大哥，又搖頭又嘆息之餘，怒而聲明欲與我斷絕兄弟關係。

好幾次我也曾經想要「痛改前非」，對自己暗地裏發下重誓：將功課念好。但是我到底太不夠現實、太不夠堅強了！我不能壓制時時刻刻在我腦中，衝來撞去的創作衝動。

這樣的內心世界與長久堆疊的心情，和父親所不測的遭遇，造成後來吳晟將中國書局版的《飄搖裏》全悉燒燬！〔註27〕

〈輪〉、〈堤上〉、〈十年〉，這三首是吳晟寫完〈百日祭〉十年後懷念父親的作品。

〈輪〉〔註28〕
橫在我家門前，有一條馬路
馬路沿著小河流，以及兩旁的稻田
向西而行，通往街仔
街仔前端，是父親在那兒吃頭路的農會
農會斜對面，是父親
每月去滙款給我們的郵局
父親那一部舊腳踏車的輪子
便在這條馬路上
日復一日，年復一年，轉了又轉
直到那年年底，父親
在街仔轉角處
被超速的卡車輾斃　　（第一節）

橫在我家門前，有一條馬路
馬路沿著小河流，以及兩旁的稻田
向西而行，通往街仔
街仔前端，農會隔壁
是我在那兒是我在那兒教書的學校

〔註27〕吳晟：《一首詩一個故事》，頁118。
〔註28〕吳晟：《飄搖裏》，頁142～144。

－75－

學校斜對面，是我

每月去滙款給弟妹的郵局

我這一部新腳踏車的輪子

便在這條馬路上

日復一日，年復一年，轉了又轉

直到哪年哪天，我的新腳踏車

也會悄悄的舊吧

也會悄悄的消失吧　　　（第二節）

　　吳晟的父親生前任職於溪州農會，距離家中約四、五公里遠，每天以腳踏車做為交通工具，有二十幾年，後來年紀大了，經親友建議，和同事一起分期付款購買了機車，也改變上下班的方式，不料在一、兩個月後的傍晚下班後，因幫親戚排解糾紛，延後回家，竟被超速的卡車撞死。〔註29〕

　　「輪」是歲月的年輪、是腳踏車和機車的輪，也是肇事卡車的車輪；當詩人睹物思情一貫的聯想，也令人感傷。尤其當吳晟回憶當日，是讀大專的第一學期放寒假的開始，如果當日不要中途去找舅舅，隔日才回家；在父子情深下，必然父親也會早點回家，就可以避開厄運……〔註30〕因此至今吳晟仍然痛悔不已。〔註31〕

　　父親走了，一些擔當自然落在吳晟身上，此刻新的輪開始運轉；景色未變，相同的工作，但無父何依？在吳晟的散文〈歲末〉也提到這段往事：

> 而我教書的學校，就在父親生前吃頭路的農會隔壁；我課餘假日去
> 耕作的農田，也是父親生前留下無數汗水的農田；我每天接觸的鄉
> 親長輩，大都和父親熟識，我每天每天沿著河岸邊上下班的鄉間道
> 路，也是父親生前必經的道路；我日復一日、年復一年的足跡，是
> 這麼緊密地連繫著對父親的記憶啊！〔註32〕

　　因為吳晟長期在外念書，當他回鄉教書，也是家境最貧窮的時候，甚至因債務逼迫遭法院在家四處貼封條，並在廟口張貼公告要拍賣田產……後來為協助家庭負擔，興起養豬念頭，由於勉強借來的錢尚不足購買飼料，然而

〔註29〕吳晟：《不如相忘》，頁136、158。

〔註30〕吳晟：《不如相忘》，頁136。

〔註31〕吳晟：《不如相忘》，頁137。

〔註32〕吳晟：《不如相忘》，頁164。

少有認識的人，只有抱著試一試的心理，竟然街上「殷實行」的老闆因為認識吳晟的父親，答應賒欠到小豬長大出售才一起結算，甚至無論需求多少都願意供應，這正是吳晟父親生前樂於公益、處處幫助人，後來給子孫的餘蔭。〔註33〕

〈堤上〉〔註34〕

父親牽著我的小手，在堤上散步
堤的左方，是吾鄉的稻田
堤的右方，是濁濁滾滾的水流
——吾鄉人們的歲月那樣
悶悶流逝的水流
父親說：阿公也常在這種時候
放下捱了一天的農具
牽著我的小手……
我頻頻追問：阿公在哪裏呢
父親茫然望著逐漸沉淪的夕陽
不說什麼　　（第一節）

我牽著兒子的小手，在堤上散步
堤的左方，是吾鄉的稻田
堤的右方，是濁濁滾滾的水流
——吾鄉人們的歲月那樣
悶悶流逝的水流
我說：阿公也常在這種時候
放下握了一天的農具
牽著我的小手……
兒子頻頻追問：阿公在哪裡呢
我茫然望著逐漸沉淪的夕陽
不說什麼　　（第二節）

濁濁滾滾的水流悶悶的流逝，農閒時阿公牽著父親的小手，夕陽西下阿公那裡去了？濁濁滾滾的水流向前推移，時間像物換星移，農閒時父親也像

〔註33〕吳晟：《不如相忘》，頁129～131。
〔註34〕吳晟：《飄搖裏》，頁145～147。

昔日的阿公一樣，牽著兒子的小手，在日落的黃昏，兒子追問：阿公在哪裡呢？詩人無語，僅能茫然望著逐漸沉淪的夕陽。

　　雖然詩人面對逐漸沉淪的夕陽，但生命的可貴在薪火傳承，即使鬢髮飛霜，是命也是無奈，還是要踏實的生活下去，是一種蒼涼的宿命感，面對過去；想想未來，盡是蒼茫的使命。

　　　〈十年〉〔註35〕
　　　　地球還是一樣的轉
　　　　不快也不慢
　　　　我的腳踏車輪子
　　　　還是一樣的轉　　　（第一節）

　　　　沿著河岸，也沿著您
　　　　奔波了二十餘年的鄉間小徑
　　　　隨朝陽轉向辦公廳
　　　　再隨夕陽轉回家　　　（第二節）

　　　　留連不斷的水聲
　　　　沿途不由自主的潺潺
　　　　彷彿是，自您去後
　　　　諄諄切切的叮嚀　　　（第三節）

　　　　父親啊，鄉人都說
　　　　我越來越像您
　　　　像您髮越稀，額越禿
　　　　像您容易為鄉人
　　　　牽掛和奔走
　　　　——這就是您殷殷的寄望嗎　　　（第五節）

　　春去秋又來，時間的巨輪轉啊！轉！但作者對往日的情景，依然縈繞腦海。一樣不變的景象，一樣的晨光陪著上班，一樣的夕陽伴著回家，路上一樣是河圳潺潺水流，但流水的聲音仿佛是父親在諄諄切切的叮嚀。

　　吳晟也如同父親一樣

　　　我只是一季又一季，延續父親的腳步，騎著腳踏車或摩托車，在家

〔註35〕吳晟：《飄搖裏》，頁148～150。

裡與學校，家裡與田野之間，來來回回，教書耕作、償還債務、扶

持弟妹、教養子女，有時也一如父親為協助親友而奔走……〔註36〕

昔日的少年已經結婚生子，甚至髮漸稀、額漸禿，宛如當年的父親，同一個印子，吳晟也傳承父親愛護鄉民、為鄉民奔走解憂的心和熱忱；縱然人們因忙碌已漸淡忘吳晟的父親，但是父親殷切的聲音和自己思念父親的淚水，如長長牛車路、如圳溝裡潺潺水流，潺潺流著……也像輪一樣轉個不停……

二、母子連心

古繼堂曾說：

在吳晟看來，泥土就是生他養他的母親，而母親又是奉獻給他生命

的泥土。在他的作品中，泥土的無私奉獻，母親的寬厚慈祥，互相

交織，互相襯托，互相印證，無法分割。吳晟說母親，就是說泥土；

吳晟說泥土，就是說母親。〔註37〕

除此之外，吳晟所探討的是農村，更是對人生的觀照，對生命更深的思索。而吳晟的母親在吳晟心中就如同一本厚厚的大書，具有深層的意義，親情裡的「母親」一直是吳晟的「文學精神源泉以及文學主題。」〔註38〕甚至於《農婦》一書四十篇散文皆以母親為主，可見母親在吳晟心中所佔的地位。

〈泥土〉〔註39〕

日日，從日出到日落

和泥土親密為伴的母親，這樣講——

水溝仔是我的洗澡間

香蕉園是我的便所

竹陰下，是我午睡的眠床 （第一節）

日日，從日出到日落

不知道疲倦的母親，這樣講——

〔註36〕吳晟：《不如相忘》，頁165。

〔註37〕古繼堂：《台灣新詩發展史》（臺北：文史哲出版社，78年7月初版），頁421。

〔註38〕曾建民：〈給我們一個「真實」的世界〉，收入於吳晟：《不如相忘》，序頁4。

〔註39〕吳晟：《泥土》，頁113～114。

　　　　清爽的風，是最好的電扇

　　　　稻田，是最好看的風景

　　　　水聲和鳥聲，是最好聽的歌　　　（第三節）

　　　　不在意遠方城市的文明

　　　　怎樣嘲笑，母親

　　　　在我家這片田地上

　　　　用一生的汗水，灌溉她的夢　　　（第四節）

　　吳晟一向的創作主張「寫台灣人、敘台灣事、繪台灣景、抒台灣情。」〔註40〕而這首詩寫於 1974 年，正值吳晟三十歲，很少詩人像他能夠用一生的歲月躬耕和筆耕於土地。

　　吳晟在《農婦》中說，他雖以自己的母親為對象，寫出了四十篇散文，其實也是寫生活在他週遭的所有鄉親，以及和母親一樣「坦然、勤奮、而堅忍的鄉下婦女」〔註41〕的所有鄉人。

　　農民以田地為生命根源，和她親密相伴，所有的活動皆環繞著大地，在耕作中獲取生活的經驗，呈現出農業文化與土地互相結合的特色。詩作雖然寫於七○年代，雖然今日的臺灣已完全進入科技的時代，但是吳晟的寫實風格、民胞物與的精神有其珍貴的價值。

　　「水溝仔是我的洗澡間／香蕉園是我的便所／竹蔭下，是我午睡的眠床」此景已難得再見，勾勒出舊年代的鄉村實景，藉由詩歌，憶兒時在鄉村的情景，彷彿時光在倒流。隱喻從田裡回家的農人，途中在水溝裡就會把衣服、鞋子上的汙泥簡單的清洗，才不會帶進屋裡。當時的鄉村簡陋，廁所不方便，更何況田裡離家有一段距離，自然找個較隱密處就地方便起來；能尋得陰涼之處也將其當作午睡的地方，醒來在田裡就可以繼續耕種，即所謂日出而作，日落而息。

　　吳晟的母親「用一生的汗水，辛辛勤勤／灌溉泥土中的夢」泥土中永不停歇的勞動母親，可說是大地的象徵。這首憫農詩以用鄉土的語言、以農民的勞動、以農民樸素的生活為主軸，藉此來固守家園、對抗沖激，顯現出農民一向的憨直性格，也是農民竭盡一生的歲月，希望農作物的豐收能給予他們好好栽培子女。她也向吳晟訴說農人的辛酸：

〔註40〕吳晟：《一首詩一個故事》，頁 210。
〔註41〕吳晟：《農婦》，頁 178。

不要說我每天從早到晚像牛一樣踩踏泥土，全村的人誰不是一樣？
你們也聽見耕耘機的聲音，他們耕田的人整天能不能休息？有沒有
陰涼的地方可以休息？有時為了趕工，晚上還要帶著電燈連夜犁
田。〔註42〕

「清爽的風，是最好的電扇／稻田，是最好看的風景／水聲和鳥聲，是
最好聽的歌」，太陽下耕作汗流浹背，唯有故鄉清爽的風可以舒緩熱氣，所有
的聲音比不上鄉村裡的水聲和鳥鳴，所有的風景不及水稻的成長來得美麗；
如果肯努力，看水稻的成長過程「秧、陽、仰、漾」完美呈現，多麼溫馨。其
中蘊藏吳晟對家鄉土地的深厚感情，也是憨直的母親，一生堅守這片土地的
根源，她相信土地將會帶來無窮的希望，而自然界本身就是最美的交響樂曲，
勤儉忙碌的農人，他們的生活簡單化。因此「用一生的汗水，灌溉她的夢。」，
這就是傳統中農人憨厚的個性。

　　基於熱愛鄉土為出發點，這首詩的價值在處於當時的年代，由於都市化
的急速變化，對當時被認為的落後鄉村的真情擁抱。這是日常生活中寫實作
品，用事件來表現，其實這首詩真正所要表達的是母親一生的勤奮，和一生
的堅持。

　　吳晟身為農家子弟，將樸素的生活與現代文明的生活做對照，看出轉型
中對鄉村將改變的歎息，在文明的衝擊下，顯得內心掙扎和徬徨。吳晟使用
的文字相當靈活，以現實主義的觀點，描寫現實的物象。如果依據社會的發
展，在由農業社會進到工業社會，一般保守於農業社會的人，對將要進展的
工業社會，會有無奈和疏離感。

　　詩中樸拙的文字，樸實無華的詩語，流露樸拙的美感、自然而有力，語
言不造作，讓讀者讀來倍感親切，尤其身歷其境的農人，讀後將有所感動。
如果曾經生活在那個年代，居住在當時的環境裡，這首詩就是農村的寫實，
象徵臺灣農人的溫淳敦厚，奠定現代詩的特別風格。八年後，1982 年曾健民
曾說：

沒有一位作家這樣深情地刻畫過臺灣數十年來農鄉的真實景像。更
沒有一位作家這麼執意地典型住農鄉人們的高貴美德及生活哲學。
而這農鄉美德正是這虛無年代所欠缺的。〔註43〕

―――――――――――

〔註42〕吳晟：《農婦》，頁 69。
〔註43〕曾健民：〈變異中的農鄉――序「農婦」〉，收入吳晟：《農婦》，序頁 2。

可見吳晟對鄉土熱愛的續航力之強。

〈臉〉〔註44〕

母親的臉

是圓圓滿滿的滿月

無論汗水如何侵蝕

無論炎陽或寒風，如何欺凌

仍然豐潤，依然明朗　　（第三節）

終於消瘦了的

母親的臉，仍然是

圓圓滿滿的滿月，不陰、不缺

在任何的夜裏，是我們

唯一的仰望　　（第五節）

　　母親圓圓滾滾的臉，只是因為累了而消瘦，然而在孩子眼中，母親依然是亙古以來圓圓滿滿的滿月，正是母愛的光輝。

〈手〉〔註45〕

母親的雙手，是一層厚似一層的

繭，密密縫織而成

不認識蔻丹、指甲油和絲絨手套的

母親的雙手，常年屬於泥土　　（第一節）

沒有握過鉛筆、鋼筆或毛筆的

母親的雙手，一攤開

便展現一頁一頁最美麗的文字

那是讀不完的情思

那是解不盡的哲理　　（第三節）

　　所有的化妝品對吳晟的母親都是多餘之物，唯有在風雨中編織自己的夢，而這個夢源自泥土的純樸和厚實。

　　一生在「荒野學校」、「勞動學校」的母親，未讀過書，卻用認真的態度工作，形成母親人生哲理；也不會提筆寫字，只會荷鋤耕耘，卻在土地上犁

〔註44〕吳晟：《泥土》，頁 115～116。
〔註45〕吳晟：《泥土》，頁 117～118。

出了令人動容的文字，一幕又一幕早期農村婦女勤奮工作的縮影，一頁又一頁最美麗的詩篇。

〈腳〉〔註46〕

妹妹手中的針線，一針一針
一線一線，在母親的腳掌上
穿織著
一到冬日，妹妹手中的針線
便特別忙碌
在母親粗大的腳掌上，忙碌的
穿織著
攪拌過大量的堆肥、雞糞、肥料
和母親的汗水
我家這片田地的每一塊泥土
母親的雙腳，曾留下多少
踏踏實實的腳印　　（第一節）

一到冬日，自泥土中
冷冷滲透的寒氣
將母親的腳掌，凍開
一道一道，深深的裂痕
妹妹手中的針線，便特別忙碌
穿上絲襪吧！穿上
無所事事的絨鞋吧
母親啊，您的腳掌
每一道裂痕滲出的血，滴滴
滴在我們心中，母親
那是怎樣的絞痛　　（第二節）

研讀〈腳〉之後，筆者曾經與詩人聯絡，在電話中請益，有關「妹妹手中的針線，一針一針／一線一線，在母親的腳掌上／穿織著」。由於吳晟母親的腳掌，經過長期赤足於農田，長繭而凍裂，吳晟的妹妹將其用刷子刷過、清洗過，再用粗針把裂開的部分縫合，否則是無法癒合，這是莊稼人在田水冷

〔註46〕吳晟：《泥土》，頁 119～120。

霜霜對抗多少歲月的冷寒，在酷熱的太陽下，以堅強的意志力對抗天氣的明證，倘若非親身經歷者，會說這段文字太誇張了！

「攪拌過大量的堆肥、雞糞、肥料／和母親的汗水／我家這片田地的每一塊泥土／母親的雙腳，曾留下多少／踏踏實實的腳印」，吳晟的母親曾說：「我從六歲就和你的阿姨、阿舅去山上放羊，十幾歲就和你阿媽做豆腐兼養豬……」〔註47〕一生的歲月皆在從事農作。一雙長繭而凍裂的腳掌，是對土地的堅貞、是撫育孩子不怕辛勞的象徵，以意志力抗禦大自然中冰寒氣溫。

散文中吳晟也提到

> 誰驚田水冷霜霜，從開始到浸稻種、整理田地，到插下秧苗，每年
> 這一段期間，天氣最為寒冷，而母親每天都從田裏來田裏去，難怪
> 母親的腳掌，結了一層又一層厚厚的繭，多年來，常凍開一道一道
> 深深的裂痕，每一道裂痕裏，都塞滿了泥巴，因為裂痕太深，泥巴
> 塞在裂痕裏洗不乾淨，常見到母親在夜晚得燈光下，拿著剪刀，剪
> 掉一些結繭的掌肉。〔註48〕

「母親啊，您的腳掌／每一道裂痕滲出的血，滴滴／滴在我們心中，母親／那是怎樣的絞痛」，1966年吳晟的父親車禍去世，舉凡家中大大小小的事都是母親在操勞，與母親的感情最深厚，除了寫詩，也寫了一本《農婦》的散文紀念母親。母子連心，母親腳掌的血在滴，而吳晟心中的血也在淌淌的流。

〈野餐〉〔註49〕

一碗一碗白開水喝下去

一滴一滴鹹鹹的汗水，滴下來

滴在和母親一樣樸拙的泥土裏　　（第一節）

不是果汁，不是可樂或西打

不是麵包，或是夾心三明治

不是閒散的郊遊，或是豪華的盛宴　　（第二節）

一小鍋稀飯，和您親手做的

幾樣醃菜

烈日下，寒風中

〔註47〕吳晟：《農婦》，頁77～78。
〔註48〕吳晟：《農婦》，頁157～158。
〔註49〕吳晟：《泥土》，頁121～122。

坐在雜草圍繞的田埂上

母親啊，那便是您，每日每日

勞累後的野餐　　（第三節）

是不是拌著汗水的稀飯，特別香

是不是混著泥沙的醃菜，特別可口

母親啊，為什麼

你竟吃得這樣坦然　　（第四節）

　　沒有丈夫支柱的吳晟母親日夜忙於耕種，渴了就是喝白開水和混著鹹鹹的汗水，盛在碗裡也滴在泥土裏，田埂就是用餐的地方，不追求時髦，不食用果汁、可樂、西打、麵包、三明治這些屬於都市的食物，相對的是稀飯，和自己做的醃菜，參雜著風、參雜著沙，毫無怨言。「一碗一碗白開水」、「一滴一滴鹹鹹的汗水」，「喝下去」、「滴下來」，象徵對土地的灌溉、對子女的養育和栽培，是綿綿不絕的深情和愛。

　　辛勤的農婦任勞任苦不斷的工作，這已是大部分農民對宿命的回答，而平凡的母親也顯出不平凡的魅力。

〈秋末〉〔註50〕

不必告訴我甚麼

秋風啊，你們要怎麼蕭瑟的吹

就怎樣吹

不必告訴我

流浪異國的孩子

怎樣抵禦寒冷的鄉愁

不必告訴我甚麼

夕陽啊，你們要怎麼蒼茫的沉淪

就怎麼沉淪

不必告訴我

天涯遠處更遠處的魂靈

怎樣傳遞唏噓的思念　　（第一節）

〔註50〕吳晟：《吾鄉印象》（臺北：洪範書店有限公司，2012年6月初版四印），17
　　　　～19。這首是1976年作品，在吳晟：《泥土》的「吾鄉印象」組詩未列入，
　　　　有可能當時漏掉。

> 不必告訴我甚麼
>
> 流水啊，你們要怎麼淒切的流
>
> 就怎麼流
>
> 不必告訴我
>
> 一鏟一鋤掘翻泥土的歲月
>
> 怎樣在艱苦中流逝
>
> 我只是認命
>
> 耕種的老農婦
>
> 不探詢甚麼，不凝望甚麼
>
> 甚至也不傾聽甚麼
>
> 閒坐田埂上，遠眺餘暉
>
> 只是太累了
>
> 真的，只是太累了　　（第二節）

在〈一本厚厚的大書〉末段中，吳晟這樣說：

> 母親只能認識幾個數目字，不懂什麼高深的大道理，沒有什麼非凡
> 的學問和事業，更沒有一些虛妄的夢想。然而，母親不虛華、不怨
> 歎、安份守己、刻苦耐勞、充滿愛心的生活，就是一本厚厚的大書，
> 寫滿讀不完的情思、寫滿解不盡的哲理。〔註51〕

吳晟的詩文，可說是實實在在記錄臺灣農村的興衰，為農村歲月的見證，
也是農民與土地情感的詮釋。

三、綿蜜的愛，鐵漢也柔情

根據林廣在《尋訪詩的田野》〔註52〕將 1969 年的〈階〉、1970 年的〈詠
懷〉、1974 年的〈浮木〉和序列組詩「愛荷華家書」納入〈細訴輕柔的思慕〉。
其中〈階〉和〈詠懷〉是作者在戀愛時對愛情甜蜜的抒發，〈浮木〉是面對情
感困惑的書寫。

吳晟在 1980 年以詩人的身分應邀去美國，參加愛荷華大學國際作家工作
坊，當訪問作家，在愛荷華待了四個月，這段期間吳晟寫了〈從未料想過〉、

〔註51〕吳晟：《農婦》，頁 3。

〔註52〕林廣：《尋訪詩的田野》（臺北：聯合文學出版社有限公司，2005 年 12 月初
　　　　版），頁 130。

〈異國的林子裏〉、〈遊船上〉、〈信箋〉、〈洗衣的心情〉、〈早餐桌旁〉、〈你一定不相信〉、〈雪景〉，稱為「愛荷華家書」，以詩代函，寫給家鄉的妻子，並傳達倦遊思歸的心情。

　　客居異國的詩人所寫系列的詩，無論身處異國的林子裏、遊船上、洗衣時刻、用餐的時候……對遠方妻子的思念，用字淡醇樸真，對妻子在人生中相互依持的感念，對妻子辛勞的不捨，沒有刻意的修辭，沒有華麗的詞藻，讀來令人感受夫妻之情甜蜜溫愛，只是詩人以較含蓄的筆法表達，如果讀者能夠細細品讀，將會發現那是何等真摯的情感。

　　　　〈從未料想過〉〔註53〕
　　　　又從夢見你的睡夢中醒來
　　　　睜著雙眼，繼續想你
　　　　床頭的小燈，竟這樣刺眼
　　　　悠悠忽忽的亮了一整夜　　　（第一節）

　　　　直到親情和鄉情
　　　　佔滿了我們的心胸
　　　　直到忙碌而恬靜的生活
　　　　平淡了功名
　　　　天涯作客的浪漫情懷
　　　　也曾在年少的時光
　　　　和你一起日夜編織　　　（第二節）

　　　　是為了學習詩藝而來嗎
　　　　最美好的詩
　　　　就寫在孩子們和你
　　　　紅潤的笑臉上
　　　　是為了追尋什麼夢想嗎
　　　　最可親的希望
　　　　就在我們自己的家鄉　　　（第四節）

　　原來獨處，夜半醒來，才知道自己夢裡身是客，唯有孤燈伴眠，整夜輾轉反側的相思、鄉思。

〔註53〕吳晟：《飄搖裏》，頁 27～30。

　　八〇年代，那是國人對旅居美國渴望的年代，然而吳晟所眷戀是故鄉的一花一草，是故鄉泥土的芳香，是對故鄉妻子兒女百般思念。曾經年少也有過遠渡異國做天涯客的美夢嚮往，如今才真正清楚所有的功成名就，比不上家庭的溫暖，竟然短暫的遊歷生活是如此難熬。詩人在思念中縱然逐漸消瘦憔悴、形影枯槁，但無怨無悔，依然不斷的想念……

　　曾經在戀愛時期的〈階〉〔註54〕，吳晟如此寫下：

　　　倘若割斷這脈溫婉的偎依　　　（節錄第三節）

　　　可能，我將無甚功名
　　　引不來掌聲榮耀你
　　　請相信，我的柔情
　　　必定一直牽引你、守護你　　（第四節）

　　　漫長的此階太長、太寂寥
　　　請陪我，也讓我陪你
　　　仔仔細細的踱到盡端
　　　此階將更長，但不寂寥　　（第五節）

　　彷彿詩人在十幾年前已預知，已埋下伏筆……對愛情的堅貞，讀她千遍也不厭倦，只有相看倆不厭，讓女友心甘情願與其相伴一生。吳晟長久以來，對鄉土之愛也源於此，亙古彌新，永保美善。

　　在〈異國的林子裏〉〔註55〕即使是風聲、鳥聲、水聲、落葉聲，也教吳晟想起家鄉的愛妻。

　　　從未聽過風聲
　　　傳送這麼渴切的訊息
　　　從未聽過鳥聲
　　　叫喚這麼迢遙的鄉愁
　　　從未聽過水聲
　　　細訴這麼輕柔的思慕　　（第一節）

　　　在這異國的林子裏
　　　每天傍晚，沿河岸踱來踱去

〔註54〕吳晟：《飄搖裏》，頁3～5。
〔註55〕吳晟：《飄搖裏》，頁31～34。

驚起滿地落葉切切輕嘆

他們也知道我

有許許多多的掛念要說吧　　（第二節）

離開家鄉才幾天

每天傍晚，在這異國的林子裏

所有的聲息

常化作千千萬萬的言語

喃喃復喃喃

像河岸的柳條不斷搖曳

絲絲縷縷纏繞我　　（第五節）

　　河畔柳絮風中搖曳，每條柳絮化作絲絲縷縷的相思，緊緊纏繞。所有的
聲音都是妻子耳邊的輕言細語，教吳晟憶起在家和妻子生活的日子，只是別
後才能體會出妻子的美好，所以「小別勝新婚」，語句耐人尋味……也可見婚
後夫妻之間更加篤實的情感。

　　在美國密西西比河，在〈遊船上〉〔註56〕縱然美景在前

水聲和樂聲，急急切切

雜亂如我的思緒　　（節錄第一節）

如夢似幻的燈影晃動下

有人唱起家鄉的民謠

引來陣陣掌聲

便如著了迷，一支一支唱下去

唱出心口隱隱作疼的鄉愁　　（第二節）

已近中秋的河面

晚風吹拂得格外蕭瑟

異國的星光與月光

格外淒清我不禁也低低哼起

我們共同喜愛的家鄉民謠　　（節錄第四節）

　　在〈信箋〉〔註57〕中兩人身處異國，相思只能靠魚雁往返，期待又期待……

〔註56〕吳晟：《飄搖裏》，頁35～37。
〔註57〕吳晟：《飄搖裏》，頁38～40。

從未感覺過信箋

是如此的短

想說的話似乎才開端

便已寫滿　　（節錄第一節）

每一封信、字字句句

無非是對孩子們的惦掛

和對你的想念

只是怎樣說也說不完

薄薄短短的航空郵簡

又怎樣負載得了　　（第二節）

寄出去的信

從未如此急切

渴望得到回應

每天一接近分發郵件的時刻

便在信箱前佇足

張望又張望　　（第三節）

在洗衣中〈洗衣的心情〉〔註58〕連泡沫也有妻子的身影

緩緩的搓洗中

你那一雙粗糙的手掌

就會從泡沫上昇起

在我眼前晃動　　（節錄第一節）

你那一雙粗糙的手掌

曾經多麼纖柔

曾經多麼適合撫弦彈琴

我也曾輕輕握住

踱過無數年輕的夜晚　　（第二節）

記不得甚麼時候

才驚覺到

你久已不再彈琴撫弦的雙手

〔註58〕吳晟：《飄搖裏》，頁41～43。

已不再纖柔

常忍不住癡癡的端詳　　　（第三節）

生活上的種種煩瑣

是你那一雙手

一一承受下來

琢磨成孩子們和我

喜愛的甜蜜

而你的雙手，已越來越粗糙　　　（節錄第四節）

吳晟曾經驕傲的說：

> 我最大的收穫當然是我獨具慧眼，找到一位特別助理編輯——她就
> 是莊芳華，後來變成我太太，她的文采與藝術涵養都比我高，但婚
> 後必須擔負家務與教養子女，只好擱置文筆。〔註59〕

而妻在默默中承擔家裡的工作，教書課餘下，協助農耕、料理家裡一切瑣事。於是詩人在〈洗衣的心情〉裡深情的表露無窮盡的感激和愧疚。

相同吳晟在散文集《無悔‧期待》〔註60〕也寫妻子，一位中國傳統女性：

> 結婚初期，你實在難以承受母親不留情的責難，又怕傷了母親的心，
> 不願和母親起衝突，曾有多次因深受委屈禁不住哭了很久。我不知
> 道該如何安慰你，如何向你表達歉疚，你卻自己逐漸調適，並揣摩
> 出與母親和諧相處之道……你保持著平和的心境，凡事仍盡可能依
> 順母親，但並非完全沒有自己的主見。你學會不去在乎母親的嘮叨，
> 甚至鄉間很難堪的粗話，可聽則聽，不可聽則不予理會，默默做你
> 該做的事。……母親如有病痛，你更是殷勤細心地照顧。

吳夫人原本在都市長大的女孩，為了愛情嫁給吳晟到窮鄉僻壤的鄉下，是吳晟最大的福氣，然而吳晟年輕時竟有極大的慧悟：

> 同是孤獨的一粒微塵
> 在空曠的長階上飄浮
> 多麼悲戚！飄零的行程
> 徜若割斷這脈溫婉的偎依　　　（第三節）

〔註59〕宋裕策劃：《與作家有約‧親像土地一樣憨的人——吳晟》（臺北：幼獅文化
　　　　股份有限公司，2011年4月初版），頁74。

〔註60〕吳晟：《無悔》，頁135～136。

可能，我將無甚功名

引不來掌聲榮耀你

請相信，我的柔情

必定一直牽引你、守護你〔註61〕　　　（第四節）

此詩情感至深，無物替換，人生相伴，何忍獨行，縱然路長，情更長！

「愛荷華家書」是吳晟寫詩數十年來表現最溫柔的時候，用字淺白書寫如漸次暈開的晨光，展現出溫婉柔情的內心深處與渴望。透過詩人的樸實、真誠，也透過生活的場景一一表現出來。這是生活的美學，也是生活的情詩。也慶幸吳晟背後有這一位偉大的女性協助，因此吳晟多次言出他的心聲：「然而婚後十年，卻是我心情最穩定踏實、詩創作最豐沛的時期。」〔註62〕整組詩真情流露，比酒濃。詩人曾說：

我的詩就像土地，它不會喧譁，不會製造事件，不會引起媒體的注意，它沒有浪漫。我的文學觀也是這樣，實實在在地寫在我自己的土地上旅遊的心情。

〔註63〕的確吳晟的詩是純樸而真誠、實在，也唯有如此，才能長久打動人心。而家鄉的景物與親人是吳晟永遠的記憶與依靠，總是不斷牽絆著旅居異國遊子的心，也是在這期間讓吳晟書寫「愛荷華家書」源源不絕的原動力。

四、孺慕之情

1972年長女音寧出生，由於吳晟初為人父，整個生活的重心轉移到孩子身上，白天夫妻教書，妻子回家後還有許許多多瑣碎的家事，為避免妻子過於勞累，因此晚上陪孩子玩、哄孩子睡的工作自然落在吳晟身上，期間背著孩子，一邊搖啊搖，一邊又喃喃對孩子說話。在吳晟的〈寒夜〉〔註64〕記載：

抱著你，拍啊拍

輕輕的拍

你卻將阿爸書桌上的鋼筆和詩稿

〔註61〕吳晟：《飄搖裏》，頁3～5。

〔註62〕吳晟：《一首詩一個故事》，頁124。

〔註63〕莊紫蓉：〈田埂上的詩人——吳晟專訪〉，《臺灣文藝》第172期（2000年10月20日），頁126。

〔註64〕吳晟：《向孩子說》（臺北：洪範書店有限公司，2012年6月初版五印），頁61～63。

一件一件拿起來玩耍

一件一件拋到地上　　（第一節）

背著你，搖啊搖

輕輕的搖

你卻在阿爸背上，呀呀抗議

使勁扯著阿爸的頭髮　　（第二節）

孩子呀！安靜的睡吧

在這樣寒冷的深夜

一切如此寂靜

你為什麼還不安睡　　（第三節）

難道你也知道

孤燈下，阿爸孤單的苦思和低吟

是最最徒然的愚行嗎

你也知道阿爸平淡的詩句

多少苦難的焦慮

熬鍊出來的嗎　　（第四節）

哎！夜已這樣深，這樣寒冷

關掉燈，我們去睡吧

孩子呀！長大後

千萬不要像阿爸

讓絲絲寒氣，時時折磨自己　　（第五節）

　　讀來可發覺，詩是吳晟生活的寫照，真實純樸，描述為人父親對孩子無盡的關懷，也寫出為人父母的辛苦，縱然白天已耗盡體力，寒夜中已經疲倦的身體還要熬夜照顧孩子，毫無怨言。詩中人物的貼切、景觀的鮮活，對人性可進一層的認知，也明顯看到鄉土文學在吳晟的筆觸下，擁有藝術上的價值。

　　由於當時尚有「吾鄉印象」的創作，只好先將其點點滴滴以札記記下，直到 1977 年十月才陸續整理完成。由於吳晟身兼父親與教師，進而將對子女的愛擴展到對學生的關懷。因此，有關吳晟對孩子的親情，大多收集在《向孩子說》，這是吳晟於 1985 年出版的詩集共三十六首。「向孩子說」這系列組

詩，其實在 1979 年六月出版的《泥土》，已有二十三首列入其中。宋田水在
《「吾鄉印象的鄉土美學」——論吳晟》之中說過：

> 《向孩子說》之中，每一首詩都像一枚硬幣，投入清澈的許願池；
> 而每一枚硬幣，都代表這位新時代的愚公——吳晟，一份永誌不渝
> 的心願！」〔註65〕

然而

> 《向孩子說》內容不是兒童詩，是鄉土詩的變貌，主要的詩思永遠
> 逗留在抗拒都市文明這點上，意識十分具體、明顯而強烈。〔註66〕

「這是一本以成年人的想法企圖灌注於兒童的家訓詩。」〔註67〕藉以表
達對社會的關懷，同時也更積極、更激烈批判當時的政治、社會種種問題；
然而吳晟的詩是謙厚的抗議詩，用字淺白質樸，內心充溢坦誠率直的情感，
這就是吳晟一貫的詩風，也是吳晟性格的反映，就是所謂的人格就是詩格。

同時吳晟也藉著《向孩子說》，在當時社會經濟正處於變遷時，呼籲為人
子孫要以良善淳樸的心固守家園，不要被繁華都市迷惑，在喚醒下一代。整
組詩包含：

一、表達父親對子女無盡的愛。

二、父親對子女的期望、希望子女不被外物誘惑、不要忘本。

三、告知孩子，阿公和阿媽曾經流出的血汗，是在成就後代子孫。

四、勉勵孩子之間要互相友愛。

五、師長對學生無盡的關懷。

在其中的序詩：

> 〈阿爸偶爾寫的詩〉〔註68〕
>
> 和我們生長的鄉村一樣
>
> 不喜歡裝腔作勢
>
> 阿爸偶爾寫的詩
>
> 沒有英雄式的宣言

〔註65〕宋田水：《「吾鄉印象的鄉土美學」——論吳晟》（臺北：前衛出版社，1995 年
2 月初版一刷），頁 115。

〔註66〕蕭蕭：〈向孩子說些什麼？讀吳晟的「向孩子說」〉，《文訊月刊》第 21 期（1985
年 12 月），頁 219。

〔註67〕蕭蕭：〈向孩子說些什麼？讀吳晟的「向孩子說」〉，頁 218。

〔註68〕吳晟：《向孩子說》，頁 1。

也沒有輝煌的歌頌

只是一些些

粗俗而笨重的腳印　　　（第一節）

和我們日日親近的泥土一樣

不喜歡說漂亮話

阿爸偶爾寫的詩

沒有繽紛耀眼的光采

也沒有華麗迷人的詞句

只是一些些

安份而無甜味的汗水　　　（第二節）

只是一些些

對生命忍抑不住的感激與掛慮　　　（節錄第三節）

　　直率誠摯的感情表露，正是吳晟一貫的詩風呈現，也是吳晟謙遜誠懇、坦朗戇直的性格反映。告訴孩子為人要坦然，只要用心做自己該做的事，縱然事後沒有掌聲，沒有閃光燈，對生命的存在永遠有一份感恩。這首詩是家庭倫理的擴大，關懷著鄉間子弟。

　　〈阿媽不是詩人〉〔註69〕

不識字的阿媽

不是詩人

不懂詩詞歌賦風花雪月

辛勤的一生中

只知道默默奉獻堅韌的愛心　　　（第一節）

粗手大腳的阿媽

不是詩人

不懂隱隱藏藏暗喻比興

坦朗的一生中

只知道直著心腸說話　　　（第二節）

忙碌操勞的阿媽

不是詩人

〔註69〕吳晟：《向孩子說》，頁13～15。

不懂安適飄逸優雅閒愁

艱苦的一生中

只知道盡心盡力流汗

一滴一滴滋養家鄉的田地　　　（第三節）

孩子呀！而你們要細心閱讀

阿媽寫在泥土上的每一步足跡

──不是詩人的阿媽

才是真正的詩人　　　（第四節）

　其實不是詩人的阿媽，才是真正的詩人。

　吳晟以鄉土語言，寫作鄉土人、事、物，傳達濃厚的鄉土情懷。勞謙學習是功德，用心生活即修行。

　在〈蕃藷地圖〉〔註70〕這首詩，詩人對土的情感越來越深。對孩子，加強標榜祖先蓽路籃履的奮鬥歷程，是祖先承擔起臺灣這塊土地的悲苦和榮耀。

阿爸從阿公粗糙的手中

就如阿公從阿祖

默默接下堅硬的鋤頭

鋤呀鋤！千鋤萬鋤

鋤上這一張蕃藷地圖

深厚的泥土中　　　（第一節）

阿爸從阿公石造的肩膀

就如阿公從阿祖

默默接下堅韌的扁擔

挑呀挑！千挑萬挑

挑起這一張蕃藷地圖

所有的悲苦和榮耀　　　（第二節）

阿爸從阿公木訥的口中

就如阿公從阿祖

默默傳下安分的告誡

說呀說！千說萬說

〔註70〕吳晟：《向孩子說》，頁53～55。

記錄了這一張蕃薯地圖
多難的歷史　　（第三節）

雖然，有些人不願提起
甚至急於切斷
和這張地圖的血緣關係
孩子呀！你們莫忘記
阿爸從阿公笨重的腳印
就如阿公從阿祖
一步一步踏過來的艱苦　　（第四節）

　　詩人呼籲這些傳統中農民的安命堅忍精神，不可遺忘。也一再叮嚀孩子，不要因為是莊稼漢的子弟，感到自卑，一生一世都要向祖先學習，無論如何，也要守住得來不易的土地。這種鄉土之愛的聲音，是來自靈魂血脈的最內層。

〈負荷〉〔註71〕
下班之後，便是黃昏了
偶爾也望一望絢麗的晚霞
卻不再逗留
因為你們仰向阿爸的小臉
透露更多的期待　　（第一節）

加班之後，便是深夜了
偶爾也望一望燦爛的星空
卻不再沉迷
因為你們熟睡的小臉
比星空更迷人　　（第二節）

阿爸每日每日的上下班
有如自你們手中使勁拋出的陀螺
繞著你們轉呀轉
將阿爸激越的豪情
逐一轉為綿長而細密的柔情　　（第三節）

〔註71〕吳晟：《向孩子說》，頁1～3。

　　就像阿公和阿媽

　　為阿爸織就了一生

　　綿長而細密的呵護

　　孩子呀！

　　阿爸也沒有任何怨言

　　只因這是生命中

　　最沉重

　　也是最甜蜜的負荷　　（第四節）

　　一首深具童趣的譬喻作品，打陀螺。陀螺的旋轉，旋轉出為人父親的激越豪情、旋轉出為人父親的綿綿細柔的情意，旋轉出世代的情感。阿公和阿媽、阿爸和孩子之間綿密的情感和世世代代相傳。蕭蕭論述

　　　　鄉土詩有幾個共同的特色，那就是以鄉土的語言，寫作鄉土的人、

　　　　事、物，表達濃厚的鄉土感情。這三項缺一不可。吳晟寫作鄉土詩

　　　　已久，作品極多，顯然已經成為他的特色了。〔註72〕

　　用一生的勞動、一生的光陰呵護子女。下班時最美麗的夕陽無暇欣賞，即使下班後仍然還要加班，加班後，滿天星光也毫無思緒觀看，因為世上最美之物，就在阿爸眼裡、孩子的臉上一一呈現，比亮麗星空還燦爛，此時只有披星戴月趕快回家的念頭。

　　然而呵護孩子是要用盡一生的時光，不可疏忽，這都是在顯示負荷的沉重，但是只要能和孩子在一起，就是最甜蜜的感受，縱使沉重，心中也覺得甜蜜，這是父親對子女無盡的愛，這是人性中共同的情感。

　　這樣的作品如同張秀亞所言：

　　　　詩是感情的語言，思想的語言，但最好說他是靈魂的語言。詩原是

　　　　一種綜合的藝術，他表現的是詩人對這個世界以及人生的讚美、詠

　　　　嘆、悲憫，總之它要寫的是靈魂的震顫。〔註73〕

　　〈負荷〉1980 年被選入「國立編譯館」編定的國民中學國文教科書，並在 1990 年被選入高中聯考國文試題，可見受到極度的肯定。

〔註72〕蕭蕭：〈向孩子說些什麼？讀吳晟的「向孩子說」〉，頁218。

〔註73〕張秀亞：〈序〉，收入白萩《蛾之死》（臺北：藍星詩社，1995年初版），序頁
　　　　1。

〈收驚〉〔註74〕

每一聲驚嚇的哭聲

是一條一條強靭的繩索

自四面八方擲出來

緊緊的緊緊的環絞著阿爸

緊緊的緊緊的牽扯著阿爸　　（第二節）

阿爸從來不為自己求神拜佛

而阿爸的焦灼

卻是這樣無告

只好祈求冥冥中的諸神

保佑你們不再受驚　　（第三節）

中國自古而來有許許多多的民俗療法，其中有一項就是「收驚」。無論是嬰兒、小孩、或男或是女，甚至於大人、老人，夜半睡眠中會無故驚醒，或日常行為怪異，而藥物無法治療，一般視若鬼邪在糾纏附身；引起猜疑，以致對鬼邪的聯想，這種情況在鄉下常會發生。

孩子是父母心中的一塊肉，而有父母的孩子是一塊寶。孩子有任何的病痛，父母都像一根長繩糾纏，牽腸掛肚，寧願代為他們承擔痛苦。吳晟雖然堅信「子不語：怪，力，亂，神。」〔註75〕，但是在無助之下也不得免俗而妥協，請道士乩童代為趨邪，以求孩子靜心入睡。

縱然在科技文明時代，民間對「收驚」的思維還依舊存在。整首詩表達為人父的深情，這樣的情感，或許唯有等到孩子成為人之父母，才能深深感受。

在〈成長〉〔註76〕這首詩裡，一位父親以期許的口吻，希望孩子不要受社會誘惑，不要忘記土生土長的地方是那麼純樸，吳晟給孩子不只一條魚，更是一支魚桿、一張網。告訴孩子，要以謙卑的心往未來看。

在沒有掌聲的環境中

默默成長的孩子

長大後，才不會使盡手段搶鏡頭

不習慣遭受冷落　　（第一節）

〔註74〕吳晟：《向孩子說》，頁35～36。
〔註75〕按：源自《論語》，述而篇。
〔註76〕吳晟：《向孩子說》，頁5～6。

在沒有玩具的環境中

辛勤地成長的孩子

長大後,才不會將別人

也當做自己的玩具　　　（第二節）

這首詩連貫於下一首〈阿爸確信〉〔註77〕

因為你們身上沾滿了泥巴

他們竟說，你們是骯髒的　　　（第一節）

因為你們不會說 bye bye

他們竟說，你們是愚笨的　　　（第二節）

因為你們的粗布衣裳和赤足

他們竟說，你們是粗俗的　　　（第三節）

因為你們不喜歡誇示自己

又不善於花巧的言語

他們竟說，你們是自卑的　　　（第四節）

孩子呀！無論他們怎麼說

阿爸確信，你們是最乾淨的孩子

阿爸確信，你們深深的凝視最動人

阿爸確信，你們樸素的衣著最漂亮

而你們要堅持

非關自卑或自傲的自尊　　　（第五節）

　　吳晟用愛和關懷來對孩子的期許，雖然不明講，但他希望在不斷變遷的社會中，不需要和都市的小孩比較，當別人以世俗眼光看待時，也要坦然面對，鄉下長大的孩子，自然有他真誠厚實的一面，這是上蒼賜予最好的禮物。勇敢向前邁進，無須害怕，上天自有安排。在〈愛戀〉〔註78〕中吳晟用更堅定的語氣來鼓勵孩子：

不用深黑的墨鏡

隱藏起眼睛

鄉下長大的孩子

〔註77〕吳晟：《向孩子說》，頁7～8。
〔註78〕吳晟：《向孩子說》，頁37～39。

喜歡迎向坦朗朗的陽光　　　（第一節）

不用冰冷的冷氣機

隔絕熱情

鄉下長大的孩子

喜歡自自然然奔放的清風　　　（第三節）

陽光啊，堆肥啊，清風啊，泥土啊

雖然，有些人不喜歡

鄉下長大的孩子

仍深深愛戀著你們　　　（第五節）

然而吳晟對孩子而言希望有話直說，誠實與真誠是吳晟的期望：

〈例如〉〔註79〕

例如，看見某些人

以斑斕顏彩

拚命粉刷早已腐朽的牆壁

常忍不住想告訴他們

那是沒有用的，那是沒有用的　　　（第一節）

而你居然也學會

在臉上塗抹化妝品，粉飾自己

孩子呀！阿爸忍不住要告訴你

以真實的面貌

正視真實的世界吧　　　（第四節）

但吳晟又怕他們遭受到傷害，於是又寫了：

〈不要說〉〔註80〕

阿公曾向阿爸一再叮嚀

在刀槍和強權之前

說真心話，是要遭殃的

即使抗議

也要深深隱藏在心中　　　（第三節）

〔註79〕吳晟：《向孩子說》，頁 27～29。

〔註80〕吳晟：《向孩子說》，頁 49～51。

孩子呀！阿爸卻多麼希望

你們有什麼話要說

就披肝瀝膽的說出來

不要像阿爸畏畏縮縮　　（第四節）

可是，孩子呀

阿爸又多麼擔憂，你們的勇氣

將招來無數可怖的傷害

降臨你們身上　　（第五節）

五、春風化雨

由於吳晟長期擔任國中老師，對國中教育和青少年有深入的瞭解，在層出不窮的問題上感到憂心。要學生認真學習，自己也要當一位稱職的好老師：

〈晨讀〉〔註81〕

當我轉過頭，正想出聲

總是和中山先生

仁慈中流露著憂慮的眼光

不期然相遇

中山先生

也滿懷期待的望著你們

望著中國的一山一河一草一木　　（第四節）

在放假期間帶領學勞動服務，有所感，告訴學生不要做一位表裡不一致的人，凡事都該認真去做，而非敷衍草率，不做虛偽矯節之事。

〈勞動服務〉〕〔註82〕

孩子呀！不要相信

這是為了應付大官要員來檢查

不要賴在樹蔭下

噘著嘴埋怨

我們的社會，為甚麼有這麼多垃圾

陽光下

〔註81〕吳晟：《向孩子說》，頁69～73。
〔註82〕吳晟：《向孩子說》，頁75～80。

在你們紅通通的小臉上

每一滴無暇擦拭的汗水

鮮明地宣告

自己的家鄉，自己要愛護　　（第四節）

在變遷的社會中，對於翹課離家或放學後到處飆車闖禍、到處遊蕩的學生，苦口婆心呼籲規勸，不要墮落於不良場所。

〈詢問〉〔註83〕

每一盞街燈

都已疲倦不堪，昏昏欲睡

在各種虛華的場所穿梭

在各個陰暗的墮落流連的少年呀

為甚麼還不回家

在大街小巷四處閒蕩、四處鬧事

騎著機車呼嘯來去

和生命韌性賭氣的少年呀

為甚麼還不回家　　（第一節）

鄉下多數的家長教育偏低，又忙於農事，無法也缺少能力為孩子在課業輔導，孩子們回家僅能遊玩或看電視，以致讀書風氣低落；身為教師的吳晟縱然想要培養他們讀書習慣也不易。為了督促學生，常常在冷颼寒夜裡騎著機車，一個村莊又騎過一個村莊，挨家挨戶去探訪學生。

〈期許〉〔註84〕

我如何告訴你們

滔滔而來的浪潮，何等洶湧

而我的力氣何其微薄

不足以引領你們去抵擋

唯有忍住師道與聯考、尊嚴與文憑

反反覆覆的撕扯／陪你們疏遠所有假日的晴朗陽光

陪你們拒絕每個夜晚的明亮月色

奮力去泅泳　　（第五節）

〔註83〕吳晟：《向孩子說》，頁81～87。
〔註84〕吳晟：《向孩子說》，頁89～95。

　　鄉間農人每日很早就睡，又很早起床，常常有學生對吳晟表露寒夜中苦讀
的寂寞，吳晟表示也常常夜裡去看他們，與他們作伴，如果在家裡，也是亮著
桌燈，在書桌前陪著他們念書。〔註85〕吳晟也曾經如此的訴說夜裡的生活：

> 當初從學校畢業，選擇返回鄉間教書，婚後十餘年，即使日子忙碌
> 艱苦，幾乎十點多以後才可休歇，待妻小入睡，才可靜下來看看書、
> 寫寫字……〔註86〕

　　吳晟是多麼希望學生與其茫茫然的度日，還不如靜下心來讀書，從中尋
得樂趣。

第三節　農村生活的寫實

　　「吾鄉印象」主要在刻劃鄉親農友的生活，並透過對生活實況的觀察與
思考，探討農人的命運。在文明迅速入侵農村的時候，臺灣的農業急速轉型，
在工商社會的衝擊下與及吳晟長年來對農村的愛戀，和回鄉教書並親自耕種，
日日所見鄉土景致、鄉民生活、鄉親身影，這些點點滴滴醞釀了「吾鄉印象」
這系列的詩篇。〔註87〕經過多年吳晟再次談到

> 一系列紮根鄉土情感的詩作「吾鄉印象」，以及描繪農村風貌的散
> 文，在安定的勞動生活中，在寧靜的鄉村夜晚，就這樣自然而然孕
> 育而生。〔註88〕

　　因為婚後有妻子的協助，使他擁有安定的生活，文思泉湧。

　　〈早安〉〔註89〕

> 從倉房抱出肥料袋
> 一鏟一鏟細心的攪拌
> 一包一包，堆在手拉車上
> 剛從山後探出臉的太陽
> 綻放笑瞇瞇的晨曦
> 和我說早安

〔註85〕吳晟：《無悔》，頁 170～171。
〔註86〕吳晟：《無悔》，頁 251。
〔註87〕吳晟：《一首詩一個故事》，頁 123、186。
〔註88〕吳晟：〈鄉間子弟鄉間老〉《中國時報・人間副刊》（2003 年 4 月 15 日。）
〔註89〕吳晟：《吾鄉印象》，頁 107～110。

　　早安！活力充沛的一天又開始　　（第一節）

　　在農田邊停下手拉車

　　肩起肥料袋，一包一包

　　放置每一條田埂上

　　青翠的秧苗

　　紛紛舉起無限期待的手臂

　　和我說早安

　　早安！年年季季永不止息的希望　　（第五節）

　　多麼輕快的一首詩，不僅是一頁風景，更是鄉村快樂的風情，就像陳達儒作詞，蘇桐編曲的〈農村曲〉：「透早著出門／天色漸漸光／受苦無人問／行到田中央／行到田中央／為著顧三餐／顧三餐／不驚田水冷霜霜……」，只是陳達儒這首歌見不到歡樂的一面。吳晟敘述農村的景貌，充滿鄉下人樸實無華，刻苦耐勞的精神，把農村的生活與生命形態一一紀錄。

　　〈店仔頭〉〔註90〕

　　或是縱酒高歌，猜拳吆喝

　　或是默默對飲，輕嘆連連

　　或是講東講西，論人長短

　　消磨百般無奈的夜晚　　（第一節）

　　這是我們的店仔頭

　　這是我們的傳播站

　　這是我們入夜之後

　　唯一的避難所

　　千百年來，永遠這樣熱鬧

　　——永遠這樣荒涼　　（第二節）

　　千百年來，千百年後

　　不可能輝煌的我們

　　只是一群影子，在店仔頭

　　模模糊糊的晃來晃去

　　不知道誰在擺佈　　（第三節）

〔註90〕吳晟：《吾鄉印象》，頁30～32。

花生，再來一包

米酒，再來一杯

電視啊，汽車啊，城裡回來的少年啊

不必向我們展示遠方

豪華的傳聞　　（第四節）

店仔頭的木板橙上

盤膝開講，泥土般笨拙的我們

長長的一生，再怎麼走

也是店仔頭前面這幾條

短短的牛車路　　（第五節）

　　早期的鄉間小店，稱為「店仔頭」，〈店仔頭〉是吳晟吾鄉印象系列組詩之一，日後又寫了同篇名的散文，並以「店仔頭」取為書名，這樣的主題，可見對吳晟而言是極其喜愛和重視。

　　有關同樣的〈店仔頭〉，詩和散文，在同題材下，「散文的節拍，比新詩要清暢明朗得多，……以詩表達，比用散文更多了三分蒼涼七分宿命。」〔註91〕它是農人晚餐後憩息的地方，在此，他們可以互相交換意見和心得，任何村內發生的事情，在這裡皆可探得，在此也可以獲得心情的慰藉，所以「店仔頭」是個傳播站。

　　輝煌與荒涼、汽車與牛車路、遠方與短短，成為都市和鄉村強烈的對比，盡在這首詩裡一一呈現，長長的一生，再怎麼走，也是店仔頭前面這幾條短短的牛車路，顯現多麼無奈。

　　臺灣以農立國，在六〇年代初期，臺灣的農村因為受到現代工商文明的衝擊，逐漸凋敝。雖然質樸的農民尚且執著「壞收成望下季」、「做田人比較有底」〔註92〕的信念，願意留在土生土長的地方，但文明所帶給鄉村負面的影響是相當大的後遺症。

　　〈路〉〔註93〕

自從城市的路，沿著電線杆

〔註91〕應鳳凰：〈店仔頭作品賞析〉，收入行政院文化建設委員會策劃主辦：《閱讀文學地景：新詩　卷》（臺北：行政院文化建設委員會，2008 年 4 月 30 日初版。）

〔註92〕吳晟：《農婦》，頁 66。

〔註93〕吳晟：《吾鄉印象》，頁 48～49。

　　——城市派出來的刺探

　　一條一條伸進吾鄉

　　漫無顧忌的袒露豪華

　　吾鄉的路，逐漸有了光采　　　（第一節）

　　自從吾鄉的路，逐漸有了光采

　　機車匆匆的叫囂

　　逐漸陰黯了

　　吾鄉恬淡的月色與星光　　　（第二節）

　　自從吾鄉恬淡的月色與星光

　　逐漸陰黯

　　吾鄉人們閒散的步子

　　攏總押給小小的電視機　　　（第三節）

　　而路還是路

　　泥濘與否，荒涼與否

　　一步跨出，陷下多少坎坷

　　路還是路，還是

　　一一引向吾鄉的公墓　　　（第四節）

　　對於文明引起的功利思想、質變的社會、青山綠水遭受污染……吳晟在《無悔》、《店仔頭》及詩歌中有多篇記載，而且是一針見血提出他的看法。他忠實記錄，並不諱言控訴：

　　　我最大的憂慮，是繁榮的美名下，生存環境橫遭肆意破壞；我最大的痛心，是在功利思想泛濫下，人倫道德普遍敗壞。只因貧窮可以用我的刻苦勤勉去克服，政治上的挫傷，也可以用我們的寬容去療養；大地的毀損、人性的沉淪，卻是難以復原、難以彌補的嚴重傷害。〔註94〕

　　社會的進步與繁華畢竟是必須付出代價，在吳晟的散文中有更明確的說明：

　　　這些少年少女太無定性、太無責任，年歲輕不懂事，敢黑白來，卻沒有忍耐心，不知生子容易，養子不簡單，教子更困難，不知會生就要會顧。〔註95〕

〔註94〕吳晟：《無悔》，頁 199。
〔註95〕吳晟：《店仔頭》，（臺北：洪範書店有限公司，1985 年 8 月三版），頁 47。

孩子長大了，做媽媽的教得了嗎？社會把她教壞了，我又怎麼樣？
〔註96〕

無錢假大板⋯⋯有的根本就是有計畫性的倒人⋯⋯以前哪裏聽過
這種情形？再怎麼苦，吃蕃藷簽配菜脯，也要拚來還，真沒辦法，
甚至賣田麥厝，一仙五厘也不虧欠人，像這種倒人的歹風氣，竟然
也侵入到我們鄉下，真正不應該。〔註97〕

處在私慾不斷被誘發，大家急急惶惶爭逐奢華的這個時代，一旦陷
進了私慾的漩渦，往往難以自拔。就個人生活而言，我寧可學習母
親刻苦自律，緩一緩腳步。〔註98〕

歌舞團那一套，也搬來鄉下，光天化日大庭廣眾公開表演，實在不
成體統，也不怕教壞囡仔大小。〔註99〕

那些查某囡仔，敢在那麼多人面前脫衫脫褲，搖來搖去，真正大膽，
想不到這款錢也有人賺，不驚現世。〔註100〕

好樣難學，壞樣容易學，大家有樣看樣，風氣就會越變越壞，難怪
現在的年輕人，又貪圖享樂，又怕吃苦。〔註101〕

以前流落風塵的女孩子，多數是因家庭遭遇變故，受到生活所迫，
背後幾乎都有悲慘的身世，而今卻大都是經不起虛華社會的引誘，
不甘日日辛勞作工，過清苦的日子。〔註102〕

〈牛〉〔註103〕
不必回想你們粗大的腳印
怎樣耐心地踏遍吾鄉的稻田
一季又一季
怎樣犁鬆了每一塊泥土

〔註96〕吳晟：《店仔頭》，頁53。
〔註97〕吳晟：《店仔頭》，頁117。
〔註98〕吳晟：《店仔頭》，頁169。
〔註99〕吳晟：《店仔頭》，頁123。
〔註100〕吳晟：《店仔頭》，頁123。
〔註101〕吳晟：《店仔頭》，頁124。
〔註102〕吳晟：《店仔頭》，頁124。
〔註103〕吳晟：《吾鄉印象》，頁74～76。

　　人們很忙碌

　　不能負荷那麼多記憶　　　（第一節）

　　不必怨歎城市的屠宰場

　　以屠刀大量誘走你們的同伴

　　不必追悼你們碩大而笨重的身軀

　　一季又一季

　　怎樣在吾鄉的稻田上

　　一面喘氣，一面反芻枯澀的稻草　　　（第三節）

　　早期的農村，牛是耕田的唯一工具，當牛老了，死了也捨不得殺，更不會吃牛肉，只因朝夕相處，建立深厚的感情。牛，象徵臺灣農業，曾經在臺灣歷史上耕耘出璀璨輝煌的一頁，曾經臺灣千千萬萬的農人依靠牠生存、延續下一代；但，歲月的年輪快速向前，人們不能再等待牠的笨重、遲緩卻沉隱拙樸的步伐。終究要被工商業的文明、科技的進步所取代。然而在時勢下，這是不能抗拒的命運。最終成了都市文明的祭品。整首詩在隱喻人們在忙碌功利的社會裡，早已失去了對自然物、人文的關懷，含著多少無奈！

　　〈苦笑〉[註104]

　　來吾鄉郊遊，夢般的少年

　　放聲歌唱，隨意的讚美

　　好美啊！這些綠油油的稻子

　　艱苦的抵禦著蟲害

　　擔憂著暴風雨不知何時侵襲的稻子

　　搖著頭，默默的苦笑　　　（第一節）

　　好安詳自足啊，這些金黃的稻穗

　　一粒一粒汗珠結成的稻穗

　　搖著頭，默默的苦笑　　　（節錄第二節）

　　好香好好吃喲，這些白飯

　　滲進太多農藥，苦不堪言的米粒

　　已不能搖頭

　　只是默默的苦笑　　　（節錄第三節）

〔註104〕吳晟：《吾鄉印象》，頁 59～60。

　　是幽默中的苦笑，也是戲謔之言。當人們欣賞豐碩的稻穗，當人們面對香噴噴的米飯大快朵頤；但處於第一線的稻米，已身受農藥的毒害，只能苦笑。當糖衣包著毒藥，人們吃到肚子裡，其實是不健康之舉。可見在 1970 年代臺灣的環境生態，已開始使用農藥，雖然還沒有嚴重破壞，詩人卻在親耕下已預知農村發展的隱憂。

　　木麻黃是極能耐於貧瘠的土壤，它抗風、抗旱、抗鹽份，時常種植於海岸與沿海地區的路旁當行道樹，可作為農作物的保護和村落的防風林。當臺灣經濟起飛，除了綠地越來越少，木麻黃也隨之被砍除，被迫棄守原有的園地，這是工業帶來的破壞。

　　〈木麻黃〉這首詩在說明農村的變遷，象徵卑微的田莊人，在時代的大轉變下的悲情、悲哀。

　　　　〈木麻黃〉〔註105〕
　　　　日頭仍然輝煌的照耀
　　　　在同伴越來越稀少的馬路上
　　　　而我們望見
　　　　吾鄉人們的腳步，不再踴躍　　　（第一節）

　　　　城市的工廠、工廠的煙囪、煙囪的煤灰
　　　　隨著一陣一陣吹來的風
　　　　瀰漫吾鄉人們的臉上　　　（節錄第二節）

　　　　月光仍然溫柔的撫照
　　　　在同伴越來越稀少的馬路上
　　　　而我們望見
　　　　呼嘯而來呼嘯而去，匆匆忙忙的機車
　　　　並不在意　　　（第三節）

　　　　我們是越來越瘦
　　　　越來越稀少的木麻黃　　　（節錄第四節）

　　在「呼嘯而來呼嘯而去，匆匆忙忙的機車」中，為甚麼政府不在意？任其被蓄意破害！另一點也在暗示，農村的沒落，年輕人嚮往城市，農村將孤單的沉沒……而詩人莊稼漢堅定不移的精神，任憑歲月老去，也無法動搖。

〔註105〕吳晟：《吾鄉印象》，頁 89～91。

　　〈牽牛花〉〔註106〕敘述鄉下的年輕人在工商業衝擊下，湧向加工出口區，投入工廠的生產線，曾幾何時拜科技的進步，大伙圍在電視機旁，看著布袋戲、歌仔戲……也曾幾何時，工商文明卻帶來鄉村的寂寥，鄉人就在不安、寂寞、憂鬱、納悶中度日。

　　　在陽光下奔跑，在月光下嬉戲的
　　　吾鄉的囝仔郎，哪裏去了
　　　他們蹲在小小的電視機前面
　　　吾鄉的牽牛花，不安的注視著　　　（第一節）

　　　他們湧去一家家的工廠
　　　吾鄉的牽牛花，寂寞的尋找著　　　（節錄第二節）

　　　他們擠在荒涼的公墓
　　　吾鄉的牽牛花，憂鬱的懷念著　　　（節錄第三節）

　　　有一天我們將去哪裏
　　　吾鄉的牽牛花，惶恐的納悶著　　　（第四節）

　　牽牛花在鄉村處處可見，吳晟以牽牛花為旁觀者，卻因臺灣經濟迅速發展，帶給農村不踏實的心境作為見證。

　　〈高利貸〉〔註107〕
　　　別再向我們仔細描繪
　　　戲水摸蜆足魚釣蛙
　　　興味淋漓的童年
　　　我們該去哪裏尋找
　　　傳說中清澈蜿蜒的溪流　　　（第一節）

　　　開發開發開發
　　　不斷向未來高利借貸
　　　還保留多少選擇空間
　　　我們可否拒絕承擔
　　　整個大地身心癱瘓代價　　　（第五節）

〔註106〕吳晟：《吾鄉印象》，頁92～93。
〔註107〕吳晟：《吳晟詩選》（臺北：洪範書店有限公司，2008年9月初版四印），頁207～209。

然而可以預見

我們即將不由自主

捲入揮霍有限資源的漩渦

在野償付不起龐大債務的利息

再也沒有能力贖回

長期典押的青山綠水和晴空　　（第六節）

「清澈蜿蜒的溪流」，孩童在原野奔放，聞著泥土的芳香，這樣美麗的自然，這些景象，何時消失了？我們的青山、我們的綠水，我們的晴空和悠遊的白雲，又哪裡去了？

也許只是因為一時利益薰身，泯滅人類原本善良的天性，也許……也許……所有的也許……只能換來子孫未來龐大的債務！有多少人，想要拒絕這樣的不智，但政客的權限太大！山水正在哭泣……

〈土地公〉〔註108〕這首詩，讀來相當的沈痛，土地公，本是人類的守護神，自己從未想到竟然有朝會遭遇人類的摧殘！

滿滿一大卡車砂石

轟隆隆傾倒而下

又一大片青青農地，迅即消失

田頭小小土地廟，也深深掩埋　　（第一節）

驚慌逃離的土地公

繞著隆起的砂石堆黯然徘徊　　（節錄第二節）

那不是世代先民

長年累月在這片溪埔地

一一彎腰撿拾而起的嗎

透入砂石的掌紋和血汗

仍分明可辨　　（第三節）

滿滿一大卡車砂石

轟隆隆傾倒而下

大舉吞噬農鄉

生生不息的作物命脈

〔註108〕吳晟：《吳晟詩選》，頁213～215。

便永遠沉埋歷史底層　　（節錄第四節）

無田守護的土地公

再無香火繚繞

終於被迫流離失所

隱隱聽見政客與財團

聯手歡呼

歡呼完成了「農地釋放」　　（第五節）

吾鄉的子弟

終將懷著漂泊的靈魂

無依地流浪　　（節錄第六節）

「滿滿一大卡車砂石／轟隆隆傾倒而下」，農地被覆蓋了，連土地公也驚慌失措逃離，感嘆背離的人心，久居鄉村的子弟也將無根所處，只能成為漂泊的靈魂。

曾經先民所開墾的土地，所有「生生不息的作物命脈／便永遠沉埋歷史底層」，於是流光明滅，夢想浮沉，是詩人切身之痛，一切成為失落的地平線。

這些來自於民國 1990 年「農業發展條例」修改，農地釋放不再侷限於自耕農，於是相關單位開始推動農地開發和興建，促成政客與財團有機可趁。

第四節　環境議題的關切

土地被濫墾，山林被濫伐、河川被濫挖、海洋被嚴重破壞，只要雨大就成了土石流，就像九二一地震帶來的災變，只要一陣子不下雨就乾旱，連老天也無可奈何，甚至在怒號。

有關大量的環保議題，寫在「再見吾鄉」，這是 1994 年到 1999 年吳晟的作品，距離《吾鄉印象》出版，將近二十年，也是從 1984 暫緩詩筆十年後的一序列組詩，此時詩人關懷的層面更廣，批判的語氣更強，只因吳晟的心越來越急切。這組詩 29 首，放在《吳晟詩選》，於 2000 年由洪範書店發行。後來吳晟在 2001 年 7 月至 2002 年以一年的時間，走訪九二一地震後的南投重建地區，勘查地震後濁水溪的變貌，完成《筆記濁水溪》〔註 109〕。

〔註 109〕吳晟：《筆記濁水溪》（臺北：聯合文學出版社有限公司，2009 年 10 月 10 日初版三刷第一次。）

一、乾渴的大地

近年來到處缺水，即使是國外也一樣，數十年前詩人已有預見之明，寫下〈水啊水啊〉〔註110〕這首詩。上天有好生之德，但人民要能夠懂得珍惜大地有限的資源。正是對臺灣水土保持不良的抗議，抗議人民的無知，抗議政府的無能！

> 水啊水啊給我們水啊
>
> 吾鄉的廣大農田
>
> 隨處張開龜裂的嘴巴
>
> 向圳溝呼喊　　（第一節）
>
> ──袒現枯竭的河床
>
> 向水庫呼喊　　（節錄第二節）
>
> 山區的龐大水庫
>
> 流露掩藏不住的焦灼眼色
>
> 向天空呼喊　　（節錄第三節）
>
> 灰濛濛的天空，滿臉無辜
>
> 苦著聲音沉重抗議
>
> 我依四時降雨
>
> 島國雨量豐沛不減
>
> 未曾虧待你們啊　　（第四節）
>
> 是你們　狠狠砍伐
>
> 盤根錯節的涵水命脈
>
> 是你們　放肆挖掘
>
> 牢牢護持的山坡土石
>
> 是你們　阻斷水源的循環不息　　（第五節）

土地也在沉重的抗議，其實老天很無辜，不用斥責老天的不公，上天已經「我依四時降雨／島國雨量豐沛不減／未曾虧待你們啊」，一切是「放肆挖掘／牢牢護持的山坡土石」，一切是人類「阻斷水源的循環不息」，水庫的泥沙任由淤積，唯有自助才會有人助，老天爺才有辦法幫上忙。

〔註110〕吳晟：《吳晟詩選》，頁204～206。

二、變質的土壤

從前只要稻農肯吃苦、老天肯幫忙，就有豐收的一年。如今科技進步，社會富足了，卻帶來環境汙染、地質改變。

〈不妊症〉〔註111〕

即時往昔那樣貧瘠

營養不足的年代

我們的稻穗，至多不夠飽滿

何曾遭遇什麼不妊症　　（第一節）

為什麼千頃稻田

病變了土壤體質

還不如一次地方選舉

或股市的小小起落

吸引大眾注意　　（第三節）

更驚心的是，併入不適用耕地

也許正符合農家心願

趁機將稻穗不妊症

變更為有殼無實的繁華　　（第四節）

曾經纍纍低垂飽滿的稻穗，卻得了不妊症，這麼嚴重的問題，竟然不如「地方選舉／或股市的小小起落」，農人的哀嘆、農人的呼號，又有誰在意？其實世風之下，是人心轉變，變得漠視周遭環境，對孕育大地的母親不再關懷。

三、被凌遲的鄉土

「矇上眼睛，就以為看不見，搗上耳朵，就以為聽不到，而真理在心中，創痛在胸口，還要忍多久，還要沉默多久，如果熱淚可以洗淨塵埃，如果熱血可以換來自由，讓明天能記得今天的怒吼，讓世界都看到歷史的傷口！」這是1989年中國大陸發生六四天安門事件震驚全球，在臺灣由眾歌星集體創作，陳志遠編曲的〈歷史的傷口〉。

如今閱讀這首吳晟〈誰願意傾聽〉，試問海峽對岸發生的事，都能夠引起眾人關懷，而我們腳下這塊土生土長的土地所發生的事，有誰能來關懷？看

〔註111〕吳晟：《吳晟詩選》，頁220～221。

看官僚，看看政客，他們如何裝聾作啞，縱容野心份子毒害福爾摩沙！詩人倒底要尋求怎樣的管道發聲，才有誰願意傾聽？

〈誰願意傾聽〉〔註112〕

如果我委婉訴說

一畦一畦平坦如鏡的水田

如何認真繁衍

綠葉盈盈　稻穗款擺

自給自足的飽滿

你願意傾聽嗎　　（第一節）

如果我激烈表達

工業毒水肆虐的水田

如何伴隨蔓草　叢生憂傷

叢生稻作快速萎縮的夢魘

你願意傾聽嗎　　（第二節）

如果我痛切陳詞

所有目光集中經濟指數

各級官僚與議堂

如何縱容開發名目

霸道侵吞農地　　（第三節）

你聽見了嗎

你聽見米糧即將棄絕的警訊

逐漸逼近了嗎　　（第四節）

我該尋求怎樣的發聲

才有誰願意傾聽　　（節錄第五節）

四、離鄉的藉口

移民的熱潮未曾減弱，只因社會不安，國家動盪；沒有國那會有家？詩人希望大家拋棄偏見，不要因為追求名利，不要為了己利，破壞國家，縱然遠離家園，移民異國或許可以過安逸生活，哪有在自己母親的懷裡溫暖？

〔註112〕吳晟：《吳晟詩選》，頁241～243。

〈小小的島嶼〉〔註113〕

小小的島嶼

你只是茫茫汪洋中一塊踏板嗎

你終究不是長居久安的鄉土嗎　　（第一節）

你的子民要趕往哪裡去

行腳為何如此匆忙

臉色為何如此驚惶

是什麼災禍不時在恫嚇　　（第二節）

是否離開你，以及

該選擇何種方式出走

竟是你懷中的子民

長期進行的熱門話題　　（第四節）

異國的純淨的水清新的天如茵草地上的新家呀

正是放任糟蹋小小島嶼所換取

他們反問我為何不趕緊出走

我突然愣住

小小的島嶼喲，我從未想過

深愛自己依靠的家鄉

還需要找尋什麼理由　　（節錄第七節）

　　《汪洋中的一條船》這是鄭豐喜的自傳小說，奮鬥精神深植人心。但是，吳晟詩中「你只是茫茫汪洋中一塊踏板」，將自己土生土長的島嶼如此比喻，可見詩人的心是多麼悲慟！詩人疑問「你終究不是長居久安的鄉土嗎」，雖然你永遠敞開胸懷，願意眾人投入你的懷抱，為什麼？有那麼多人急忙的避開！是戰爭還是災禍？原來是有人在掘你的根！啃噬你的根，那是囂張的鼠輩，終有一天，這個島嶼會沉淪。

五、嗚咽的海洋

　　臺灣的西部海岸線，那是洗滌心胸的海岸，原是人人嚮往的地方，曾幾何時，竟然遭受嚴重破壞。

〔註113〕吳晟：《吳晟詩選》，頁261～264。

　　關於〈憂傷西海岸〉這一組序列詩，是吳晟從近處對土地的關懷，轉到不遠處的海岸，控訴政客以不法手段換取臺灣未來子子孫孫的幸福，以為開發，可以帶來經濟繁榮；以為工業的發展，可以帶來經濟效應，吳晟並不反對開發，也樂見國家繁榮，但濫無節制的開發，卻嚴重破壞了大自然。

　　〈憂傷之旅──憂傷西海岸之一〉〔註114〕

　　海洋從最澄澈的遠方
　　波濤蕩漾，召喚河川
　　河川承載我們靈魂深處的想望
　　奔赴海岸去相會　　　（第一節）

　　如果海與陸相連的弧線
　　是一幅大型水彩畫的主題
　　那柔軟的沙灘
　　便是人世與自然
　　座標上最美麗的交集
　　為這景色，我將更喜歡面海歌詠
　　但我觸目所及
　　鐵罐鋁罐隨處鑲嵌
　　保特瓶、普利龍、塑膠袋、破家具……
　　隨潮流來回漂浮、棄置
　　隨海風飄送陣陣惡臭　　　（第三節）

　　儘管海洋仍敞開無言胸膛
　　潮水一遍一遍刷洗
　　這受創斑斑的海岸
　　再也沒有能力承受
　　放肆傾洩的貪欲　　　（第四節）

　　我的憂傷游走整個西海岸
　　就像逃離城鎮來到海洋
　　此刻，我更想快速往回跑
　　何處啊可躲避錐心的刺痛　　　（第五節）

〔註114〕吳晟：《吳晟詩選》，頁271～274。

〈馬鞍藤──憂傷西海岸之二〉〔註115〕

長臂大勺的怪手

一公里一公里挺進開挖

島嶼優美的海岸線

歷經億萬年浪潮溫柔雕塑

正快速被切割　　（第一節）

騰壺、花跳、燒酒螺、招潮蟹……

沼澤濕地洶湧的生機

倉皇走避不及

死亡的驚呼警鐘般響起

波濤起伏間

猛烈敲打無人聽聞的海岸　　（第二節）

原生植被紛紛棄守

馬鞍藤也橫遭截肢斷軀

卻仍不死心

掙扎伸出細軟的不定根

抓住，隨時可能崩去的島嶼　　（第三節）

在陽光依然照耀的清晨

延展綠色藤蔓

與惡臭毒水垃圾堆爭生存

綻放紫色小花

面向油汙的海面

朵朵都像吹響誓言的喇叭　　（第四節）

堅持為悲傷

留下些許希望的顏彩　　（第五節）

〈沿海一公里──憂傷西海岸之三〉〔註116〕

又一紙開發公文

〔註115〕吳晟：《吳晟詩選》，頁275～277。
〔註116〕吳晟：《吳晟詩選》，頁278～280。

號令電鋸全面殺伐

數萬株挺直的木麻黃，相繼仆倒　　（第一節）

無處落腳的海鳥

牠們不會說話，只能嘎嘎啼叫

在昏暗暮色中來回盤旋　　（第二節）

又一段海岸線

頓時失去屏障

灰撲撲的風砂趁勢席捲

破落的小漁村　　（第三節）

啊，如果沿海一公里

鬱鬱蔥蔥的防風林

和翠綠山嶺相互呼應

將美麗島嶼，暖暖環抱　　（第六節）

〈去看白翎鷥——憂傷西海岸之四〉〔註117〕

我們通常選擇

太陽即將靠近海洋的下午

驅車抵達海邊村落

穿越一野蘆荀園

迎面望見，數排青青樹籬

懸掛紅色的燈籠花

那裏，有一個秘密

藏在田園後方的小山崙

我們屏息守候

不久響起一聲接一聲輕呼

看啊！四面八方飛掠而來

或十或百、成羣的白翎鷥

從海岸覓食歸巢

在天空迴旋出優美的弧線　　（第一節）

〔註117〕吳晟：《吳晟詩選》，頁281～284。

目光還來不及跟隨

它們翱翔的姿勢，已和晚霞

輕輕滑落小山崙的樹梢

引起枝頭一陣晃動

像白色浪花激盪在藍色海洋

這款擺的韻律

吸引我們專注的仰望

與白翎鷥美麗邂逅

是荒野中難得的驚喜

不敢太靠近，更不敢向人張揚

只能悄悄讚嘆

彷如謹守相惜的約定　　　（第二節）

只因這是躲過開發計劃

幸而留存的保安林地

濃密的灌木叢

可讓羣鳥安心棲息生育

唯恐粗野的賞鳥人潮

驚嚇了白翎鷥僅有的家園　　　（第三節）

暮色催我們離去

回程忍不住唱起兒歌

白翎鷥、擔畚箕、擔到叼位去

擔到童年的牛背

居家附近水田溝仔邊

這一步一昂首一啄食的尋常蹤跡

如今竟需驅車探訪

沿途追索迢遙的記憶　　　（第四節）

〈消失——憂傷西海岸之五〉〔註118〕

跟隨下沉的夕陽

我們順道造訪海邊小鎮

街路兩旁成籃成簍的蚵仔殼、蛤仔殼

以及小型鮮魚攤架／混合海洋的腥味呼吸，迎接我們 （第一節）

多數小吃鋪的古舊店面

掛上新款招牌

凸顯老字號的信譽

浮現在中年店家海風吹襲的臉龐 （第二節）

拒絕消失，果真等同阻撓經濟嗎

討海子民的身影

還能在海岸繼續綿延嗎

默默庇佑的媽祖娘娘

慈悲面容也蒙上揮不去的夢魘 （第四節）

　　從《吾鄉印象》到「再見吾鄉」可看出數十年歲月中的吳晟具預知之明。內心焦慮，竭力呼籲鄉民與政府，心境越來越強烈。詩人對於孕育他的土地，永遠懷著感恩和反哺之心，用一生的關懷和書寫來回報。

第六章　吳晟詩歌的修辭特色

　　透過修辭，可以增進語言的藝術之美。吳晟在他的詩裡最常用的是類疊、迴環、排比、複沓、設問、層遞、譬喻、反語、頂真、映襯、飛白，這也是他的習慣性。在這一章將其各時期的作品，與所有序列組詩選其中幾首舉例分析、比較。其中飛白，是以吳晟詩中使用鄉土語言的部份作分析，篇幅頗多，獨立在第二節討論。

第一節　吳晟詩歌的修辭

　　所謂「修辭」，張德明在《語言風格學》中說：

> 語言風格是綜合運用語言手段所形成的特點的體系，在語言運用中
> 必須出現修辭現象，修辭是綜合運用語言要素所產生的語言技巧和
> 表達效果。〔註1〕

> 修辭要綜合運用語言手段（技巧）適應題旨、情境，增強表達效果。
> 〔註2〕

　　有了修辭，可以提高語言的表達效果。

　　依據黃慶萱《修辭學》：心理學上關於學習的理論……桑代克有名的學習三定律——練習律、準備律、效果律。根據練習律，刺激反應間的感應結，因刺激次數的增多而加強。換句話說：感應結的強度與練習的次數成正比。把

〔註1〕張德明：《語言風格學》（高雄：麗文文化公司，1995年10月初版），頁118。
〔註2〕張德明：《語言風格學》，頁119。

這種學說移用到修辭學上，我們可以體會：一個字詞語句，如果反復出現，會比單次出現更能打動聽者或讀者的心靈。〔註3〕

一、類疊的運用

類疊的修辭在吳晟的作品處處可見，就類疊的內容說：有單音詞（字）複音詞（複詞）的類疊；有語句的類疊。就類疊的方式說：有連接的類疊，有隔離的類疊。

同一個字、詞、語、句，或連接，或隔離，重複地使用著，以加強語氣，使講話行文具有節奏感的修辭法，叫作「類疊」。〔註4〕

〈樹〉〔註5〕1963年7月刊登作品

　　而我是一株冷冷的絕緣體

　　植根於此

　　……於浩浩空曠　　　（第一節）

　　嘩嘩繁華過後

　　總有春的碎屑，灑滿我四周

　　而我是一株冷冷的絕緣體

　　不趨向那引力　　　（第二節）

　　亦成陰。以新葉

　　滴下清涼

　　亦成柱。以愉悅的蓊蔥

　　擎起一片綠天　　　（第三節）

　　而我是一株冷冷的絕緣體

　　植根於此

　　縱有營營底笑聲

　　風一般投來　　　　（第四節）

寫這這首詩正值吳晟十九歲，收入「飄搖裏」。

〔註3〕黃慶萱：《修辭學》（臺北：三民書局股份有限公司，2004年1月增訂三版二刷），頁531～532。

〔註4〕黃慶萱：《修辭學》，頁531。

〔註5〕吳晟：《飄搖裏》（臺北：洪範書店有限公司，1985年6月初版），頁55～56。

在第三節「亦成陰」、「亦成柱」，其「亦成」二字為「類字」的修辭。在第一節、第二節、第四節「而我是一株冷冷的絕緣體」是「類句」的修辭，讓其前後呼應，形成節奏感，也讓讀者特別的留意，吳晟這時期他喜歡孤獨，但絕非孤僻。他熱愛真心的朋友，但不要表面上的成群結黨，他希望在沉靜中讀讀書、唸唸詩，對吳晟而言是最愜意的休閒。紛擾的世事對吳晟而言，不如一卷薄薄的詩集。因此他是一株冷冷的絕緣體，與世俗趨利攘名的引誘事物絕緣。縱然曾經處過嘩嘩繁華，最終還是選擇了孤獨，因此「而我是一株冷冷的絕緣體／植根於此」，重複兩次，表達他深濃的決心。

詩裡第三節「營營」的「疊字」，頗能令文句有聲音之美，又有加強形象和語意的作用。〔註6〕詩裡也有「類字」、「類句」的修辭用法。

〈岩石〉〔註7〕1964 年 3 月刊登作品

　　歡騰的浪潮湧來

　　儘情地笑著、歌著；或且

　　無垠的空寂矗立

　　圍繞圍繞你

　　面對一切流逝

　　你的沉默，堅靱而連縣　　　　（第一節）

　　若有哀倦踱近你

　　若有契合的喁語待開啟

　　總展以迎迓

　　你袒蕩且平實底胸懷

　　總展以嶙峋的堅定　　　（第二節）

　　不似閃爍之星、嬌美之貝殼

　　你的存在，習於被忘卻

　　但滿蓄柔和的

　　你的沉默，堅靱而連縣　　　（第三節）

第一節「圍繞圍繞你」使用兩次「圍繞」，是疊字用法。

第二節中「若有」是字詞隔離的類疊中的「類字」。

〔註6〕布裕民、陳漢森：《寫作語法修辭手冊》（臺北：書林出版有限公司，1993 年
3 月出版），頁 80。
〔註7〕吳晟：《飄搖裏》，頁 59～60。

　　第三節中「你的存在，習於被忘卻／但滿蓄柔和的／你的沉默，堅靭而連綿」，裡面「你的」也是「類字」，重複的詞句更能打動讀者的心。

　　〈夜的主題〉〔註8〕1965 年 3 月刊登作品

　　　　踩碎整段黃昏的絢麗

　　　　踩碎整晚的寧謐

　　　　寫下了甚麼啊

　　　　你歪歪斜斜的踱步　　　（第一節）

　　　　那一痕孤單的月

　　　　仍寂寞著無止無際的殘缺

　　　　那些閃著困惑的星子

　　　　仍在你睫間交錯著零亂　　　（第二節）

　　　　揮也揮不去的

　　　　鐘擺的面影

　　　　將一個又一個的葉

　　　　輕易地搖下

　　　　落在你熾熱的凝視裏

　　　　你拾起

　　　　──是滿掌幽冷的淒清　　　（第三節）

　　詩中第一節「踩碎整段黃昏的絢麗／踩碎整晚的寧謐」，其「踩碎」，以及第三節「一個又一個」的「一個」是修辭學裡「類字」的用法。第一節「歪歪斜斜」以「疊字」的手法書寫。第二節裡：

　　　　那一痕孤單的月

　　　　仍寂寞著無止無際的殘缺

　　　　那些閃著困惑的星子

　　　　仍在你睫間交錯著零亂

　　其中「那」、「仍」，很明顯使用了重疊的技巧。

　　〈絞刑架〉〔註9〕1966 年 6 月刊登作品

　　　　他們的嘻語

　　　　猝然暴開一汪烏濁

〔註8〕吳晟：《飄搖裏》，頁 64～66。
〔註9〕吳晟：《飄搖裏》，頁 70～72。

將你的臉色，濺滿陰鬱

將你笑聲中的悲壯

高高拋起，孤楞地懸掛　　（第二節）

陪你穿越萬重孤寂的風

唏噓奔來

將你笑聲中的悲壯

撞向無倚無恃的四方

而豪華依舊喧鬧

為他們面具上的紋彩　　（第三節）

為他們面具內的慘白

無告的呼聲

喧騰而起

自眾多被任意踐踏的土地

豪華啊豪華

何其稀薄的裝飾　　（第四節）

胭脂堆中的浪子嗎

狂逆的叛徒嗎

你短暫的歷程

是一則輝煌輝煌的宣示

只因你黑色血液裏的殷紅

點起了萬盞明亮　　（第五節）

　　這首詩在修辭學方面應用了「類疊」中的「類字」、「疊字」。在第二節「將你」，第三節中又把「將你」重複一次，是「類字」的應用。在第二節的「高高」，第五節「輝煌輝煌」，屬於「疊字」的使用方式。第三節「為他們面具上的紋彩」、第四節「為他們面具內的慘白」，因為隔了一節，屬於「類句」的修辭。

　　〈選擇〉〔註10〕1967 年 6 月刊登作品

倦於你迷離的諾言

倦於煩躁中的小小安逸

〔註10〕吳晟：《飄搖裏》，頁 73～76。

我歸我，冷凍的豪華
悉數歸還你
眾多荒涼企待我的灌溉
來自諸般哀怨無依的呼求
一再的召喚我
我必前往　　（第二節）

讓欄柵裡的華麗
旋轉一扇一扇炫耀
讓瘖啞了的聲音
尖叫著豐腴的供養
且在冰涼的掌聲裏浮游
我已跨出腳步，即將遠行　　（第三節）

若你讀到我孤獨的足印
在一面扉頁上的一小角
讀到我傷痕斑斑的落魄
你儘管鄙笑我的選擇
以笑聲誇示你預言的靈驗　　（第四節）

我已跨出腳步，即將遠行
別再引你錯亂寫成的名字
企圖搖晃我定定的方向針
你可看得見
我早就將它拭去
自我展向遼闊的胸臆　　（第五節）

　　第二節「一再的召喚我／我必前往」的「我」是「頂真」的修辭，「倦於」
成了「類字」，而第二節「小小」和第三節「一扇一扇」和第四節「斑斑」、第
五節「定定」，是「疊字」的應用。第三節「我已跨出腳步，即將遠行」又在
第四節裡重複使用「我已跨出腳步，即將遠行」，為「類句」的修辭，也是在
製造迴環效果，此時顯現決心已定，即使是生活於華麗中，那只是心靈的枷
鎖，將會突破，將朝著遠大的目標前去。

〈百日祭〉〔註11〕1966 年 11 月刊登作品

　　蕭蕭索索的寂寞裏

　　我們來此，來此祭您

　　父親！歲月的雕刀

　　將我們淒苦的想念

　　雕得越深、越密

　　株守在您墳前兩旁的常綠龍柏樹

　　也綠不了我們的眼意　　（第一節）

　　所有的笑顏，都已隨您遠去

　　每一樽祭杯

　　在您靈前，斟滿悲戚

　　每一聲淒切的低喚，苦苦繞著您

　　不該是終點的終點　　（第二節）

　　沒有您陪伴的夕陽，不復絢麗

　　朝暉，不復燦爛

　　每一個夢境盈溢幽咽

　　我們仰望、我們尋覓

　　唯漫漫謎底，哀傷我們的雙瞳　　（第三節）

　　用眼淚，滴串成鮮花

　　每日獻上一束給冥冥中的您

　　父親！您該能收到

　　──您就聳立在我們心中

　　雖然，我們流落在外　　（第四節）

　　第一節「蕭蕭索索」，第二節「苦苦」、第三節「漫漫」、第四節的「冥冥」這些都是「疊字」的應用。

　　第一節「來此，來此」、「越深、越密」、第二節中「每一樽祭杯」、「每一聲淒切的低喚」，第三節「每一個夢境盈溢幽咽」的「每一」與及「終點的終點」的「終點」，第三節「夕陽，不復絢麗／朝暉，不復燦爛」中的「不復」屬於修辭學中的「類字」。

〔註11〕吳晟：《飄搖裏》，頁 139～141。

詩中第一節「父親！歲月的雕刀」，第四節「父親！您該能收到」的「父親」，一聲又一聲呼喚，可惜再也無法喚回……這首詩大量使用「類疊」的技巧加重語氣，令讀者讀來不勝唏噓！

「不知名的海岸」內有〈訪〉、〈中秋〉、〈懷〉、〈雲〉、〈秋枝末稍〉、〈無〉、〈空白〉、〈岸上〉、〈黃昏〉、〈也許〉十首。這十首發表於 1967 年，是吳晟在父親發生車禍去世之後，於屏東農專自願選擇前往臺東實習，在茫茫東海岸所寫的組詩，更是生平第一組系列詩。

〈訪〉〔註12〕1967 年作品

　　知或不知道你的名字

　　都一樣

　　在無數嚮往的夢境中

　　你呈現的種種風貌，我已熟諳　　　　（第一節）

　　涉過每一街喧嘩的寂寞

　　越過每一場空泛的豪華

　　接納我吧！在莫名的默契裏

　　溶進你的萬頃激灩　　　　（第二節）

　　不知名的海岸啊

　　我來，原是輸掉所有依歸的浪子

　　激情不再，堅持碎了

　　唯疲倦，盤據我削瘦的雙瞳和雙頰　　　　（第三節）

　　以壯闊澹泊我千載憂煩

　　以深遠寧靜我遠古的不安

　　我是如此疲倦

　　接納我吧！不知名的海岸　　　　（第四節）

第一節一開始「知或不知道你的名字」，以疑問否定的方式引起讀者的注意，隨後以「疊字」的「種種」加強句子的緊密度。第二節「涉過每一街喧嘩的寂寞／越過每一場空泛的豪華」，以「對偶」的方式呈現。在第三節中以「雙瞳和雙頰」的「類字」作為結束。

〔註12〕吳晟：《飄搖裏》，頁 79～80。

　　第一節「知或不知道你的名字」，第二節「接納我吧！在莫名的默契裏，溶進你的萬頃激灩」，第三節「不知名的海岸啊」，第四節「接納我吧！不知名的海岸」，使用漸進的方式，從原來的不知，漸而出現到海岸的呈現，並且希望海岸能夠接納從遠道而來的浪子，文字的使用手法引人入絃，也道出吳晟希望藉著在東海岸實習的機會，能夠沉澱心靈。

　　〈階〉〔註13〕1969 年 11 月刊登作品

　　　漫長的此階太長、太寂寥

　　　請陪我，也讓我陪你

　　　仔仔細細的踱到盡端　　　（第一節）

　　　可能，我將無甚功名

　　　引不來掌聲榮耀你

　　　請相信，我的柔情／必定一直牽引你、守護你　　　（第四節）

　　非常柔情的一首詩，後來編成曲。第一節「此階太長、太寂寥」使用肯定且重疊的語氣，需要一位相互提攜的伴侶，因此「請陪我，也讓我陪你／仔仔細細的踱到盡端」，即使是走到地極，也要天長地久為伴。

　　第四節「牽引你、守護你」為「疊字」用法。

　　〈秋收之後〉〔註14〕1974 年 12 月刊登作品

　　　所有苦苦的掙扎暫時停止

　　　秋收之後的稻田，太累了

　　　懶懶地躺著

　　　忍讓了太久的野花和野草

　　　任意的喧鬧，任意的開放　　　（第一節）

　　　低低徘徊的秋風中

　　　有一些甚麼訊息

　　　遙遠的傳來

　　　繞著你，癡癡的迴旋　　　（第二節）

　　　依稀是赤足破襖

　　　在稻田上打滾的童年，殷殷敘舊

〔註13〕吳晟：《飄搖裏》，頁 3～5。
〔註14〕吳晟：《吾鄉印象》（臺北：洪範書店有限公司，2012 年 6 月初版四印），頁 87～88。

又如天涯遠處的繫念，依依牽引

而秋收之後的稻田，太累了

寬闊的躺著

安安靜靜，不說甚麼　　　（第三節）

蒼蒼茫茫的佇立裏

你四顧尋覓

唯野花和野草

任意的喧鬧，任意的開放　　　（第四節）

　　首先第一節以「疊字」的「苦苦」凝重了整首詩的氣氛，「懶懶」的「疊字」更加重了鬆懶的語氣，休息吧！不經意間，竟然「野花和野草」喧賓奪主到處開放，想要奪取稻田的居所。

　　第二節「低低」、「癡癡」，第三節「殷殷」、「依依」、「安安靜靜」，第四節「蒼蒼茫茫」使整首詩就在重疊的語氣加強中。

〈噴泉〉〔註15〕1966 年 3 月刊登作品

乾杯！明日

高高舉起你的苦澀和冷冽

我必傾飲而盡

釀成滾滾湧動的泉源　　　（第一節）

畢竟，我恆慣於

向上抒寫自己

許有風的戲弄、雲的揶揄

憂煩我。噴灑之後

歸向塵的碎裂

——一陣接連一陣的鞭笞

我已釋然

乾杯啊！明日　　　（第三節）

　　第一節開始的「乾杯！明日」和第三節結尾的「乾杯啊！明日」正是前後呼應的「類句」，使整體詩的結構更為緊密。另外第一節的「高高」、「滾滾」是「疊字」的表現。

〔註15〕吳晟：《飄搖裏》，頁 61～63。

　　第三節「一陣接連一陣」的「一陣」這是使用修辭學上的「類字」處理。

〈從未料想過〉〔註16〕1981年4月刊登作品

　　又從夢見你的睡夢中醒來

　　睜著雙眼，繼續想你

　　床頭的小燈，竟這樣刺眼

　　悠悠忽忽的亮了一整夜　　　（第一節）

　　直到親情和鄉情

　　佔滿了我們的心胸

　　直到忙碌而恬靜的生活

　　平淡了功名

　　天涯作客的浪漫情懷

　　也曾在年少的時光

　　和你一起日夜編織　　　（第二節）

　　是為了學習詩藝而來嗎

　　最美好的詩

　　就寫在孩子們和你

　　紅潤的笑臉上

　　是為了追尋什麼夢想嗎

　　最可親的希望

　　就在我們自己的家鄉　　　（第四節）

　　又從夢見你的睡夢中醒來

　　睜著雙眼，繼續想你

　　不是漂泊，不是流放

　　只是短暫的遊歷

　　日子竟過得如此遲緩　　　（第五節）

　　第一節和五節首尾呼應，並且其中的第一行和第二行的詩句完全一樣，這是段落相隔的「疊句」。夢裡或是清醒中，都是妻子和孩子的影子，而後是在異國對此反應的嘆息！

　　第二節中

〔註16〕吳晟：《飄搖裏》，頁27～30。

> 直到親情和鄉情
>
> 佔滿了我們的心胸
>
> 直到忙碌而恬靜的生活
>
> 平淡了功名

在詩句裡「直到……佔滿了」和「直到……平淡了……」，這是在相同一小節中「類字」的運用。

第四節，作者以兩組「設問」句以及「類疊」的修辭方式組成。親人與鄉土一直是吳晟在創作上的靈感泉源，所有希望皆寄託於遠方的故鄉，這是詩人對吾土吾民不變的關愛。

〈雲〉〔註17〕1967 年作品

> 將笑聲紛紛傾進海潮
>
> 將你如昔的飄逸
>
> 垂下濃蔭，鋪展涼爽
>
> 依然，你是一個稚氣的十歲小女孩　　（第二節）
>
> 沉默的懷想裏
>
> 但你跳來躍去的追尋
>
> 向我探索甚麼呢
>
> 向明日探索甚麼呢　　（第三節）
>
> 一波接連一浪的奔逐中
>
> 我年少的狂熱和激情
>
> 已一滴一滴被篩盡
>
> 如兀立岸邊的枯岩
>
> 唯剝落可為我詮釋　　（第四節）

第二節「將笑聲紛紛傾進海潮」的「紛紛」是「疊字」的應用。

第三節「向我探索甚麼呢，向明日探索甚麼呢」用意在增強語句，增強印象，屬於「類句」。

第四節「一滴一滴」是「疊字」。

〈店仔頭〉〔註18〕1972 年 8 月刊登作品

〔註17〕吳晟：《飄搖裏》，頁 87～89。

〔註18〕吳晟：《吾鄉印象》（臺北：洪範書店有限公司，2012 年 6 月初版四印），頁 30～32。

　　或是縱酒高歌，猜拳吆喝

　　或是默默對飲，輕嘆連連

　　或是講東講西，論人長短

　　消磨百般無奈的夜晚　　（第一節）

　　千百年來，千百年後

　　不可能輝煌的我們

　　只是一羣影子，在店仔頭

　　模模糊糊的晃來晃去

　　不知道誰在擺佈　　（第三節）

　　花生，再來一包

　　米酒，再來一杯

　　電視啊，汽車啊，城裡回來的少年啊

　　不必向我們展示遠方

　　豪華的傳聞　　（第四節）

　　第一節句中含有「默默」、「連連」的「疊字」和「講東講西」的「類字」，訴說鄉村的農民夜晚無事，只能聚集在店仔頭喝喝小酒，談談村內所發生的事，也是聯絡感情的地方和唯一的休息站，但是農村日漸蕭條也令人嘆息。

　　第三節「千百年來，千百年後」，是「類疊」的修辭，在時間上它是屬於「映襯」，而「晃來晃去」是「類字」的手法，千百年後如果還能記取，只能是浮光掠影。「模模糊糊」這是「疊字」，「晃來晃去」是「類字」的修辭。

　　第四節「花生，再來一包／米酒，再來一杯」使用「類句」的技巧。第五節「長長的一生」、「短短的牛車路」形成強烈的對比，質樸的莊稼人把一生奉獻給了土地，也奉獻給了家，也是「疊字」的技巧。

　　〈沉默〉〔註19〕1972 年 8 月刊登作品

　　青山的那邊那邊

　　遠方的那邊

　　翩翩飄來幾隻雲朵

　　戲弄著吾鄉人們不語的斗笠

　　飛翔　　（第一節）

〔註19〕吳晟：《吾鄉印象》，頁 46～47。

河流的那邊那邊

遠方的那邊

款款流來一組水聲

逗著吾鄉人們不語的嘴巴

歌唱　　（第二節）

遠方的那邊

嘩嘩奔來一羣野草

纏著吾鄉人們不語的赤足

喧鬧　　（第三節）

輕快的一首詩，整首使用「類疊」、「排比」、「複杳」的修辭。

第一、二、三節「那邊那邊」、「翩翩」、「款款」、「嘩嘩」，為「類疊」的修辭。

〈角色〉[註20] 1965 年 11 月刊登作品

大量販賣鸚鵡的笑語

以天秤稱量溫情

你說這是文明

你說這是頂好的裝飾品　　　（第二節）

祈禱‧懺悔‧唱讚美詩

裝扮你的高貴

將誓言慷慨地畫在水上

將格言掛於齒縫間

叮叮噹噹敲響十字架狂喊著

不朽！不朽！不朽　　　（第三節）

從第二節「你說」重複兩次，吳晟開始使用「類字」的方式來加重語氣。

第三節語氣更重，因此使用了兩次的重疊的手法：「將誓言慷慨地畫在水上／將格言掛於齒縫間」一次的「疊字」：「叮叮噹噹」，而「不朽！不朽！不朽」這種「疊句」乃是在加強語氣。

〈野草〉[註21] 1975 年 2 月刊登作品

默默接受各樣各式的腳步

〔註20〕吳晟：《飄搖裏》，頁 67～69。
〔註21〕吳晟：《吾鄉印象》，頁 94～96。

任意踐踏；默默接受

圓鍬、鐮刀、或鋤頭，任意鏟除

我們的子子孫孫，依然蔓延　　　（第二節）

第二節以「疊句」：「默默接受」、「任意踐踏……任意鏟除」，以「類字」：「各樣各式」書寫。

〈漠〉〔註22〕1963 年 10 月刊登作品

羣鍵跳躍，讀你沉寂

讀你遠眺許許多多的未知　　　（第四節）

第四節「讀你」、「許許多多」為修辭學中的「疊字」，此時的未來其實還難以摸定……

〈野餐〉〔註23〕1974 年 12 月刊登作品

一碗一碗白開水喝下去

一滴一滴鹹鹹的汗水，滴下來

滴在和母親一樣樸拙的泥土裏　　　（第一節）

在親情中，吳晟著墨最多就是寫母親，母親的勤奮坦然，就如吳晟不以暗喻的手法書寫。他勾勒圈點的，不再是那無邊無際的東西，而是活生生的人，活生生的事。

詩中「白開水」、「鹹鹹的汗水」、「稀飯」、「醃菜」正是莊稼人勤拙、純樸的象徵。第一節裡「一碗一碗白開水」、「一滴一滴鹹鹹的汗水」是「類句」的修辭，綿綿相連的詞句，正是表達母愛無私無盡的付出，滴在泥土裡灌溉農作物。

〈意外〉〔註24〕1973 年 6 月刊登作品

一粒怯怯的種籽，如何

而芽而苗而青青的樹

以不情不願的哭聲抗議

如何，小小的我驚惶的來臨

那只是一件非常偶然的

小小、小小的意外　　　（第一節）

〔註22〕吳晟：《飄搖裏》，頁 57～58。

〔註23〕吳晟：《吾鄉印象》，頁 15～16。

〔註24〕吳晟：《飄搖裏》，頁 159～161。

一株青青的樹，如何
而枝而葉而不怎麼芬芳的花
以多少淒清的夜晚熬著屈辱
如何，在一本小詩刊上
有人竟讀到我小小的才華
那只是一件非常偶然的
小小、小小的意外　　（第二節）

一朵不怎麼芬芳的花，如何
而澀澀的果
以幾番風風雨雨的搖撼
如何，我小小的姓名
填上一紙頗為好聽的名聲
那只是一件非常偶然的
小小、小小的意外　　（第三節）

一顆澀澀的果，如何
而熟而落而怯怯的種子而蒼老了樹
一棵蒼老的樹，如何
而蕭蕭而颯颯而枯竭了汁液
以最後一聲哽咽告別
如何，在一張小小的訃聞上
有人風聞我已消失的消息
啊！那也只是一件非常偶然的
小小、小小的意外　　（第四節）

詩中每一節大量使用「疊字」，如第一節「怯怯」、「小小」、「青青」，第二節「青青」、「小小」，第三節「澀澀」、「小小」、「風風雨雨」、「小小」，第四節「澀澀」、「怯怯」、「蕭蕭」、「颯颯」、「小小」，像民謠似的一唱三歎，有悠揚的韻味和蒼涼的感覺。

每一節的結尾都是以「那只是一件非常偶然的／小小、小小的意外」，這是「類句」的用法，將前面的疑惑，一一釋解，也製造「迴環」的效果和韻腳的形成。

〈阿爸確信〉〔註25〕1977 年 12 月刊登作品

因為你們身上沾滿了泥巴

他們竟說，你們是骯髒的　　（第一節）

因為你們不會說 bye bye

他們竟說，你們是愚笨的　　（第二節）

因為你們的粗布衣裳和赤足

他們竟說，你們是粗俗的　　（第三節）

因為你們不喜歡誇示自己

又不善於花巧的言語

他們竟說，你們是自卑的　　（第四節）

孩子呀！無論他們怎麼說

阿爸確信，你們是最乾淨的孩子

阿爸確信，你們深深的凝視最動人

阿爸確信，你們樸素的衣著最漂亮

而你們要堅持

非關自卑或自傲的自尊　　（第五節）

表 6-1　〈阿爸確信〉

	第一節	第二節	第三節	第四節
第一行	因為你們身上沾滿了泥巴	因為你們不會說 bye bye	因為你們的粗布衣裳和赤足	因為你們不喜歡誇示自己／又不善於花巧的言語
第二行	他們竟說，你們是骯髒的	他們竟說，你們是愚笨的	他們竟說，你們是粗俗的	他們竟說，你們是自卑的

表 6-2　〈阿爸確信〉

	第一節	第二節	第三節	第四節
第一節至第四節	因為你們身上沾滿了泥巴	因為你們不會說 bye bye	因為你們的粗布衣裳和赤足	因為你們不喜歡誇示自己／又不善於花巧的言語

〔註25〕吳晟：《向孩子說》（臺北：洪範書店有限公司，2012 年 6 月初版五印），頁 7～8。

第五節	你們是最乾淨的孩子	你們深深的凝視最動人	你們樸素的衣著最漂亮	你們要堅持／非關自卑或自傲的自尊

　　使用表格說明，可以明顯看出這首詩的前四節在第一行皆是「因為你們……」，（其中除了第四節使用了兩行書寫，在增加肯定的語氣以外）而且在最後一行寫著「他們竟說，你們是……的」，所不同的是中間二字改變，但詞性皆相同。這是「類疊」、「排比」、「複沓」的書寫方式。最後一行用肯定的語氣，做為解答了第一行，形成「設問」的修辭。

　　第五節在說明無論如何，孩子在父親的眼中永遠是最美的、對孩子是永遠的信任。而從第二行起，每一行都是在對孩子的肯定，形成強烈的對比。

　　這首詩在每一節，參雜多樣化的修辭方式，不再另外說明。

〈我竟忘了問起你〉〔註26〕1978 年 9 月刊登作品

　　第一次你遠行歸來
　　也是這樣難得晴朗的冬季
　　望著你憔悴的臉色
　　聽著你低低傾訴
　　你對家鄉日日夜夜的思慕
　　我竟忘了問起你
　　你在陌生的島國
　　怎樣排遣年輕的孤獨
　　怎樣安置飄零的鄉愁　　　（第一節）

　　上一次你遠行歸來
　　也是這樣難得晴朗的冬季
　　望著你時時閃著沉醉的眼光
　　聽著你興奮地敘述
　　你在異國繽紛多姿的生活
　　我竟忘了問起你
　　你在多櫻花的島國
　　每一個夢中
　　怎樣拒絕樸實的家鄉和親人　　（第二節）

這一次你遠行歸來
還是這樣難得晴朗的冬季
望著你飛揚的神采
望著你對異國的無限嚮往
我竟忘了問起你
你在到處是劍的島國
怎樣漠視每一支劍上
仍流著中國人民慘痛的鮮血
怎樣遺忘曾是殖民地的家鄉
受盡踐踏和凌辱的控訴　　（第三節）

表6-3　〈我竟忘了問起你〉

	第一節	第二節	第三節
第一行	第一次你遠行歸來	上一次你遠行歸來	這一次你遠行歸來
第二行	也是這樣難得晴朗的冬季	也是這樣難得晴朗的冬季	還是這樣難得晴朗的冬季
第三行	望著你憔悴的臉色	望著你時時閃著沉醉的眼光	望著你飛揚的神采
第四行	聽著你低低傾訴	聽著你興奮地敘述	
第五行	你對家鄉日日夜夜的思慕	你在異國繽紛多姿的生活	望著你對異國的無限嚮往
第六行	我竟忘了問起你	我竟忘了問起你	我竟忘了問起你
第七行	你在到處是劍的島國	你在多櫻花的島國／每一個夢中	你在到處是劍的島國
第八行	怎樣排遣年輕的孤獨	怎樣拒絕樸實的家鄉和親人	怎樣漠視每一支劍上／仍流著中國人民慘痛的鮮血
第九行	怎樣安置飄零的鄉愁		怎樣遺忘曾是殖民地的家鄉／受盡踐踏和凌辱的控訴

　　在三小節裡，「第一次你遠行歸來」、「上一次你遠行歸來」、「這一次你遠行歸來」，時間由遠而近，展開時空的變化，形成「層遞」的關係。若以表格歸納，可以很清楚看出每一小節裡，人的情感由淺而深、由淡漸濃、由關切至嘆息與悲憤！使用節與節之間的「疊句」、「類句」、「排比」、「複沓」，這是

一首很沉痛的詩，因此第三節的行數增加，但因重疊性的關係，使整首詩產生出自然的韻律。

其實吳晟也有機會出國，甚至於長期居住國外，但是他願意一輩子留在臺灣，守護臺灣這塊蕃薯土地。整組「愚直書簡」〔註 27〕共九首，主要是與異國的遊子談話。這首詩在每一節，參雜多樣化的修辭方式，不再另外說明。

〈抱歉〉〔註28〕1983 年 6 月刊登作品

　　　　有如在家鄉

　　　　我也很想追隨風潮

　　　　吟就幾首如煙似霧的詞曲

　　　　供大家傳唱

　　　　而我的聲音，不夠圓潤　　　　（第一節）

　　　　有如在家鄉

　　　　我也很想迎合時尚

　　　　詠嘆一番如夢似幻的景致

　　　　博取大家的讚賞

　　　　而我的天性，這樣粗糙　　　　（第二節）

　　　　有如在家鄉

　　　　我也很想學習迴避

　　　　抒發幾篇不著邊際的隱喻

　　　　討好大家的沉迷

　　　　而我的資質，如此愚鈍　　　　（第三節）

　　　　這是滿堂遊子的異邦呀

　　　　怎麼彷彿在家鄉

　　　　而我沙啞的朗誦

　　　　是家鄉沉重的傷痛，催迫而出

　　　　若是引起誰的不快

　　　　我只能說抱歉

〔註27〕吳晟：《吾鄉印象》，頁 113～164。

〔註28〕吳晟：《吳晟詩集》（臺北：開拓出版有限公司，1994 年 11 月 15 日初版一刷），頁 138～139。

有如在家鄉

我彈不出令大家陶醉的調子　　　（第四節）

表 6-4　〈抱歉〉

	第一節	第二節	第三節
第一行	有如在家鄉	有如在家鄉	有如在家鄉
第二行	我也很想追隨風潮	我也很想迎合時尚	我也很想學習迴避
第三行	吟就幾首如煙似霧的詞曲	詠嘆一番如夢似幻的景致	抒發幾篇不著邊際的隱喻
第四行	供大家傳唱	博取大家的讚賞	討好大家的沉迷
第五行	而我的聲音，不夠圓潤	而我的天性，這樣粗糙	而我的資質，如此愚鈍

　　這首詩與 1978 年的〈我竟忘了問起你〉以雷同的修辭方式，使用節與節之間的「疊句」、「類句」、「排比」、「複杳」書寫。差異於多了第四節，以「有如在家鄉」呼應前面三節的「有如在家鄉」，加強迴環效果。其中每節的第二行同樣是「我也很想……」，是跳行式的「排比」修辭方式。此詩在「類句」、「排比」、「複杳」、「類句」、「排比」、「複杳」的修辭裡不再重複討論。

　　〈仰望〉〔註29〕1970 年刊登作品

穿越眾人漠然的頌讚

穿越一頁一頁凄冷的輝煌

靜靜步向你

我的沉默，是久遠久遠以來

激湧的言語凝聚而成　　　（第一節）

靜靜步向你

一夕又一夕的風風雨雨

紛紛謠傳著我的未來

——泥濘的未來

你如何以光輝的臉面

為我解說　　　（第二節）

〔註29〕吳晟：《飄搖裏》，頁 133～136。

久遠久遠以來，我一再苦讀

苦讀你仰立各處的容顏

為陽光訕笑，為月光寂寞

復為塵埃百般戲弄

始終定定仰向遠方的容顏

為何啊，我竟讀不出我的路　　　（第四節）

久遠久遠以來，我苦苦搜尋

你在煙硝瀰漫中，奔馳又奔馳

可曾疑惑如我，睏倦如我

甚至啊甚至絕望如我　　　（第五節）

那時，你躺下

歷史裂出慟哭的那時

你可曾想及

你的門徒，將怎樣作踐你的教言

愚癡如我般的青年

將怎樣在冷冷的逼視、刻意的扭曲下隱藏你的指引　　　（第六節）

靜靜步向你

我的沉默，是久遠久遠以來

激湧的言語凝聚而成

為我解說吧，為我作證吧

我已如此疑惑，如此困倦

甚至啊甚至如此絕望　　　（第七節）

　　這首詩延續 1965 年 11 月的作品〈角色〉，也互相呼應，對當時的國民政府高壓政策的厭惡與專權統治的不滿，唯還在戒嚴時期，只能用隱喻的筆觸書寫。無論是〈角色〉或〈仰望〉，此時吳晟寫詩的手法，讓人感覺相當艱深隱晦，吳晟也難免深受當時現代主義晦澀的影響。

　　第一節「穿越眾人漠然的頌讚／穿越一頁一頁淒冷的輝煌」，重疊性的句子令人讀來有急促感。「一頁一頁」、「靜靜」、「久遠久遠」與第二節「風風雨雨」、「紛紛謠傳著我的未來」的「紛紛」二字，和第四節「始終定定仰向遠方的容顏」的「定定」，以及第五節「苦苦搜尋」的「苦苦」是修辭學中的「疊字」。

「類字」有第二節「一夕又一夕」的「一夕」、第五節「奔馳又奔馳」的「奔馳」和第六節「你的門徒，將怎樣作踐你的教言」中「你的」。這些根據黃慶萱所言：「類疊是一種意象重復發生，或為重疊的，或為反覆的。」〔註30〕

〈獸魂碑〉〔註31〕1977 年 2 月刊登作品

　　碑曰：魂兮！去吧

　　不要轉來，不要轉來啊

　　快快各自去尋找

　　安身託命的所在

　　不要轉來，不要轉來啊　　（第二節）

　　每逢節日，各地來的屠夫

　　誠惶誠恐燒香獻禮，擺上祭品

　　你們姑且收下吧

　　生而為禽獸，就要接受屠刀

　　不甘願甚麼呢　　（第三節）

　其中用到「疊字」的修辭有第二節的「快快」，而「類字」的修辭如第三節中的「誠惶誠恐」。

〈輪〉〔註32〕1975 年 4 月刊登作品

　　橫在我家門前，有一條馬路

　　馬路沿著小河流，以及兩旁的稻田

　　向西而行，通往街仔

　　街仔〔註33〕前端、農會隔壁，是我在那兒教書的學校

　　學校斜對面，是我

　　每月去滙款給弟妹的郵局

　　我這一部新腳踏車的輪子

　　便在這條馬路上

〔註30〕黃慶萱：《修辭學》，頁 651。
〔註31〕吳晟：《吾鄉印象》，頁 63～65。
〔註32〕吳晟：《飄搖裏》，頁 142～144。
〔註33〕吳晟：《吳晟詩選》（臺北：洪範書店有限公司，2008 年 9 月初版四印），頁 22，將「……街仔」、「街仔……」改成「……街道」、「街道……」。

　　日復一日，年復一年，轉了又轉

　　直到哪年哪天，我的新腳踏車

　　也會悄悄的舊吧

　　也會悄悄的消失吧　　（第二節）

　　此詩寫於吳晟父親逝世十周年。〔註34〕整首詩僅分兩節，但都以十二行書寫，是吳晟作品中難得一見，繼吳晟在 1966 年所寫〈百日祭〉，而後在紀念父親的序列組詩為 1976 年的〈輪〉、〈堤上〉、〈十年〉，其中〈堤上〉也是分兩節書寫。

　　這首詩「悄悄的」用「類疊」的修辭。

〈寫詩的最大悲哀〉〔註35〕1997 年 4 月刊登作品

　　寫詩的最大悲哀

　　不在於困苦思索

　　不在於寤寐追求

　　不在於字斟句酌的琢磨　　（第一節）

　　寫詩的最大悲哀

　　不在於長年寂寞完成了詩作

　　無任何回響

　　不在於些少聲名

　　引來同輩冷冷的嘲諷　　（第二節）

　　寫詩的最大悲哀

　　不在於心靈深處

　　不時洶湧衝撞的詩情

　　無力一一制伏　　（第三節）

　　寫詩的最大悲哀

　　不在於直接逼視人生的缺憾

　　又無補於現實

　　不在於必須隱忍人世的傷痛

　　壓縮再壓縮　　（第四節）

〔註34〕吳晟父親吳添登先生（1914—1966）因車禍逝世。
〔註35〕吳晟：《吳晟詩選》，頁 225～227。

　　即使心頭滴血，也要耐心尋找

　　沉澱下來的血漬　　（第五節）

　　那麼，寫詩最大的悲哀

　　也許是除了寫詩

　　不知道還有什麼方式

　　可以對抗生命的龐大悲哀　　（第六節）

　　整首詩使用了五次「寫詩最大的悲哀」加強語氣，形成「複杳」的效果。有八次「不在於……」，其中第一節連續三次，是排比的修辭。其餘有的是「類疊」和「複杳」的技巧。詩裡反覆使用「反語」的方式，也形成「類疊」的功效。在一連串的由淺而深，從小而大的書寫，是「層遞」的修辭方法。

　　前四節讓人感受作者寫詩的無奈和悲哀，但是在第五節：「即使心頭滴血，也要耐心尋找／沉澱下來的血漬」，突然鋒迴路轉，像是柳暗花明又一村。作者最終肯定詩還是要繼續寫，因為唯有寫詩才能「可以對抗生命的龐大悲哀」。有趣的是，後來詩人還是繼續寫詩，畢竟儒生的筆才有辦法當作武士的劍，也唯有繼續寫，才有辦法呼籲世人對鄉土的關懷，也唯有繼續寫才有辦法傳達詩人的理念。這首詩，混合多樣化的修辭方式，除「反語」修辭之外，餘不再另行說明。

〈我仍繼續寫詩〉〔註36〕1997 年 4 月刊登作品

　　其實詩情與才華云云

　　乃至文字的迷信

　　早已點點滴滴

　　沉積在滔滔流逝的現實歲月底層

　　寧願只是沉默耕作的鄉間農人　　（第四節）

　　而我仍繼續寫詩

　　或許是大地的愴傷、人世的劫難

　　一再絞痛我的肺腑

　　即使眼淚，也無法平息

　　即使大聲控訴，也無法阻擋

　　只有求取詩句的安慰　　（第五節）

〔註36〕吳晟：《吳晟詩選》，頁 228～230。

在眾多疑問後，終就再被作者否定！真正的原因，在第四節說明。詩裡反覆使用「反語」的方式，也形成「類疊」的功效。從「年少的澎湃詩情」至「自我沉醉的非凡才華」至「紛雜多變的聲光資訊」，是時光的縣延，是「層遞」的修辭方法。第五節即使遭受「大地的愴傷、人世的劫難」或更大的災難，詩人仍繼續寫詩，在詩裡求取慰藉。

〈寫詩的最大悲哀〉和〈我仍繼續寫詩〉這兩首都是以否定的句法將情緒堆疊到極點，而後再急轉直下，每個環節都緊緊相扣。

這首詩，混合多樣化的修辭方式，不再另外說明。

二、迴環的運用

上下兩句或句組，詞彙部分相同，而詞序大致相反的辭格，叫作「回文」也稱「迴文」或「迴環」。〔註37〕

〈階〉
漫長的此階太長、太寂寥
請陪我，也讓我陪你
仔仔細細的踱到盡端　　　（第一節）

擁擠的此階，太喧囂
而且荒涼；陪著我
讓我在你臉上、在你眼中踏青　　　（第二節）

漫長的此階太長、太寂寥
請陪我，也讓我陪你
仔仔細細的踱到盡端
此階將更長，但不寂寥　　　（第五節）

第二節，在我眼裡妳是最美，只有與妳相處，我才能得到心靈的寧靜，「讓我在你臉上、在你眼中踏青」，百看不厭，這是「迴環」的語句。第五節又和第一節的「漫長的此階太長、太寂寥／請陪我，也讓我陪你／仔仔細細的踱到盡端」，造成前後呼應的迴環與音韻的效果，因此後來此詩譜成曲。

〈秋收之後〉
所有苦苦的掙扎暫時停止
秋收之後的稻田，太累了

〔註37〕黃慶萱：《修辭學》，頁629。

懶懶地躺著

忍讓了太久的野花和野草

任意的喧鬧，任意的開放　　　（第一節）

蒼蒼茫茫的佇立裏

你四顧尋覓

唯野花和野草

任意的喧鬧，任意的開放　　　（第四節）

第一節和第四節的「野花和野草／任意的喧鬧，任意的開放」前後呼應，形成「迴環」的修辭方式

〈雲〉

遙遠的不再遙遠　　（第一節）

不再可企及的遙遠更遙遠　　　（第六節）

第一節「遙遠的不再遙遠」與第六節「不再可企及的遙遠更遙遠」，造成「迴環」的效果，只是最終詩人還是回到原有的失落感！

〈意外〉

一粒怯怯的種籽，如何

而芽而苗而青青的樹

以不情不願的哭聲抗議

如何，小小的我驚惶的來臨

那只是一件非常偶然的

小小、小小的意外　　　（第一節）

一株青青的樹，如何

而枝而葉而不怎麼芬芳的花

以多少淒清的夜晚熬著屈辱

如何，在一本小詩刊上

有人竟讀到我小小的才華

那只是一件非常偶然的

小小、小小的意外　　　（第二節）

一朵不怎麼芬芳的花，如何

而澀澀的果

以幾番風風雨雨的搖撼

如何，我小小的姓名

填上一紙頗為好聽的名聲

那只是一件非常偶然的

小小、小小的意外　　（第三節）

一顆澀澀的果，如何

而熟而落而怯怯的種子而蒼老了樹

一棵蒼老的樹，如何

而蕭蕭而颯颯而枯竭了汁液

以最後一聲哽咽告別

如何，在一張小小的訃聞上

有人風聞我已消失的消息

啊！那也只是一件非常偶然的

小小、小小的意外　　（第四節）

　　每一節的結尾都是以「那只是一件非常偶然的／小小、小小的意外」，這是「類句」的用法，將前面的疑惑，一一釋解，也製造「迴環」的效果和韻腳的形成。

〈仰望〉

穿越眾人漠然的頌讚

穿越一頁一頁淒冷的輝煌

靜靜步向你

我的沉默，是久遠久遠以來

激湧的言語凝聚而成　　（第一節）

靜靜步向你

一夕又一夕的風風雨雨

紛紛謠傳著我的未來

──泥濘的未來

你如何以光輝的臉面

為我解說　　（第二節）

久遠久遠以來，我一再苦讀

苦讀你仰立各處的容顏

為陽光訕笑，為月光寂寞

復為塵埃百般戲弄

始終定定仰向遠方的容顏

為何啊，我竟讀不出我的路　　（第四節）

久遠久遠以來，我苦苦搜尋

你在煙硝瀰漫中，奔馳又奔馳

可曾疑惑如我，睏倦如我

甚至啊甚至絕望如我　　（第五節）

靜靜步向你

我的沉默，是久遠久遠以來

激湧的言語凝聚而成

為我解說吧，為我作證吧

我已如此疑惑，如此困倦

甚至啊甚至如此絕望　　（第七節）

　　整首詩裡重複的語句：「靜靜步向你」、「久遠久遠以來」都是迴環的效果，這首詩可見大量使用修辭寫作。

〈獸魂碑〉

吾鄉街路的前端，有一屠宰場，屠宰場入口處

設一獸魂碑──　　（第一節）

碑曰：魂兮！去吧

不要轉來，不要轉來啊

快快各自去尋找

安身託命的所在

不要轉來，不要轉來啊　　（第二節）

每逢節日，各地來的屠夫

誠惶誠恐燒香獻禮，擺上祭品

你們姑且收下吧

生而為禽獸，就要接受屠刀

不甘願甚麼呢　　（第三節）

豬狗禽獸啊

不必哀號、不必控訴，也不必

訝異——他們一面祭拜

一面屠殺，並要求和平

他們說，這沒甚麼不對　　（第四節）

不必哀號、不必控訴，也不必

訝異——他們一面屠殺

一面祭拜，一面恐懼你們的冤魂

回來討命，豬狗禽畜啊

魂兮！去吧　　（第五節）

　　在頭尾「魂兮！去吧」前後呼應的「迴環」修辭手法，讓整首詩更顯急奏感。

三、排比的運用

　　用三個或三個以上結構相似、語氣一致、字數大致相等的語句，表達出同範圍同性質的意象，叫作「排比」。〔註38〕

〈店仔頭〉

或是縱酒高歌，猜拳吆喝

或是默默對飲，輕嘆連連

或是講東講西，論人長短

消磨百般無奈的夜晚　　（第一節）

花生，再來一包

米酒，再來一杯

電視啊，汽車啊，城裡回來的少年啊

不必向我們展示遠方

豪華的傳聞　　（第四節）

　　第一節「或是縱酒高歌，猜拳吆喝／或是默默對飲，輕嘆連連／或是講東講西，論人長短」，這是修辭學上的「排比」。

　　第四節「花生，再來一包／米酒，再來一杯」使用「類句」與「電視啊，汽車啊，城裡回來的少年啊」使用「排比」的技巧。

〔註38〕黃慶萱：《修辭學》，頁651。

〈沉默〉〔註39〕1972 年 8 月刊登作品

　　青山的那邊那邊

　　遠方的那邊

　　翩翩飄來幾隻雲朵

　　戲弄著吾鄉人們不語的斗笠

　　飛翔　　　（第一節）

　　河流的那邊那邊

　　遠方的那邊

　　款款流來一組水聲

　　逗著吾鄉人們不語的嘴巴

　　歌唱　　　（第二節）

　　水田的那邊那邊

　　遠方的那邊

　　嘩嘩奔來一羣野草

　　纏著吾鄉人們不語的赤足

　　喧鬧　　　（第三節）

　　免講啦

　　不語的斗笠、不語的嘴巴、不語的赤足

　　從何談起　　　（第四節）

　　「排比」的修辭如「不語的斗笠、不語的嘴巴、不語的赤足」，前三節的句子：「青山的那邊那邊」、「水田的那邊那邊」、「河流的那邊那邊」雷同的語句，並且第二行同是「遠方的那邊」，第一節第三行「翩翩飄來幾隻雲朵」，「翩翩」形容「飄來」而「幾隻」是量詞「雲朵」是名詞，第二節第三行「款款流來一組水聲」，第三節第三行「嘩嘩奔來一羣野草」也是這樣的句型。第四節「不語的斗笠、不語的嘴巴、不語的赤足」為「排比」的修辭。

　　〈角色〉

　　祈禱・懺悔・唱讚美詩

　　裝扮你的高貴

　　將誓言慷慨地畫在水上

〔註39〕吳晟：《吾鄉印象》，頁 46～47。

將格言掛於齒縫間

叮叮噹噹敲響十字架狂喊著

不朽！不朽！不朽　　（第三節）

第三節語氣更重，因此使用了兩次的重疊的手法：「將誓言慷慨地畫在水上／將格言掛於齒縫間／」一次的「疊字」：「叮叮噹噹」，而「不朽！不朽！不朽」這種「疊句」乃是在加強語氣，也同時使用「排比」：「祈禱·懺悔·唱讚美詩」這是在詩中同一小節裡難得一見的方式，可見當時對政治的氣憤，氣憤中諷刺當政者表面藉著「祈禱·懺悔·唱讚美詩」，卻表裡不一致的嚴厲批評。

〈野草〉

我們是驕傲的

野生植物，嗯！我們是卑微的

野生植物　　（第一節）

默默接受各樣各式的腳步

任意踐踏；默默接受

圓鍬、鐮刀、或鋤頭，任意鏟除

我們的子子孫孫，依然蔓延　　（第二節）

羊來吧！鵝來吧！牛隻來吧

並且，張開嘴巴，請便吧

和我們最親近的野孩子，也來吧

並且，奔跑吧！打滾吧　　（第三節）

陽光和雨水，甚至春風

啥人也不能霸佔

寬厚的土壤，不需要任何照料

詛咒吧！鄙視吧！鏟除吧

我們的子子孫孫，依然茂盛　　（第四節）

整首詩以擬人化的方法書寫，主角是野草，但其中共用了十個「吧」，說明作者寫這首詩的時候，內心中無限的感慨。

第二節以「排比」：「圓鍬、鐮刀、或鋤頭」做為修辭。

第三節「羊來吧！鵝來吧！牛隻來吧」，第四節「陽光和雨水，甚至春風」「詛咒吧！鄙視吧！鏟除吧」，這些都是以「排比」的方式書寫，在連續的字句裡，增強節奏的快感和朗誦時的效果。

第四節「陽光和雨水，甚至春風」無論如何高貴，也無法霸占整個土壤，沉默的小草卻能靜悄悄的蔓延整遍大地；縱然用盡各種方法也無法鏟除；子子孫孫依然繼續繁延，還是以「排比」的方式為修辭。

〈野餐〉

不是果汁，不是可樂或西打

不是麵包，或是夾心三明治

不是閒散的郊遊，或是豪華的盛宴　　（第二節）

第二節「不是果汁，不是可樂或西打／不是麵包」是排比修辭，不是……或是……」、「不是……或是……」是作反襯，在強調並且在加重語氣，其中食物「果汁」、「可樂」、「西打」、「麵包」、「夾心三明治」，與整首詩裡的「白開水」、「鹹鹹的汗水」、「稀飯」、「醃菜」，形成都市與鄉村的強烈對比。

〈仰望〉

久遠久遠以來，我一再苦讀

苦讀你仰立各處的容顏

為陽光訕笑，為月光寂寞

復為塵埃百般戲弄

始終定定仰向遠方的容顏

為何啊，我竟讀不出我的路　　（第四節）

靜靜步向你

我的沉默，是久遠久遠以來

激湧的言語凝聚而成

為我解說吧，為我作證吧

我已如此疑惑，如此困倦

甚至啊甚至如此絕望　　（第七節）

第四節「為陽光訕笑，為月光寂寞／復為塵埃百般戲弄」、第五節「可曾疑惑如我，睏倦如我／甚至啊甚至絕望如我」、第七節「我已如此疑惑，如此困倦／甚至啊甚至如此絕望」屬於「排比」。是數種意象有秩序有規律地連接發生。〔註40〕

〈獸魂碑〉〔註41〕1977 年 2 月刊登作品

〔註40〕黃慶萱：《修辭學》，頁 651。
〔註41〕吳晟：《吾鄉印象》，頁 63～65。

　　豬狗禽獸啊

　　不必哀號、不必控訴，也不必

　　訝異——他們一面祭拜

　　一面屠殺，並要求和平

　　他們說，這沒甚麼不對　　　（第四節）

　　不必哀號、不必控訴，也不必／訝異——他們一面屠殺／一面祭拜，

　　一面恐懼你們的冤魂／回來討命，豬狗禽畜啊／魂兮！去吧

（第五節）

　　第四節中「不必哀號、不必控訴，也不必／訝異」三次的「不必」強調禽畜的哀號，然而這是無助的，畢竟遇上了屠夫。第五節中「一面屠殺／一面祭拜，一面恐懼你們的冤魂」，三次的「一面」顯現劊子手內心的矛盾和掙扎是惶恐的，這是「排比」的修辭。

　　〈輪〉〔註42〕1975年4月刊登作品

　　橫在我家門前，有一條馬路

　　馬路沿著小河流，以及兩旁的稻田

　　向西而行，通往街仔

　　街仔前端，是父親在那兒吃頭路的農會

　　農會斜對面，是父親

　　每月去滙款給我們的郵局

　　父親那一部舊腳踏車的輪子

　　便在這條馬路上

　　日復一日，年復一年，轉了又轉

　　直到那年年底，父親

　　在街仔轉角處

　　被超速的卡車輾斃　　　（第一節）

　　橫在我家門前，有一條馬路

　　馬路沿著小河流，以及兩旁的稻田

　　向西而行，通往街仔

　　街仔前端、農會隔壁，是我在那兒教書的學校

〔註42〕吳晟：《飄搖裏》，頁142～144。

　　學校斜對面，是我

　　每月去滙款給弟妹的郵局

　　我這一部新腳踏車的輪子

　　便在這條馬路上

　　日復一日，年復一年，轉了又轉

　　直到哪年哪天，我的新腳踏車

　　也會悄悄的舊吧

　　也會悄悄的消失吧　　　（第二節）

兩節裡「日復一日，年復一年，轉了又轉」是「排比」的寫作技巧。

〈水啊水啊〉〔註43〕1996年12月刊登作品

　　水啊水啊給我們水啊

　　吾鄉的廣大農田

　　隨處張開龜裂的嘴巴

　　向圳溝呼喊　　　（第一節）

　　水啊水啊給我們水啊

　　吾鄉的大小圳溝

　　一一袒現枯竭的河床

　　向水庫呼喊　　　（第二節）

　　水啊水啊給我們水啊

　　山區的龐大水庫

　　流露掩藏不住的焦灼眼色

　　向天空呼喊　　　（第三節）

　　灰濛濛的天空，滿臉無辜

　　苦著聲音沉重抗議

　　我依四時降雨

　　島國雨量豐沛不減

　　未曾虧待你們啊　　　（第四節）

　　我不願設想這種景象

　　島國子民每一張口

〔註43〕吳晟：《吳晟詩選》，頁204～206。

貼緊乾渴的水龍頭

連接空洞的水管、泥沙淤積的水庫

齊聲向天空急促呼喊

水啊水啊給我們水啊　　（第六節）

第一節到第三節的首行皆以「水啊水啊給我們水啊」懇切地祈求。

從第一節到第四節的第二行至第四行，是連續性的、急切性的需求：「廣大農田……龜裂的嘴巴……向圳溝呼喊」、「大小圳溝……枯竭的河床……向水庫呼喊」、「龐大水庫……焦灼眼色……向天空呼喊」。這是隔節式的「排比」。

在最後第六節的尾句又回到「水啊水啊給我們水啊」與第一節到第三節的首句「水啊水啊給我們水啊」作前後呼應，是「排比」的手法。

四、複沓的運用

複沓是為了突出某個意思，強調某種感情，有意重復使用同一詞語或句子。

〈沉默〉〔註44〕1972 年 8 月刊登作品

青山的那邊那邊

遠方的那邊

翩翩飄來幾隻雲朵

戲弄著吾鄉人們不語的斗笠

飛翔　　（第一節）

河流的那邊那邊

遠方的那邊

款款流來一組水聲

逗著吾鄉人們不語的嘴巴

歌唱　　（第二節）

水田的那邊那邊

遠方的那邊

嘩嘩奔來一羣野草

〔註44〕吳晟：《吾鄉印象》，頁 46～47。

　　纏著吾鄉人們不語的赤足

　　喧鬧　　（第三節）

　　免講啦

　　不語的斗笠、不語的嘴巴、不語的赤足

　　從何談起　　　（第四節）

「戲弄著吾鄉人們不語的斗笠，飛翔」、「逗著吾鄉人們不語的嘴巴，歌唱」、「逗著吾鄉人們不語的嘴巴，歌唱」、「纏著吾鄉人們不語的赤足，喧鬧」是同性質的句子，是典型式「複沓」的修辭，在句子和句子之間更換少數的詞語。

〈我仍繼續寫詩〉〔註45〕1997 年 4 月刊登作品

　　也許只是不甘願

　　留不住年少的澎湃詩情

　　我仍繼續寫詩

　　可以吟詠心靈隱密的悲哀

　　尋找一些些逃避　　（第一節）

　　也許只是捨不得放棄

　　自我沉醉的非凡才華

　　我仍繼續寫詩

　　不妨裝扮大師姿態

　　彌補俗世的寂寞和挫敗　　　（第二節）

　　也許只是不願意適應

　　紛雜多變的聲光資訊

　　我仍繼續寫詩

　　可能只是過度耽溺

　　把玩詞藻散發的魅力　　（第三節）

　　前三節「也許只是不甘願」、「也許只是捨不得放棄」、「也許只是不願意適應」，如此的「也許只是……」，詩中重覆「我仍繼續寫詩」，這是作者慣用的「複沓」修辭法。

〔註45〕吳晟：《吳晟詩選》，頁 228～230。

作者在探索寫詩的原因，是為了「年少的澎湃詩情」、是為了「吟詠心靈隱密的悲哀」、是為了「自我沉醉的非凡才華」、是為了「彌補俗世的寂寞和挫敗」、是為了「把玩詞藻散發的魅力」，這也是前三節共同的詞性。

〈仰望〉

　　久遠久遠以來，我一再苦讀

　　苦讀你仰立各處的容顏

　　為陽光訕笑，為月光寂寞

　　復為塵埃百般戲弄

　　始終定定仰向遠方的容顏

　　為何啊，我竟讀不出我的路　　（第四節）

第四節「我一再苦讀／苦讀你仰立各處的容顏」裡的「苦讀／苦讀」是「頂真」的用法。

〈輓歌〉〔註46〕1973 年 6 月刊登作品

　　是的，我曾體驗過年輕

　　年輕的飛翔

　　在我生長的小村莊

　　我曾體驗過年輕的徬徨

　　每一晚迷茫的星光都知道　　（第一節）

　　是的，我曾體驗過春天

　　春天的芬芳

　　在我生長的小村莊

　　我曾體驗過春天的霉味

　　每一片腐爛的落花都知道　　（第二節）

　　是的，我曾體驗過愛

　　愛的沉醉

　　在我生長的小村莊

　　我曾體驗過愛的絞痛

　　你每一道淒涼的凝視都知道　　（第三節）

〔註46〕吳晟：《吳晟詩選》，頁 14～15。

是的，我曾體驗過歌

歌的激盪

在我生長的小村莊

我曾隱隱聞見自己的輓歌

每一株墳場的小草都知道　　（第四節）

　　整首詩行句相同，字句相似，類似民歌，吳晟的作品有不少是如此的書寫；只是這首詩最終都是以悲慘收尾：「徬徨」、「霉味」、「絞痛」、「輓歌」，與「年輕」、「春天」、「愛」、「歌」成強烈對比；而所有知道者皆是那般哀怨：「迷茫」、「腐爛」、「淒涼」、「墳場」，這就是生命的輓歌，以「複沓」方式做為修辭。

〈輪〉

橫在我家門前，有一條馬路

馬路沿著小河流，以及兩旁的稻田

向西而行，通往街仔

街仔前端，是父親在那兒吃頭路的農會

農會斜對面，是父親

每月去滙款給我們的郵局

父親那一部舊腳踏車的輪子

便在這條馬路上

日復一日，年復一年，轉了又轉

直到那年年底，父親／在街仔轉角處

被超速的卡車輾斃　　（第一節）

橫在我家門前，有一條馬路

馬路沿著小河流，以及兩旁的稻田

向西而行，通往街仔

街仔〔註47〕前端、農會隔壁，是我在那兒教書的學校

學校斜對面，是我／每月去滙款給弟妹的郵局

我這一部新腳踏車的輪子

便在這條馬路上

〔註47〕吳晟：《吳晟詩選》，頁22，將「……街仔」、「街仔……」改成「……街道」、「街道……」。

日復一日，年復一年，轉了又轉
直到哪年哪天，我的新腳踏車
也會悄悄的舊吧
也會悄悄的消失吧　　（第二節）

詩中兩節的句子反覆敘述，是「複沓」的修辭。

五、設問的運用

設問：「講話行文，不採通常直述方式，而刻意用詢問的語氣，藉以凸顯論點，引起注意，甚或啟發思考，而使話語、文章激起波瀾的修辭法。」
〔註48〕

〈噴泉〉
說我屏絕閒適，只是自囚者
任性的自我虐待嗎
──滿天每一道彩虹的絢爛
是我沸騰的血液　　（第四節）

第四節的「任性的自我虐待嗎」是「設問」的修辭，隨後以肯定的語句「滿天每一道彩虹的絢爛，是我沸騰的血液」作為結語。是為了引起對方注意，講話行文故意採用詢問語氣的修辭法。

〈從未料想過〉
是為了學習詩藝而來嗎
最美好的詩
就寫在孩子們和你
紅潤的笑臉上
是為了追尋什麼夢想嗎
最可親的希望
就在我們自己的家鄉　　（第四節）

第四節，作者以兩組「設問」句以及「類疊」的修辭方式組成。親人與鄉土一直是吳晟在創作上的靈感泉源，所有的希望皆寄託於遠方的故鄉，這是詩人對吾土吾民不變的關愛。

〔註48〕黃慶萱：《修辭學》，頁47。

〈漠〉

該奇異那些奇異的眼色嗎

該迷惑於赫赫的喧囂嗎

矗向星空的塔尖

以堅定的探求，延展而入

……入你眸心　　（第三節）

「該奇異那些奇異的眼色嗎／該迷惑於赫赫的喧囂嗎」，這是「設問」，連續兩句「設問」句，委婉地表現出嚴重的內心迷惑，比直敘法更能引人達到更多關懷的眼神，似乎吳晟這時候找到了未來的方向。

〈野餐〉

是不是拌著汗水的稀飯，特別香

是不是混著泥沙的醃菜，特別可口

母親啊，為甚麼

你竟吃得這樣坦然　　（第四節）

第四節是「設問」修辭，「不是拌著汗水的稀飯，特別香」、「是不是混著泥沙的醃菜，特別可口」之後又接著：「母親啊，為甚麼／你竟吃得這樣坦然」，語氣懸宕，引人注意，在反覆的「設問」中造成強烈的刺激反應。

〈意外〉〔註49〕1973年6月刊登作品

如何，小小的我驚惶的來臨　　（節錄第一節）

如何，在一本小詩刊上　　（節錄第二節）

如何，我小小的姓名

填上一紙頗為好聽的名聲　　（節錄第三節）

如何，在一張小小的訃聞上

有人風聞我已消失的消息　　（節錄第四節）

在第一節「如何，小小的我驚惶的來臨」，第二節「如何，在一本小詩刊上／有人竟讀到我小小的才華」，第三節「如何，我小小的姓名／填上一紙頗為好聽的名聲」，第四節「如何，在一張小小的訃聞上／有人風聞我已消失的消息」這些是「設問」的句子，黃慶萱《修辭學》：

〔註49〕吳晟：《飄搖裏》，頁159～161。

有疑而發問，因問而釋疑。這是設問的第一種效用；卻非設問的唯一效用。進一步的，我們必須設法挑起別人心中的疑惑，然後尋求疑惑地解決。這就靠「內心已有定見的設問」了。〔註50〕

〈水啊水啊〉

灰濛濛的天空，滿臉無辜

苦著聲音沉重抗議

我依四時降雨

島國雨量豐沛不減

未曾虧待你們啊　　　（第四節）

是你們　狠狠砍伐

盤根錯節的涵水命脈

是你們　放肆挖掘

牢牢護持的山坡土石

是你們　阻斷水源的循環不息　　　（第五節）

第四節，老天也在抗議，每年下的雨並未減少！第五節說明了原因，是人類所造成。這兩節巧妙的結構使用「設問」、「反語」的修辭方式。布裕民、陳漢森在《寫作語法修辭手冊》曾說：

先提出問題，然後緊接著把答案說出來，這種無疑而問、明知故問、自問自答的修辭，稱為「設問」。〔註51〕

而「設問可以提請讀者注意段旨，刺激思考，加強語氣，加深印象。」〔註52〕在此一併說明這首詩具有「反語」的修辭。

六、層遞的運用

凡要說的有三件以上的事物，這些事物又有大小輕重等比例，於是說話行文時，依序層層遞進的，叫「層遞」。〔註53〕

〈意外〉

一粒怯怯的種籽，如何

而芽而苗而青青的樹

〔註50〕黃慶萱：《修辭學》，頁49。
〔註51〕布裕民、陳漢森：《寫作語法修辭手冊》，頁120。
〔註52〕布裕民、陳漢森：《寫作語法修辭手冊》，頁121。
〔註53〕黃慶萱：《修辭學》，頁669。

以不情不願的哭聲抗議
如何，小小的我驚惶的來臨
那只是一件非常偶然的
小小、小小的意外　　（第一節）

一株青青的樹，如何
而枝而葉而不怎麼芬芳的花
以多少淒清的夜晚熬著屈辱
如何，在一本小詩刊上
有人竟讀到我小小的才華
那只是一件非常偶然的
小小、小小的意外　　（第二節）

一朵不怎麼芬芳的花，如何
而澀澀的果
以幾番風風雨雨的搖撼
如何，我小小的姓名
填上一紙頗為好聽的名聲
那只是一件非常偶然的
小小、小小的意外　　（第三節）

一顆澀澀的果，如何
而熟而落而怯怯的種子而蒼老了樹
一棵蒼老的樹，如何
而蕭蕭而颯颯而枯竭了汁液
以最後一聲哽咽告別
如何，在一張小小的訃聞上
有人風聞我已消失的消息
啊！那也只是一件非常偶然的
小小、小小的意外　　（第四節）

　　結構相同的四小節詩，除了主詞更換之外，作者將樹的成長用迴旋的方式，以「層遞」方法書寫。〔註54〕第一節從種籽、芽、苗、樹。第二節從樹、

〔註54〕黃慶萱：《修辭學》，頁 669。

枝、葉、花。第三節從花、果。第四節從果、種子、樹。給人擁有樹木生長的意象，然而也是生命成長的過程和歷練，是修辭裡的「層遞」，「層遞句可以達到層次分明，突出中心點，增加文章的變化。」〔註55〕在自然界這種現象反映在美學上，於是有比例（Polyclitus）、秩序（Order）、漸層（Gradation）等理論出現。〔註56〕

層遞可分單式複式兩大類，而單式層遞又分前進式、後退式、比較式。前進式的定義：

> 凡曾地排列的次序是從淺到深，從低到高，從小到大，從輕到重，
>
> 從前到後，從始到終，諸如此類的，屬前進式。〔註57〕

〈意外〉就是採用前進式單式層遞書寫。

七、譬喻的運用

其中「隱喻」的部分，黃慶萱《修辭學》第十三章〈譬喻〉有詳細解說：

> 「譬喻」句式，是由「事物本體」和「譬喻語言」兩大部分構成。
> 所謂「事物本體」，是所要說明的事物本身，簡稱「本體」。所謂「譬
> 喻語言」，是譬喻說明此一事物本體的語言，又包括「喻體」，拿來
> 做比方的另一事物；「喻詞」，是連接本體和喻體的語詞；有時更增
> 添「喻旨」，把譬喻的意義所在也點出了。由於喻詞有時可以改變，
> 甚至可以省略，本體、喻旨之或少或多，所以譬喻也就可分：明喻、
> 隱喻、較喻、略喻、借喻、詳喻、博喻等等。〔註58〕

> 凡以「本體」、「喻詞」、「喻體」三者具備的譬喻，叫做「明喻」。
> 〔註59〕

> 凡具備「本體」、「喻體」而「喻詞」由「繫詞」及「準繫詞」如
> 「是」、「為」、「成」、「作」等代替者，叫作「隱喻」亦稱「暗喻」。
> 〔註60〕

〔註55〕布裕民、陳漢森：《寫作語法修辭手冊》，頁114。
〔註56〕黃慶萱：《修辭學》，頁669。
〔註57〕黃慶萱：《修辭學》，頁673。
〔註58〕黃慶萱：《修辭學》，頁327。
〔註59〕黃慶萱：《修辭學》，頁327。
〔註60〕黃慶萱：《修辭學》，頁328～329。

〈角色〉

未著色的呢喃終於碎落

沾片枯萎的笑聲

你能析出幾勺葉綠素　　　（第一節）

大量販賣鸚鵡的笑語

以天秤稱量溫情

你說這是文明

透過貝殼淚網的迷惑

你說這是頂好的裝飾品　　　（第二節）

祈禱‧懺悔‧唱讚美詩

裝扮你的高貴

將誓言慷慨地畫在水上

將格言掛於齒縫間

叮叮噹噹敲響十字架狂喊著

不朽！不朽！不朽　　　（第三節）

於是你顯要地存在著

於是你呼吸著萬般獻媚

而當夜幕垂罩

你腐爛的心棄於朽木之下

而當夜幕垂罩

你是以四隻腳走路的賢者　　　（第四節）

　　從這首詩已經可以看到，吳晟對當時政治現象的嚴厲諷刺與批評，只是在戒嚴時期僅能用「隱喻」的手法書寫。

〈野草〉

我們是驕傲的

野生植物，嗯！我們是卑微的

野生植物　　　（第一節）

默默接受各樣各式的腳步

任意踐踏；默默接受

圓鍬、鐮刀、或鋤頭，任意鏟除

我們的子子孫孫，依然蔓延　　（第二節）

羊來吧！鵝來吧！牛隻來吧

並且，張開嘴巴，請便吧

和我們最親近的野孩子，也來吧

並且，奔跑吧！打滾吧　　（第三節）

陽光和雨水，甚至春風

啥人也不能霸佔

寬厚的土壤，不需要任何照料

詛咒吧！鄙視吧！鏟除吧

我們的子子孫孫，依然茂盛　　（第四節）

我們是卑微的

野生植物，嗯！我們是驕傲的

野生植物　　（第五節）

　　第一節和第五節都是同樣的字句：「我們是卑微的／野生植物，嗯！我們是驕傲的／野生植物」，這是在前後呼應，製造迴環的效果，對野生植物的野草，他的生命韌性不可忽視，用「暗喻」方式來形容在臺灣這塊以農立國的土地上，農民有不可輕視的一面。

八、反語的運用

　　「反諷主要指的是言辭表面的意義和作者內心真意相反的修辭法。表面讚賞，其實責罵；表面責罵，其實讚賞。」〔註61〕

　　〈寫詩的最大悲哀〉

　　寫詩的最大悲哀

　　不在於困苦思索

　　不在於窮寐追求

　　不在於字斟句酌的琢磨　　（第一節）

　　寫詩的最大悲哀

　　不在於長年寂寞完成了詩作

　　無任何回響

―――――――――――――――

〔註61〕黃慶萱：《修辭學》，頁455。

不在於些少聲名

引來同輩冷冷的嘲諷　　（第二節）

寫詩的最大悲哀

不在於心靈深處

不時洶湧衝撞的詩情

無力一一制伏　　（第三節）

寫詩的最大悲哀

不在於直接逼視人生的缺憾

又無補於現實

不在於必須隱忍人世的傷痛

壓縮再壓縮　　（第四節）

整首詩在反覆使用「反語」的方式，讀來倍感悲悵。

九、頂真的運用

用上一句結尾的辭彙，作下一句的起頭，使鄰接的句子頭尾藉同一詞彙的蟬聯而有上遞下接趣味的修辭法，稱為「頂真」。〔註62〕

〈雲〉

偶然，許會再嗅到

你童稚的誓言，吐露芬芳

──夾在我無人翻閱的詩集中（這謎底，唯明日可解／而明日，明

日啊藏於何處）　　（第五節）

第五節中「而明日，明日啊藏於何處」的「明日」是「頂真」的用法。

〈漠〉〔註63〕 1963 年 10 月刊登作品

該奇異那些奇異的眼色嗎

該迷惑於赫赫的喧囂嗎

矗向星空的塔尖

以堅定的探求，延展而入

……入你眸心　　（第三節）

〔註62〕黃慶萱：《修辭學》，頁 689。

〔註63〕吳晟：《飄搖裏》，頁 57～58。

「延展而入／……入你眸心」的「入」字屬於「頂真」的修辭，於是「在轉接的重疊使文章裏頭的接縫顯得自然，造成連貫性。」〔註64〕可令人在不知覺中由此推移至彼的地步。

〈輪〉〔註65〕1975 年 4 月刊登作品

橫在我家門前，有一條馬路

馬路沿著小河流，以及兩旁的稻田

向西而行，通往街仔

街仔前端，是父親在那兒吃頭路的農會

農會斜對面，是父親

每月去滙款給我們的郵局

父親那一部舊腳踏車的輪子

便在這條馬路上

日復一日，年復一年，轉了又轉

直到那年年底，父親

在街仔轉角處

被超速的卡車輾斃　　（第一節）

橫在我家門前，有一條馬路

馬路沿著小河流，以及兩旁的稻田

向西而行，通往街仔

街仔前端、農會隔壁，是我在那兒教書的學校

學校斜對面，是我

每月去滙款給弟妹的郵局

我這一部新腳踏車的輪子

便在這條馬路上

日復一日，年復一年，轉了又轉

直到哪年哪天，我的新腳踏車

也會悄悄的舊吧

也會悄悄的消失吧　　（第二節）

〔註64〕黃慶萱：《修辭學》，頁 715。

〔註65〕吳晟：《飄搖裏》，頁 142～144。

其中「頂真」的部分：在每節的第一、二行裡「……馬路／馬路……」，第三、四行「……街仔／街仔……」，第四、五行「……農會／農會……」。在詩中

> 「頂真」格利用上下句的相同語詞，做為「中心觀念」，使上下文的意識流貫穿起來。〔註66〕

> 修辭學上的「頂真」實際上可視為語文上的統調手法。包括下列兩種方式：其一、在同一段語文中，有連續或不連續的幾句，使用「頂真」的叫「連珠格」；其二、在段與段之間使用「頂真」法的，叫做「連環體」。〔註67〕

吳晟所使用即是同一段語文中的「連珠格頂真」。頂真可以對事理作連貫的說明，方便理解，亦有文字巧妙配合的美感。〔註68〕兩節詩中的第七行「父親那一部舊腳踏車的輪子」和「我這一部新腳踏車的輪子」，形成時空的對比。

〈輓歌〉
是的，我曾體驗過年輕
年輕的飛翔
在我生長的小村莊
我曾體驗過年輕的徬徨
每一晚迷茫的星光都知道　　　（第一節）

是的，我曾體驗過春天
春天的芬芳
在我生長的小村莊
我曾體驗過春天的霉味
每一片腐爛的落花都知道　　　（第二節）

是的，我曾體驗過愛
愛的沉醉
在我生長的小村莊
我曾體驗過愛的絞痛
你每一道淒涼的凝視都知道　　（第三節）

〔註66〕黃慶萱：《修辭學》，頁690。
〔註67〕黃慶萱：《修辭學》，頁693。
〔註68〕布裕民、陳漢森：《寫作語法修辭手冊》，頁115。

是的，我曾體驗過歌
歌的激盪
在我生長的小村莊
我曾隱隱聞見自己的輓歌
每一株墳場的小草都知道　　（第四節）

這首詩每節除第三行完全相同以外，其餘大將動詞、名詞更改，餘一樣。並且第一行的尾字或詞與第二行首字或詞相同：「年輕」、「春天」、「愛」、「歌」是「頂真」的修辭法。

十、映襯的運用

在語文中，把兩種不同的，特別是相反的觀念或事實，貫穿或對列起來，兩相比較，互為襯托，從而使語氣增強，使意義明顯的修辭方法，叫作「映襯」。〔註69〕

〈店仔頭〉
這是我們的店仔頭
這是我們的傳播站
這是我們入夜之後
唯一的避難所
千百年來，永遠這樣熱鬧
──永遠這樣荒涼　　（第二節）

千百年來，千百年後
不可能輝煌的我們
只是一羣影子，在店仔頭
模模糊糊的晃來晃去
不知道誰在擺佈　　（第三節）

「永遠這樣熱鬧／──永遠這樣荒涼」，第二節中雖然同樣的店仔頭，但是它的熱鬧只在休閒的時段，因此也就這樣「永遠這樣熱鬧，永遠這樣荒涼」，這是無可奈何的矛盾！屬於「映襯」，的寫法。

第三節「千百年來，千百年後」，是「類疊」的修辭，在時間上它是屬於「映襯」的修辭。

〔註69〕黃慶萱：《修辭學》，頁409。

表 6-5　吳晟詩的修辭方式

修辭運用項次	詩的項次	修辭方式	詩　名	詩　組	年　代
1	1	類疊	樹	飄搖裏	1963 年
	2		岩石	飄搖裏	1964 年
	3		夜的主題	飄搖裏	1965 年
	4		絞刑架	飄搖裏	1966 年
	5		選擇	飄搖裏	1967 年
	6		百日祭	紀念父親	1966 年
	7		訪	不知名的海岸	1967 年
2	8	類疊+迴環	階	飄搖裏	1969 年
	9		秋收之後	吾鄉印象	1974 年
3	10	類疊+設問	噴泉	飄搖裏	1966 年
	11		從未料想過	愛荷華家書	1981 年
4	12	類疊+迴環+頂真	雲	不知名的海岸	1967 年
5	13	類疊+排比+映襯	店仔頭	吾鄉印象	1972 年
6	14	類疊+排比+複沓	沉默	吾鄉印象	1972 年
7	15	類疊+譬喻+排比	角色	飄搖裏	1965 年
	16		野草	吾鄉印象	1975 年
8	17	類疊+設問+頂真	漠	飄搖裏	1963 年
9	18	類疊+設問+排比	野餐	吾鄉印象	1974 年
10	19	類疊+迴環+層遞+設問	意外	浮木集	1973 年
11	20	類疊+排比+複沓+設問	阿爸確信	向孩子說	1977 年
12	21	類疊+排比+複沓+層遞	我竟忘了問起你	愚直書簡	1978 年
13	22	類疊+排比+複沓+迴環	抱歉	愛荷華札記	1983 年
14	23	類疊+排比+頂真+迴環	仰望	一般的故事	1970 年
	24		獸魂碑	吾鄉印象	1977 年
15	25	類疊+排比+頂真+複沓	輪	浮木集	1975 年
16	26	類疊+複沓+反語+層遞	寫詩最大的悲哀	再見吾鄉	1997 年
	27		我仍繼續寫詩	再見吾鄉	1997 年
17	28	排比+設問+反語	水啊水啊	再見吾鄉	1996 年
18	29	頂真+複沓	輓歌	浮木集	1973 年

　　列舉吳晟 29 首，使用修辭種類排序之分析：類疊 27 首、排比 12 首、複沓 8 首、設問 7 首、迴環 7 首、頂真 6 首、層遞 4 首、反語 3 首、譬喻 2 首、映襯 1 首。從分析中可看出，吳晟在年少時期寫詩，所用的修辭較單純化，隨著歷練，作品中的修辭也越熟練，每首詩同時增加數種修辭方式。

圖 6-1　吳晟詩常用的修辭方法分析

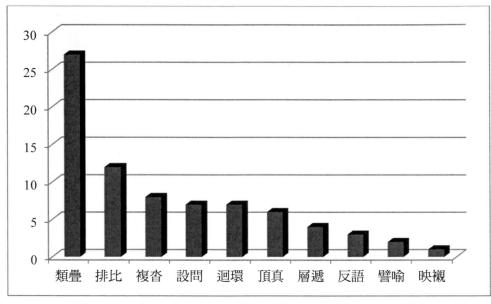

第二節　吳晟詩的鄉土語言運用

　　「台語的音標，目前常用的有三種：一是具有一百多年傳統的教會羅馬字，二是教育部公告的『臺灣閩南語音標系統』，1998 年 1 月 9 日台（87）語字第八七○○五七九號，三是ㄅㄆㄇ注音符號式在屏東縣台東縣和宜蘭縣的國小教材裡正式使用。」〔註70〕

　　「全世界只有臺灣用注音符號，也就是它的流通受限制不能國際化。」〔註71〕其實每一種各有其缺點，吳晟所使用的是日常生活中口語化的字眼。

　　　　提倡台語文學的最終目的，不只是要做到說標準的、流利、優雅的
　　　　台語，更要使台語有書面語，而且要提昇到「文學」的境界。〔註72〕

〔註70〕施炳華：《行入台語文學的花園》（臺南：真平企業有信限公司，2001 年 1 月初版），頁 118。
〔註71〕施炳華：《行入台語文學的花園》，頁 120。
〔註72〕施炳華：《行入台語文學的花園》，頁 174。

　　施炳華認為台語文學一定要建立在口語的基礎。筆者認為，這就是所謂生活的語言。

　　語言學家 Paul Roberc 指出：「每一種語言在用以表達說這個語言的人民的文化時，都是一個完美的工具。」從這個觀念來看，在台灣人來說，台灣化自然是一種優美的語言。〔註73〕

　　臺語文學界主張臺灣人應以臺語創作臺灣文學的理由之一，亦即「我口道我思，我手寫我口」，所謂「言文一致」、「舌尖與筆尖合一」。〔註74〕

　　依據吳晟所有詩集所附編目排序，分析其使用到鄉土語言的部分。其中也是屬於修辭學中的「飛白」：

> 為了存真或逗趣，刻意把語言中的方言、俚語、吃澀、錯別、以至
> 行話、黑話，加以記錄或援用的，叫作「飛白」。〔註75〕

而吳晟在作品中常用臺語或地域性的語言。

　　語言文字是人與人之間交流和溝通的工具，因此流通性越廣越方便，吳晟寫作很自然以台語寫入，並且口語化，只因那是他在日常生活中的母語，在生活中已經耳熟能詳，對熟悉臺語的讀者，讀來也倍感親切；如果吳晟選擇以整篇詩文用臺語寫作，將讓人讀之倍覺吃力。吳晟的作品裡，可強烈感受到詩人適時在表達他所融入的鄉土感情。

> 一種語言，民間是其溫床，在民間通行時，本就有新陳代謝和淬
> 煉的過程存在，而增加它的豐富性和藝術性，但仍然只是一種生
> 活語言而已，若能經過作家使用的過程，將增加它的各種功能，
> 進而使它成為學術語言，如此便提昇了台語的表現能力和地位。
> 〔註76〕

　　畢竟吳晟他也認為文章不必刻意使用方言，不過假如能使用的自然恰當、適度的使用，將能使表達的意像更為鮮明、活潑的表現出來，使整個民族的語言更生動且豐富，有加分的效果，這是舌尖和筆尖的合一。

　　這裡將吳晟在各時期詩的作品中有使用到「飛白」的部分做分析：

〔註73〕施炳華：《行入台語文學的花園》，頁131。
〔註74〕林央敏：《台語文學運動史論》（臺北：前衛出版社，1997年11月修訂版第一刷），頁21。
〔註75〕黃慶萱：《修辭學》，頁185。
〔註76〕林央敏：《台語文學運動史論》，頁49。

表 6-6　飄搖裏

飄搖裏（屬於年少時期作品）〔註77〕　　佔 0%						
編號	詩　名	年　代	引　用	編號	詩　名	年　代	引　用
1	無聲的吶喊	1962		2	酒肆的誘惑	1963	
3	未知數	1963		4	秋	1963	
5	四月	1963		6	碑	1963	
7	幕落後	1963		8	一月詩抄（一、二）	1963	
9	一月詩抄（三、四）	1963		10	三月	1963	
11	遇	1963		12	歸程	1963	
13	山徑	1963		14	異域	1963	
15	樹	1963		16	諾言	1963	
17	玉蘭花	1963		18	秋	1964	
19	結局（一）	1964		20	忍冬樹下	1964	
21	愴	1964		22	岩石	1964	
23	落	1964		24	冬至	1964	
25	如霧的	1964		26	峰頂	1964	
27	七夕	1964		28	期	1964	
29	荔枝樹下	1964		30	漠	1965	
31	夜的主題	1965		32	山徑	1965	
33	結局（二）	1965		34	飄搖裏	1966	
35	噴泉	1966		36	絞刑架	1966	
37	黑色的	1966		38	亂葬崗上的你	1966	
39	角色	1966		40	錯誤的	1966	
41	渡	1966		42	選擇	1967	

　　「飄搖裏」所列，為 1963 年至 1967 年作品，而今在吳晟的詩集裡尚能看到的僅：〈樹〉、〈岩石〉、〈漠〉、〈夜的主題〉、〈噴泉〉、〈絞刑架〉、〈角色〉、〈選擇〉。其中〈秋〉、〈四月〉、〈遇〉、〈玉蘭花〉、〈秋〉、〈結局（一）〉、〈忍冬樹下〉、〈愴〉、〈落〉、〈冬至〉、〈如霧的〉、〈峰頂〉、〈期〉、〈荔枝樹下〉、〈山徑〉、〈結局（二）〉、〈飄搖裏〉、〈黑色的〉、〈亂葬崗上的你〉、〈錯誤的〉、〈渡〉。

〔註77〕吳晟：《吳晟詩選》，頁 291，本節所提的編目以此為依據。

只有在吳晟於 1966 年 12 月由屏東中國書局出版的《飄搖裏》出現。這本《飄搖裏》共三十首作品；

> 然而就在屏東農專本應畢業、卻仍須留校重修那一年，竟然「遷怒」文學，不但將自費出版年餘的詩集《飄搖裏》，悉數焚燬，甚至將親密陪伴我多年青春歲月的文學書刊，也在神思混亂下，不知如何全部拋棄。〔註 78〕

後來還能找到的僅有的一本，是當初送給女朋友的禮物，多年後陪同婚禮嫁給了吳晟。如今還能在圖書館找到的《飄搖裏》，是臺北洪範書店有限公司在 1985 年 6 月出版的《飄搖裏》，內容已修訂和增減。餘無法在書籍裡找到的，是吳晟憑著記憶，回憶在何年、在什麼地方刊登，陸續由吳晟和親友與學生幫忙尋獲。除此之外尚有筆者從國家圖書館查到的五首詩：〈門‧門‧門〉〔註 79〕、〈兩岸〉〔註 80〕、〈終結〉〔註 81〕、〈餘燼〉〔註 82〕、〈迷津〉〔註 83〕。

為什麼在吳晟的詩集裡可看到的這時期的作品這麼少？依據詩人答覆

> 這是屬於較年輕的創作時期，不免較青澀，也避免不了為賦新辭強說愁的狀況，因此雖然這些作品在當年已被刊登，但覺得不夠成熟，最後決定不選入詩集。〔註 84〕

此時吳晟的寫作尚無鄉土語言的組合出現。

表 6-7　不知名的海岸

不知名的海岸（屬於年少時期作品）　佔20%							
編 號	詩　　名	年 代	引 用	編 號	詩　　名	年 代	引 用
1	訪	1967		2	中秋	1967	
3	懷	1967		4	雲	1967	
5	秋枝末稍	1967		6	無	1967	

〔註 78〕吳晟：《一首詩一個故事》（臺北：聯合文學出版社有限公司，2006 年 1 月 1 日初版三刷），頁 114。

〔註 79〕吳晟：〈大學詩人〉，《大學雜誌》第 16 期（1969 年 4 月），頁 38。

〔註 80〕吳晟：〈大學詩人〉，頁 39。

〔註 81〕吳晟：〈吳晟詩抄〉，《幼獅文藝》第 37 卷第 6 期（1973 年 6 月），頁 172～173。

〔註 82〕吳晟：〈吳晟詩抄〉，頁 173。

〔註 83〕吳晟：〈吳晟詩抄〉，頁 175。

〔註 84〕2014 年 12 月 10 日電話訪談。

| 7 | 空白 | 1967 | V | 8 | 岸上 | 1967 | V |
| 9 | 黃昏 | 1967 | | 10 | 也許 | 1967 | |

「不知名的海岸」是吳晟在屏東農專實習時，自願選擇前往臺東，離家鄉更遠的東海岸，所寫的系列組詩也是生平第一組，所使用到的鄉土語言部分，尚不多見。

為何選擇那麼遙遠的地方，當時的想法是什麼？根據吳晟所言：

> 第一點，就是對遙遠東西的一種想望，對遙遠的地方，都有一種浪漫的想法。
>
> 第二點，就是，我比較喜歡海邊。我們西海岸這邊，比較沒機會接觸海邊，東海岸那邊，感覺比較不同，所以認為到東海岸那邊，有一種不同的環境，這是選擇的機會。
>
> 當然，那個時候心情也不好，因為我爸爸剛過世，我在整個課業、文學，甚至愛情，都不穩定，都不順利，年輕時候的一種徬徨。本來生活目標很明確，但是父親過世後，整個都亂掉了，以前的行為，和父親過世後的行為絕對會改變，所以心情上就會變得徬徨，加上對遙遠的一種浪漫的想法，有一點放縱、自我放逐，離開家鄉遠一點，暫時脫離一下等等因素。〔註85〕

〈岸上〉〔註86〕寫於 1967 年 9 月，刊登於 1970 年 12 月《南風》雜誌三二期

　　去路已失、回顧已茫的岸上　　　（第一節）

〈空白〉〔註87〕1967 年 9 月寫，刊登於 1970 年 12 月《南風》雜誌三二期

　　且容我就此眠去　　　（第四節）

表 6-8　贈詩

贈詩　佔43%							
編號	詩　　名	年代	引用	編號	詩　　名	年代	引用
1	午寐	1967		2	階	1969	
3	秋日	1969	V	4	詠懷	1970	

〔註85〕2014 年 2 月 8 日訪問吳晟的訪問稿。
〔註86〕吳晟：《泥土》（臺北：遠景出版社，1979 年 8 月三版），頁 37～38。
〔註87〕吳晟：《泥土》，頁 39～40。

| 5 | 夜的瞳話 | 1970 | | 6 | 臨 | 1973 | V |
| 7 | 息燈後 | 1976 | V | | | | |

從「贈詩」可看出吳晟逐漸使用鄉土語言寫詩，其部分為：

〈秋日〉〔註88〕刊登於 1973 年 8 月《幼獅文藝》二三四期

　　每一陣來，每一陣去　　（第四節）

〈臨〉〔註89〕刊登於 1973 年 6 月《幼獅文藝》二三四期

　　一地粗俗如我，戇直如我的　　（第一節）

　　傳來傳去　　（第二節）

〈息燈後〉〔註90〕刊登於 1976 年 9 月《詩學》第一號

　　身軀擺上床，頭擺上枕　　（第二、五節）

表 6-9　一般的故事

一般的故事　佔 40%							
編號	詩　　名	年　代	引　用	編　號	詩　　名	年　代	引　用
1	兩岸	1968		2	菩提樹下	1968	
3	**雕像**	1969	V	4	一般的故事	1970	
5	鼓聲之末	1970		6	仰望	1970	
7	葵花	1973		8	耶誕紅	1973	V
9	長工阿伯	1976	V	10	苦笑	1976	V

「一般的故事」也漸漸使用上鄉土語言，尤其是〈長工阿伯〉這首詩分六節，有五節使用到鄉土語言，語言上也更明朗。

〈雕像〉〔註91〕刊登 1971 年 7 月《幼獅文藝》二一一期

　　瘦稜稜的骨架　　（第三節）

〈耶誕紅〉〔註92〕刊登於 1973 年 4 月《笠》詩刊五四期

　　你擎一叢一叢紅艷

　　如擎一支一支火炬　　（第二節）

〔註88〕吳晟：《泥土》，頁 9～10。
〔註89〕吳晟：《泥土》，頁 13～14。
〔註90〕吳晟：《泥土》，頁 17～18。
〔註91〕吳晟：《泥土》，頁 65～66。
〔註92〕吳晟：〈吳晟詩抄〉，頁 69～70。

〈長工阿伯〉〔註93〕刊登於 1976 年 6 月《笠》詩刊七三期

　　長工阿伯的名字　　　（第一節）

　　阿伯的雙親，雙雙離去

　　留下流著鼻涕的阿伯

　　給風給雨看顧　　　（第二節）

　　阿伯的青春

　　埋葬在南洋構築工事──　　　（第三節）

　　阿伯的家小和房子

　　將阿伯留給淒涼看顧　　　（第四節）

　　馴服的長工阿伯　　　（第六節）

〈苦笑〉〔註94〕刊登於 1976 年 9 月《詩學》第一號

　　艱苦的抵禦著蟲害　　　（第一節）

表 6-10　紀念父親

紀念父親　佔 100%							
編號	詩　　名	年代	引用	編號	詩　　名	年代	引用
1	百日祭	1966	V	2	輪	1976	V
3	堤上	1976	V	4	十年	1976	V

　　「紀念父親」其中〈百日祭〉與〈輪〉、〈堤上〉、〈十年〉完成時間相距十年，但這司首詩都有共同屬性，全部都使用到鄉土語言書寫。

〈百日祭〉刊登於 1966 年 3 月《南風》雜誌十一期

　　蕭蕭索索的寂寞裏　　　（第一節）

〈輪〉〔註95〕刊登於 1975 年 4 月《笠》詩刊六六期

　　向西而行，通往街仔

　　街仔前端，是父親在那兒吃頭路的農會

　　在街仔轉角處　　　（第一節）

　　街仔前端，是我在那兒吃頭路的農會　　　（第二節）

〔註93〕吳晟：《泥土》，頁 77～79。此作品列入吳晟：《吾鄉印象》，頁 55～58。

〔註94〕吳晟：《泥土》，頁 155～156。

〔註95〕吳晟：《泥土》，頁 55～56。

〈堤上〉〔註96〕刊登於 1976 年 9 月《詩學》第一號

　　父親說：吃頭路也常在這種時候

　　我頻頻追問：阿公在哪裏呢　　　（第一節）

　　我說：阿公也常在這種時候

　　兒子頻頻追問：阿公在哪裏呢　　（第二節）

〈十年〉〔註97〕刊登於 1976 年 10 月《詩人季刊》六期

　　說不上甘願或不甘願　　　（第四節）

　　和忙碌而艱苦的鄉人一樣　　　（第六節）

表 6-11　吾鄉印象

吾鄉印象　佔 72%							
編號	詩　名	年　代	引用	編號	詩　名	年　代	引用
1	序說	1972	V	2	土	1975	
3	晨景	1972		4	入夜之後	1972	V
5	店仔頭	1972	V	6	陰天	1972	V
7	雨季	1972	V	8	曬穀場	1972	V
9	神廟	1972	V	10	稻草	1972	
11	歌曰：如是	1972	V	12	沉默	1972	V
13	路	1972		14	清明	1972	V
15	雷殛	1976	V				

　　「吾鄉印象」實際上發表在 1972 年 8 月《幼獅文藝》二二四期，未含〈土〉及〈雷殛〉，共十三首。在 1976 年由楓城書局出版，以「吾鄉印象」為書名，今所見《吾鄉印象》為洪範書店出版，內容包含「泥土篇」、「植物篇」、「禽畜篇」。這段期間，正值吳晟自屏東農專畢業返鄉，在溪州國中教書，課餘和假日，同母親下田耕種，對鄉土更為親近，使用鄉土語言已成為吳晟的特殊風格，讀來倍感親切。

　　〈序說〉〔註98〕刊登於 1972 年 8 月《幼獅文藝》二二四期

　　　古早古早的古早以前　　　（第一、二、三節）

〔註96〕吳晟：《泥土》，頁 57～58。
〔註97〕吳晟：《泥土》，頁 61～62。
〔註98〕吳晟：《泥土》，頁 125～126。

世世代代的祖公，就在這片

揮灑鹹鹹的汗水　　　（第三節）

〈入夜之後〉〔註99〕刊登於 1972 年 8 月《幼獅文藝》二二四期

寥落著吾鄉的少年家　　　（第一節）

便在店仔頭咿咿唔唔　　　（第二節）

吾鄉囝仔郎捉迷藏、打陀螺的遊戲

以及男男女女未經潤飾的開講　　　（第三節）

〈店仔頭〉〔註100〕刊登於 1972 年 8 月《幼獅文藝》二二四期

或是講東講西，論人長短　　　（第一節）

這是我們的店仔頭　　　（第二節）

只是一輩影子，在店仔頭　　　（第三節）

米酒（燒酒），再來一杯

電視啊，汽車啊，城裡回來的少年啊　　　（第四節）

店仔頭的木板櫈上

也是店仔頭前面這幾條

短短的牛車路　　　（第五節）

〈陰天〉〔註101〕刊登於 1972 年 8 月《幼獅文藝》二二四期

仰長了脖子觀望天色的鵝仔　　　（第一節）

偶爾，一兩隻不耐的狗仔

繞著鵝仔吠幾聲寂寞

鵝仔的納悶依然　　　（第二節）

仰長了脖子觀望天色的鵝仔　　　（第三節）

〈雨季〉〔註102〕刊登於 1972 年 8 月《幼獅文藝》二二四期

抽抽煙吧

喝喝燒酒（老酒）吧〔註103〕

伊娘──這款天氣　　　（第一節）

〔註99〕吳晟：《泥土》，頁 129～130。

〔註100〕吳晟：《泥土》，頁 131～132。

〔註101〕吳晟：《泥土》，頁 133～134。

〔註102〕吳晟：《泥土》，頁 135～136。

〔註103〕此處原詩為「老酒」，但在吳晟：《吳晟詩選》，頁 80，已改為「燒酒」，按：
　　　　本處改為「燒酒」，更加生動，也比較能顯現鄉土的口語。

　　開講開講吧

　　逗逗別人家的小娘兒吧

　　伊娘——這款日子　　（第二節）

　　伊娘——這款人生　　（第三節）

　　伊娘——總是要活下去　　（第四節）

〈曬穀場〉〔註104〕刊登於 1972 年 8 月《幼獅文藝》二二四期

　　往往屬於謠傳　　（第二節）

　　時時，驚惶著吾鄉的人們　　（第四節）

在第二節的「往往」與第四節的「時時」，乍看之下是國語的字眼；但是，以吳晟的鄉土寫作，本人認為是作者在故意與不經意之間，自然流露的口語化的鄉土語言。

〈神廟〉〔註105〕刊登於 1972 年 8 月《幼獅文藝》二二四期

　　初一十五，或更重要的節日　　（第三節）

　　天公或大大小小的神祇　　（第四節）

〈歌曰：如是〉〔註106〕刊登於 1972 年 8 月《幼獅文藝》二二四期

　　反正，是豐收、是歉收

　　總要留下存糧活命

　　不如啊歌曰：如是

　　趕緊回諾：如是　　（第四節）

〈沉默〉〔註107〕刊登於 1972 年 8 月《幼獅文藝》二二四期

　　免講啦

　　不語的斗笠、不語的嘴巴、不語的赤足

　　從何談起　　（第四節）

〈清明〉〔註108〕刊登於 1972 年 8 月《幼獅文藝》二二四期

　　必定攜帶祭品和銀紙，去墓仔埔　　（第一節）

　　刻著自己的名姓　　（第三節）

〔註104〕吳晟：《泥土》，頁 137～138。
〔註105〕吳晟：《泥土》，頁 139～140。
〔註106〕吳晟：《泥土》，頁 143～144。
〔註107〕吳晟：《泥土》，頁 145～146。
〔註108〕吳晟：《泥土》，頁 149～150。

〈雷殛〉〔註109〕刊登於 1976 年 2 月《笠》詩刊七一期

　金閃閃的閃電，怒叫著雷聲　　　（第一節）

　每一塊急切等待翻掘的泥土

　每一顆急切等待生根發芽的種籽〔註110〕　　　（第二節）

　金閃閃的閃電交映下　　（第四節）

　必定派遣金閃閃的閃電　　　（第五節）

表 6-12　吾鄉印象·泥土篇

吾鄉印象·泥土篇　佔 34%						
編號	詩　　名	年　代	引　用	編號	詩　　名	年　代	引　用
1	泥土	1974	V	2	臉	1974	
3	手	1974		4	腳	1974	
5	野餐	1974	V	6	秋末	1976	V

　　「吾鄉印象·泥土篇」是對母親的感恩，使用到鄉土語言部分尤其以〈泥土〉使用頗多：

〈泥土〉〔註111〕刊登於 1974 年 12 月《幼獅文藝》二五二期

　水溝仔是我的洗澡間

　香蕉園是我的便所

　竹蔭下，是我午睡的眠床　　　（第一節）

　清爽的風，是最好的電扇

　稻田，是最好看的風景

　水聲和鳥聲，是最好聽的歌　　　（第三節）

〈秋末〉〔註112〕刊登於 1976 年 6 月《詩人季刊》五期

　一鏟一鋤掘翻泥土的歲月

　怎樣在艱苦中流逝　　（第三節）

　我只是認命的老農婦

　閒坐田埂上，遠眺餘暉　　　（第四節）

〔註109〕吳晟：《泥土》，頁 151～153。

〔註110〕吳晟：《吾鄉印象》，頁 152，改為「種子」。

〔註111〕吳晟：《泥土》，頁 113～114。

〔註112〕吳晟：《吾鄉印象》，頁 17～19；吳晟：《泥土》遺漏，未列入。

表 6-13　吾鄉印象・植物篇

	吾鄉印象・植物篇　佔 50%						
編 號	詩 名	年 代	引 用	編 號	詩 名	年 代	引 用
1	水稻	1974	V	2	含羞草	1974	
3	秋收之後	1974		4	木麻黃	1975	
5	牽牛花	1975	V	6	野草	1975	
7	檳榔樹	1975	V	8	月橘	1975	
9	過程	1977	V	10	早安	1981	V

「吾鄉印象・植物篇」使用到鄉土語言部分：

〈水稻〉〔註113〕刊登於 1974 年 12 月《藍星》詩刊新一號

　　鳥仔在你們頭上　　　（第四節）

〈牽牛花〉〔註114〕刊登於 1975 年 2 月《幼獅文藝》二五四期

　　吾鄉的囝仔郎，哪裏去了　　（第一節）

　　吾鄉的少年郎，哪裏去了　　（第二節）

〈檳榔樹〉〔註115〕刊登於 1975 年 2 月《幼獅文藝》二五四期

　　──是親親密密的好兄弟

　　憨直的好兄弟　　（第二節）

〈過程〉〔註116〕刊登於 1977 年 1 月《明道文藝》十期

　　秧

　　一心一意犁呀犁

　　翻掘每一塊泥土

　　和著大粒汗小粒汗

　　吾鄉的人們，透早到透暝

　　陽

　　溫柔地抹去雜草

　　一桶一桶的肥料

〔註113〕吳晟：《泥土》，頁 173～174。
〔註114〕吳晟：《泥土》，頁 181～182。
〔註115〕吳晟：《泥土》，頁 185～186。
〔註116〕吳晟：《泥土》，頁 189～192。按：這首詩，吳晟將水稻成長的過程，分成四
　　　　部曲：秧、陽、仰、漾，可以說是一氣呵成的整組詩。

一畚箕一畚箕的堆肥

和著日夜不眠不休的田水

仰

望呀！望呀！望呀

漾

和著安分守己由天安排的一生

——年年季季相同的夢

壞收成望下季的期待

〈早安〉〔註117〕刊登於 1981 年 12 月《益世》雜誌十五期

　　綻放笑眯眯的晨曦　　　　（第一節）

　　早安！安分平靜的日子　　　　（第二節）

　　保庇吾鄉免於恐懼的廟前廣場　　　（第三節）

　　早安！年年季季永不止息的希望　　　（第五節）

表 6-14　吾鄉印象・禽畜篇

吾鄉印象・禽畜篇　佔50%							
編號	詩　名	年　代	引用	編號	詩　名	年　代	引用
1	獸魂碑	1977	V	2	雞	1977	
3	狗	1977		4	豬	1977	
5	牛	1977	V	6	羊	1977	

　　「吾鄉印象・禽畜篇」使用到鄉土語言部分：

〈獸魂碑〉〔註118〕刊登於 1976 年 2 月《臺灣文藝》革新一號

　　不要轉來，不要轉來啊

　　不要轉來，不要轉來啊　　　（第二節）

　　不甘願甚麼呢　　（第三節）

　　回來討命，豬狗禽獸啊　　　（第五節）

〈豬〉〔註119〕刊登於 1976 年 2 月《笠》詩刊七七期

　　掘掘混著自己的尿尿的爛稻草　　　（第二節）

〔註117〕吳晟：《吾鄉印象》，頁 107～110。按：此詩只有在吳晟《吾鄉印象》裡出現。

〔註118〕吳晟：《泥土》，頁 159～160。

〔註119〕吳晟：《吾鄉印象》，頁 71～73。

〈牛〉〔註120〕刊登於 1976 年 2 月《笠》詩刊七七期

　　在吾鄉這幾條坎坷的牛車路

　　怎樣艱苦的來來往往　　　（第二節）

　　自歐美，自不曾需要你們的都城　　　（第四節）

表 6-15　浮木集

浮木集　佔 38%						
編　號	詩　　名	年　代	引　用	編　號	詩　　名	年　代	引　用
1	辭	1972		2	輓歌	1973	
3	意外	1973	V	4	夜盡	1974	V
5	浮木	1974	V	6	諦聽	1976	
7	自由	1976		8	日落後	1976	

「浮木集」使用到鄉土語言部分：

〈意外〉〔註121〕刊登於 1973 年 6 月《幼獅文藝》二三四期

　　以不情不願的哭聲抗議　　　（第一節）

　　而澀澀的果　　　（第三節）

　　一顆澀澀的果，如何　　　（第四節）

〈夜盡〉〔註122〕刊登於 1974 年 7 月《幼獅文藝》二四七期

　　安安靜靜夢著我們的　　　（第一節）

〈浮木〉〔註123〕刊登於 1974 年 7 月《幼獅文藝》二四七期

　　期期艾艾　　　（第三、五節）

表 6-16　愚直書簡

愚直書簡　佔 75%						
編　號	詩　　名	年　代	引　用	編　號	詩　　名	年　代	引　用
1	美國籍	1978	V	2	你也走了	1978	V
3	我竟忘了問起你	1978		4	過客	1978	
5	歸來	1978	V	6	有用的人	1980	

〔註120〕吳晟：《泥土》，頁 167～168。
〔註121〕吳晟：《泥土》，頁 49～50。
〔註122〕吳晟：《泥土》，頁 51～52。
〔註123〕吳晟：《泥土》，頁 53～54。

| 7 | 制止他們 | 1981 | V | 8 | 叮嚀 | 1982 | V |
| 9 | 大度山 | 1983 | V | | | | |

「愚直書簡」使用到鄉土語言部分：

〈美國籍〉〔註124〕刊登於 1978 年 9 月 5 日《聯合報》副刊

　　拼鬥一生的父親，因車禍去世　　（第四節）

　　正如艱苦地養育我們長大的

　　中國這塊番藷土地　　（第七節）

　　又好吃又便宜的番藷　　（第八節）

〈你也走了〉〔註125〕刊登於 1978 年 9 月 8 日《聯合報》副刊

　　或是牽親引戚　　（第三節）

　　為她打拼的這塊番藷土地　　（第五節）

　　認真打拼　　（第七節）

〈歸來〉〔註126〕刊登於 1978 年

　　一起放過牛，一起撿過蕃藷的友人啊　　（第一節）

〈制止他們〉〔註127〕刊登於 1981 年 10 月《現代文學》十五期

　　只因你用艱苦的乳汁　　（第一節）

　　那麼多不肖的子孫和過客　　（第二、八節）

〈叮嚀──給健民〉〔註128〕刊登於 1982 年 12 月《現代文學》十九期

　　接受一帖一帖麻醉劑　　（第四、七節）

　　然而，一批一批急於避難的過客

　　一點一滴，貪婪地滙集

　　捲去國外換成一棟一棟公寓　　（第五節）

　　或是掩掩藏藏、假仙假鬼的言論　　（第六節）

〈大度山──給禎騰〉〔註129〕刊登於 1983 年 3 月 15 日《聯合報》副刊

　　你平靜的回答我：出去　　（第六節）

〔註124〕吳晟：《泥土》，頁 83～87。
〔註125〕吳晟：《泥土》，頁 89～93。
〔註126〕吳晟：《泥土》，頁 101～106。
〔註127〕吳晟：《吾鄉印象》，頁 139～147，未列入吳晟：《泥土》。
〔註128〕吳晟：《吾鄉印象》，頁 148～154。
〔註129〕吳晟：《吾鄉印象》，頁 155～159。

表 6-17　愛荷華家書

愛荷華家書　佔 12.5%							
編號	詩　　名	年　代	引　用	編號	詩　　名	年　代	引　用
1	從未料想過	1981		2	異國的林子裏	1981	
3	遊船上	1981		4	信箋	1981	
5	洗衣的心情	1981		6	早餐桌旁	1981	
7	你一定不相信	1981	V	8	雪景	1981	

〈你一定不相信〉〔註 130〕刊登於 1981 年 10 月 19 日《聯合報》副刊

　　尤其是落雨的夜晚

　　聲聲擊打在我思鄉情緒上的雨聲

　　如此淒淒切切　　（第三節）

　　1980 年吳晟曾以詩人身份應邀，參加美國愛荷華大學國際作家工作坊，為訪問作家，為期四個月。「愛荷華家書」是吳晟在美國寫給妻子的家書，由於人生地不熟，語言有隔閡，加上當時看到在臺灣所看不到的資料，對祖國的憧憬幻滅，對臺灣政府施政的方式痛心，心靈上產生極大的重擊。在自然的情況下，在當時的氛圍下，僅有一處使用「落雨」飛白的詞句，可見作者當時創作心境，幾乎未曾想用鄉土語言來書寫，有關這一點論說，是經過吳晟肯定。〔註 131〕

表 6-18　愛荷華札記

愛荷華札記　佔 0%							
編號	詩　　名	年　代	引　用	編號	詩　　名	年　代	引　用
1	抱歉	1983		2	呼喚	1983	
3	眼淚	1988					

　　「愛荷華札記」是吳晟在美國心灰意冷時，對國家的批判。根據詩人所言，相關的作品有不少，但因心情感受，將其隱藏，未再發表，已成私藏品。在鄉土語言部分，未曾看到使用的情形。

〔註 130〕吳晟：《飄搖裏》（臺北：洪範書店有限公司，1985 年 6 月初版），頁 47〜49。

〔註 131〕2014 年 11 月 18 日電話訪問。

表 6-19　向孩子說

向孩子說　佔 89%							
編號	詩　名	年代	引用	編號	詩　名	年代	引用
1	成長	1977		2	負荷	1977	V
3	不要駭怕	1977	V	4	阿爸確信	1977	V
5	阿媽不是模範母親	1977	V	6	不要看不起	1977	V
7	例如	1977	V	8	奔波	1977	V
9	收驚	1977	V	10	愛戀	1977	V
11	無止無盡	1978	V	12	阿爸願意	1978	V
13	進城	1978	V	14	不要說	1978	V
15	蕃藷地圖	1978	V	16	不要哭	1978	V
17	寒夜	1978	V	18	阿爸偶爾寫的詩	1978	V
19	晚餐	1978	V	20	阿媽不是詩人	1978	V
21	晨讀	1979	V	22	勞動服務	1979	V
23	若是	1979	V	24	草坪	1979	V
25	不要忘記	1980	V	26	惡夢	1981	
27	紛爭	1982	V	28	沒有權利	1983	V
29	說話課	1983		30	然而	1983	
31	詢問	1983	V	32	期許	1983	V
33	愚行	1983	V	34	十一月十二日	1983	
35	設想	1983	V	36	兒童節	1983	V

　　「向孩子說」大量使用鄉土語言寫作，所佔篇章有 89%，是所有系列組詩佔最多的部份：

　　〈負荷〉〔註132〕刊登於 1977 年 11 月 28 日《聯合報》副刊

　　　因為你們仰向阿爸的小臉　　（第一節）

　　　阿爸每日每日的上下班

　　　將阿爸激越的豪情　　（第三節）

　　　就像阿公和阿媽

　　　為阿爸織就了一生

　　　阿爸也沒有任何怨言　　（第四節）

〔註132〕吳晟：《泥土》，頁 197～198。

〈不要駭怕〉〔註133〕刊登於 1977 年 12 月 19 日《聯合報》副刊

　　阿爸和你們媽媽大聲吵嘴　　　（第一節）

　　阿爸對世界有很多不滿

　　阿爸不是勇敢的男人　　　（第二節）

　　阿爸對世界有很多愛

　　阿爸是懦弱的男人　　　（第三節）

　　阿爸和你們媽媽，每一次爭吵　　　（第四節）

　　阿爸和你們媽媽，只是一對　　　（第五節）

〈阿爸確信〉〔註134〕刊登於 1977 年 12 月 9 日《聯合報》副刊

　　阿爸確信，你們是最乾淨的孩子

　　阿爸確信，你們深深的凝視最動人

　　阿爸確信，你們樸素的衣著最漂亮　　　（第五節）

〈阿媽不是模範母親〉〔註135〕刊登於 1977 年 12 月《笠》詩刊八二期

　　阿公不是什麼事業家

　　阿爸也沒有什麼成就

　　因此，日日在田裏辛勞操作的阿媽　　　（第一節）

　　阿公只是安分守己的做田人

　　阿爸的兄弟姊妹

　　只是戇直而無變巧的農家子

　　因此，沒有誰帶給她光采的阿媽　　　（第二節）

　　不是模範母親的阿媽

　　不是模範母親的阿媽　　　（第三節）

　　阿媽一生辛勞的汗水

　　阿媽的每一滴汗水　　　（第四節）

〈不要看不起〉〔註136〕刊登於 1977 年 12 月《笠》詩刊八二期

　　阿公沒有顯赫的身分

　　蔭護阿爸

〔註133〕吳晟：《泥土》，頁 203～204。
〔註134〕吳晟：《泥土》，頁 201～202。
〔註135〕吳晟：《泥土》，頁 209～210。
〔註136〕吳晟：《泥土》，頁 211～212。

　　　阿爸也沒有顯赫的身分蔭護你們　　（第一節）

　　　阿公只是渺小的人物

　　　不能帶給阿爸榮耀

　　　阿爸只是平庸的人物　　　（第二節）

　　　不識字不善辯的阿公

　　　認識幾個字的阿爸　　　（第三節）

　　　孩子呀！不要看不起阿爸

　　　雖然，阿爸沒有顯赫的身分

　　　蔭護你們　　　（第四節）

〈例如〉〔註137〕刊登於 1977 年 12 月《笠》詩刊八二期

　　　孩子呀！阿爸忍不住要告訴你　　　（第四節）

〈奔波〉〔註138〕刊登於 1977 年 12 月《詩人季刊》九期

　　　一再強迫阿爸承認自己

　　　一再強迫阿爸承認自己

　　　多麼粗俗而可鄙　　　（第一節）

　　　更令阿爸不得不承認　　　（第二節）

　　　阿爸愚鈍的口才，再怎麼說

　　　欣羨那些機巧的文明、光采的場面

　　　阿爸只有不休不止的奔波　　　（第三節）

　　　阿爸會更無休止的奔波

　　　雖然，阿爸笨拙的腳步　　　（第四節）

〈收驚〉〔註139〕刊登於 1977 年 12 月《詩人季刊》九期

　　　緊緊的緊緊的環絞著阿爸

　　　緊緊的緊緊的牽扯著阿爸

　　　阿爸從來不為自己求神拜佛

　　　而阿爸的焦灼

　　　保佑你們不再受驚　　　（第二節）

〔註137〕吳晟：《泥土》，頁 213～214。

〔註138〕吳晟：《泥土》，頁 215～216。

〔註139〕吳晟：《泥土》，頁 217～218。

〈愛戀〉〔註140〕刊登於 1977 年 12 月《明道文藝》二一期

　　喜歡自自然然奔放的清風　　　（第三節）

〈無止無盡〉〔註141〕刊登於 1978 年 1 月 27 日《聯合報》副刊

　　一隻小手用力扯住阿爸的褲管　　　（第一節）

　　另一隻小手用力拉住阿爸的腳踏車

　　大聲哭鬧，不讓阿爸出門　　　（第一節）

　　阿爸必須去上班　　　（第二節）

　　普照著一生一世的牽腸掛肚

　　阿爸每一個心思

　　無不是牽連在你們身上　　　（第三節）

　　阿爸每一個心思

　　無不是牽連著日日夜夜　　　（第四節）

〈阿爸願意〉〔註142〕刊登於 1978 年 3 月《明道文藝》二四期

　　任何對阿爸的喝采之聲

　　更令阿爸掛心　　　（第一節）

　　孩子呀！阿爸也曾豪邁不馴

　　阿爸也曾灑脫自如　　　（第二節）

　　阿爸不願意向任何人

　　孩子呀！阿爸願意向任何人　　　（第四節）

〈進城〉〔註143〕刊登於 1978 年 4 月《雄獅》月刊八六期

　　阿爸，你不是常說　　　（第一節）

　　阿爸，車上不是貼滿了　　　（第二節）

　　阿爸平日說的話　　　（第五節）

〈不要說〉〔註144〕刊登於 1978 年 5 月《雄獅》月刊八七期

　　阿公曾向阿爸一再叮嚀　　　（第一、二、三節）

　　孩子呀！阿爸卻多麼希望

〔註140〕吳晟：《泥土》，頁 219～220。
〔註141〕吳晟：《泥土》，頁 207～208。
〔註142〕吳晟：《泥土》，頁 221～222。
〔註143〕吳晟：《泥土》，頁 223～224。
〔註144〕吳晟：《泥土》，頁 225～226。

　　不要像阿爸畏畏縮縮　　（第四節）

　　阿爸又多麼擔憂，你們的勇氣　　（第五節）

〈甘藷地圖〉[註145]刊登於 1978 年 5 月《雄獅》月刊八七期

　　阿爸從阿公粗糙的手中

　　就如阿公從阿祖

　　鋤呀鋤！千鋤萬鋤

　　鋤上這一張甘藷地圖　　（第一節）

　　阿爸從阿公石造的肩膀

　　就如阿公從阿祖

　　挑起這一張甘藷地圖　　（第二節）

　　阿爸從阿公木訥的口中

　　就如阿公從阿祖

　　記錄了這一張甘藷地圖　　（第三節）

　　阿爸從阿公笨重的腳印

　　就如阿公從阿祖

　　一步一步踏過來的艱苦　　（第四節）

〈不要哭〉[註146]刊登於 1978 年 5 月《藍星》詩刊新九號

　　或是阿爸陰鬱的臉色　　（第一節）

　　阿爸一躺近你身邊

　　孩子呀！你是不忍聽到阿爸　　（第二節）

　　更不會是抱怨阿爸

　　終日為粗鄙的生存奔波　　（第三節）

　　為了你，阿爸決心相機巧的文明　　（第四節）

〈寒夜〉[註147]刊登於 1978 年 5 月《藍星》詩刊新九號

　　你卻將阿爸書桌上的鋼筆和詩稿　　（第一節）

　　背著你，搖啊搖

[註145] 吳晟：《泥土》，頁 227〜228。但在吳晟：《向孩子說》（臺北：洪範書店有限
　　　　公司，2012 年 6 月初版五印），頁 53〜55 中已將詩中所有的「甘藷」改為
　　　　「蕃藷」。

[註146] 吳晟：《泥土》，頁 229〜230。

[註147] 吳晟：《泥土》，頁 231〜232。

輕輕的搖

　你卻在阿爸背上，呀呀抗議

　使勁扯著阿爸的頭髮　　（第二節）

　孤燈下，阿爸孤單的苦思和低吟

　你也知道阿爸平淡的詩句　　（第四節）

　千萬不要像阿爸　　（第五節）

〈阿爸偶爾寫的詩〉〔註148〕刊登於 1978 年 9 月《明道文藝》三十期

　阿爸偶爾寫的詩　　（第一、二、三節）

〈晚餐〉〔註149〕刊登於 1978 年 5 月《藍星》詩刊新九號

　阿媽流了一天的汗

　阿爸流了一天的汗　　（第一節）

　當鳥仔追隨著晚霞

　紛紛回到庭院四周的竹枝上

　吱吱喳喳報告了一天的見聞　　（第二節）

　孩子呀！這些香甜的蕃藷飯

　這些菜脯和醃瓜仔

　每一樣，都飽含著阿媽　　（第三節）

　阿媽和媽媽的笑容，多燦爛　　（第四節）

〈阿媽不是詩人〉〔註150〕刊登於 1978 年 1 月 13 日《聯合報》副刊

　不識字的阿媽　　（第一節）

　粗手大腳的阿媽　　（第二節）

　忙碌操勞的阿媽

　艱苦的一生中　　（第三節）

　阿媽寫在泥土上的每一步足跡

　──不是詩人的阿媽

　才是真正的詩人　　（第四節）

〈勞動服務〉〔註151〕刊登於 1979 年 4 月《雄獅》月刊九八期

〔註148〕吳晟：《泥土》，頁 195～196。
〔註149〕吳晟：《泥土》，頁 233～235。
〔註150〕吳晟：《泥土》，頁 205～206。
〔註151〕吳晟：《泥土》，頁 237～241。

　　一畚箕一畚箕倒進手推車

　　一車一車合力推到垃圾場　　　（第四節）

〈若是〉〔註152〕刊登於 1979 年 5 月 15 日《民眾日報》副刊

　　孩子呀！不要淚眼汪汪的望著阿爸　　　（第一節）

　　更不要怨嘆別人

　　你要認真檢討自己　　　（第二節）

　　會使你認不清自己該走的道路　　　（第四節）

〈晨讀〉〔註153〕刊登於 1979 年 3 月《現代文學》復刊號第 7 期

　　每一支江河，逐漸澎湃　　　（第一節）

　　是中國歷代仁人，清清爽爽的事跡

　　而不是含含混混拖拖沓沓的英語　　　（第四節）

〈詢問〉〔註154〕刊登於 1983 年 7 月 9 日《聯合報》副刊

　　在各個陰暗的墮落流連的少年呀

　　和生命韌性賭氣的少年呀　　　（第一節）

　　正該小松樹般欣欣然成長的少年呀　　　（第三、八、九節）

　　你們曾在我的看顧下成長　　　（第四節）

〈期許〉〔註155〕刊登於 1983 年 7 月 15 日《聯合報》副刊

　　為了奔赴這一場拚鬥　　　（第三、四節）

　　惶惶然梭巡　　　（第三節）

〈草坪〉〔註156〕刊登於 1979 年 12 月《臺灣文藝》革新號十二期

　　你們也穿越了重重欺罔的迷霧　　　（第一節）

　　散發清爽的氣息　　　（第三節）

　　散佈重重欺罔的迷霧　　　（第六節）

〈不要忘記〉〔註157〕刊登於 1980 年 3 月《現代文學》復刊第十期

　　你便氣呼呼的揮動拳頭　　　（第二節）

〔註152〕吳晟：《泥土》，頁 243～244。
〔註153〕吳晟：《泥土》，頁 245～248。
〔註154〕吳晟：《向孩子說》，頁 81～87。
〔註155〕吳晟：《向孩子說》，頁 89～95。
〔註156〕吳晟：《向孩子說》，頁 101～106。
〔註157〕吳晟：《向孩子說》，頁 107～110。

　　你們是至親兄弟　　（第三、六節）

　　然而，你們是至親兄弟　　（第四節）

　　阿爸的心多麼絞痛　　（第五節）

　　不愛護自己的親族　　（第六節）

〈惡夢〉〔註158〕刊登於 1981 年 12 月《現代文學》十六期

　　一再擾亂阿爸的睡眠

　　你是在抗議阿爸的無理吧

　　孩子呀，阿爸大聲斥責你　　（第一節）

　　是阿爸有記賬的惡習　　（第二節）

　　阿爸也不例外　　（第三節）

　　終會像阿爸

　　只敢暗中和自己生氣

　　孩子呀，阿爸寧願你　　（第四節）

〈紛爭〉〔註159〕刊登於 1982 年 5 月《臺灣文藝》革新號二十三期

　　你是否聽見阿爸　　（第三節）

　　何況，那是你的至親兄弟

　　阿爸從來不相信

　　世間哪有那麼多那麼深的仇怨　　（第四節）

　　寧願讓仇恨蛀蝕親族的和氣

　　寧願讓私慾敗壞家族的生機

　　阿爸痛徹肺腑的嘆息　　（第五節）

〈沒有權利〉〔註160〕刊登於 1983 年 1 月《臺灣文藝》八十期

　　不管是哀嘆的歌　　（第五節）

〈兒童節〉〔註161〕1983 年作品

　　阿爸無意干擾你們

　　和阿爸一起　　（第二節）

　　阿爸常會想起　　（第四節）

〔註158〕吳晟：《向孩子說》，頁 111～114。
〔註159〕吳晟：《向孩子說》，頁 115～118。
〔註160〕吳晟：《向孩子說》，頁 119～122。
〔註161〕吳晟：《向孩子說》，頁 123～126。

〈愚行〉〔註162〕刊登於 1983 年 7 月《文季》第一卷第三期

　　阿爸也常發現你們　　　（第二節）

　　細心補綴　　（第四節）

〈設想〉〔註163〕刊登於 1983 年 9 月《文季》第一卷第四期

　　你曾氣沖沖跑到阿爸面前　　　（第一節）

　　你曾站在阿爸身旁

　　任意誣蔑阿爸、脅迫阿爸的人　　　（第二節）

　　氣嘟嘟地清掃　　　（第三節）

表 6-20　再見吾鄉（1994 年～1999 年）

再見吾鄉（1994 年～1999 年）　佔 79.3％							
編號	詩　名	年代	引用	編號	詩　名	年代	引用
1	你不必再操煩	1994	V	2	回聲	1996	V
3	經常有人向我宣揚	1996		4	水啊水啊	1996	V
5	高利貸	1996	V	6	幫浦	1996	V
7	土地公	1996	V	8	賣田	1996	V
9	不妊症	1996	V	10	黑色土壤	1996	V
11	寫詩的最大悲哀	1997	V	12	我仍繼續寫詩	1997	V
13	我時常看見你	1997	V	14	一概否認	1997	
15	老農津貼	1997	V	16	誰願意傾聽	1997	
17	出遊不該有感嘆	1997	V	18	油菜花田	1997	V
19	我清楚聽見	1998		20	機槍聲	1998	
21	揮別悲情	1999	V	22	小小的島嶼	1999	V
23	我們也有自己的鄉愁	1999		24	角度	1999	V
25	憂傷之旅	1999		26	馬鞍藤	1999	V
27	沿海一公里	1999	V	28	去看白翎鷥	1999	V
29	消失	1999	V				

「再見吾鄉（1994～1999）」〔註164〕使用到鄉土語言部分：

〔註162〕吳晟：《向孩子說》，頁 135～137。

〔註163〕吳晟：《向孩子說》，頁 139～142。

〔註164〕按：「再見吾鄉（1994～1999）」為《吳晟詩選》中的系列組詩。

〈你不必再操煩〉〔註165〕刊登於 1994 年 1 月 7 日《自立晚報》

　閒閒過日；不必再操煩稻作

　有無缺水、有無欠肥、有無疾病蟲害

　不必再趕時趕陣犁田、插秧、除草……　　（第一節）

　你不必再操煩

　或是穀價如何起起落落　　（第二節）

　一季接一季，從不缺席　　（第四節）

　母親，你實在難以理解

　你一粒一粒都這樣惜實的米糧　　（第五節）

　猶如承受過肥料換穀、田賦繳穀

　半夜捉人催繳水租種種驚嚇壓榨

　和你的田地閒閒過日吧　　（第七節）

　你不必再操煩稻作，也無從擔憂　　（第八節）

〈回聲──致賴和〉〔註166〕刊登於 1996 年 11 月 9 日《台灣日報》

　初次向滿堂年輕的學子　　（第一節）

　滿堂修習文學的年輕學子　　（第三節）

　家鄉先輩的你　　（第四節）

〈水啊水啊〉〔註167〕刊登於 1996 年 12 月 8 日《台灣日報》

　水啊水啊給我們水啊　　（第一、二、三、六節）

　向圳溝呼喊　　（第一節）

　吾鄉的大小圳溝　　（第二節）

　我依四時降雨　　（第四節）

〈高利貸〉〔註168〕刊登於 1996 年 12 月 8 日《台灣日報》

　興味淋漓的童年　　（第一節）

　肥膩膩的虛胖繁華　　（第三節）

〈幫浦〉〔註169〕刊登於 1996 年 12 月 8 日《台灣日報》

〔註165〕吳晟：《吳晟詩選》，頁 191～194。
〔註166〕吳晟：《吳晟詩選》，頁 195～199。
〔註167〕吳晟：《吳晟詩選》，頁 204～206。
〔註168〕吳晟：《吳晟詩選》，頁 207～209。
〔註169〕吳晟：《吳晟詩選》，頁 210～212。

　　嘰嘎嘰嘎苦苦乾嚎　　（第二、六節）

　　水啊水啊給我們水啊　　（第六節）

〈土地公〉〔註170〕刊登於 1996 年 12 月 25 日《自由時報》

　　田頭小小土地廟，也深深掩埋　　（第一節）

　　驚慌逃離的土地公　　（第二節）

　　那不是世代先民

　　長年累月在這片溪埔地　　（第三節）

　　無田守護的土地公

　　再無香火繚繞　　（第五節）

〈賣田〉〔註171〕刊登於 1996 年 12 月 25 日《自由時報》

　　這幾分田產　　（第一節）

　　你恍恍惚惚坐在田頭

　　聽圳溝水流嗚嗚咽咽　　（第四節）

　　只需幾番地目變更的把戲

　　這一小筆田地　　（第六節）

〈不妊症〉〔註172〕刊登於 1996 年 12 月 25 日《自由時報》

　　變更為有殼無實的繁華　　（第五節）

〈黑色土壤〉〔註173〕刊登於 1996 年 12 月 25 日《自由時報》

　　撿稻穗、拾蕃藷、採野菜

　　割田草、挑秧苗、巡田水

　　駛犁、插秧、施肥　　（第一節）

　　在濁水溪畔廣大的溪埔地

　　每一步踩踏田土的足跡

　　每一個貼近田土的身影

　　每一滴低落田土的汗水　　（第二節）

　　一季一季平靜耕作　　（第三節）

　　土生土長的家鄉子弟　　（第四節）

〔註170〕吳晟：《吳晟詩選》，頁 213～215。
〔註171〕吳晟：《吳晟詩選》，頁 216～219。
〔註172〕吳晟：《吳晟詩選》，頁 220～221。
〔註173〕吳晟：《吳晟詩選》，頁 222～224。

　　　　從牛犁牛耙到耕耘機

　　　　從秧盆秧桿到插秧機　　　（第五節）

　　　　牢牢連結廣大溪埔地　　　（第六節）

〈寫詩的最大悲哀〉〔註174〕刊登於 1997 年 4 月 10 日《自由時報》

　　　　不時洶湧衝撞的詩情　　　（第三節）

〈我仍繼續寫詩〉〔註175〕刊登於 1997 年 4 月 11 日《自由時報》

　　　　也許只是不甘願　　　（第一節）

〈我時常看見你——再致賴和〉〔註176〕刊登於 1997 年 4 月 12 日《自由
時報》

　　　　熬成一篇一篇新文學的先聲　　　（第一節）

　　　　我時常看見你穿著讀書人便服　　　（第三節）

　　　　我時常看見你穿著黑色台灣杉褲　　　（第五節）

　　　　是因你一向關切的民眾市聲　　　（第七節）

〈老農津貼〉〔註177〕刊登於 1997 年 8 月 27 日《台灣日報》

　　　　店仔頭小麵攤　　　（第一節）

　　　　等不及聽到廟堂強烈爭論　　　（第三節）

　　　　堆滿一牛車一牛車金黃稻穀

　　　　載去鄉農會　　　（第四節）

　　　　店仔頭小麵攤　　　（第七節）

〈誰願意傾聽〉〔註178〕刊登於 1997 年 8 月 27 日《台灣日報》

　　　　一畦一畦平坦如鏡的水田　　　（第一節）

　　　　工業毒水肆虐的水田　　　（第二節）

　　　　你聽見米糧即將棄絕的警訊　　　（第四節）

〈出遊不該有感嘆〉〔註179〕刊登於 1997 年 8 月 27 日《台灣日報》

　　　　兒子輕鬆的說：無啥要緊　　　（第一節）

〔註174〕吳晟：《吳晟詩選》，頁 225～227。
〔註175〕吳晟：《吳晟詩選》，頁 228～230。
〔註176〕吳晟：《吳晟詩選》，頁 231～234。
〔註177〕吳晟：《吳晟詩選》，頁 238～240。
〔註178〕吳晟：《吳晟詩選》，頁 241～243。
〔註179〕吳晟：《吳晟詩選》，頁 244～247。

　　兒子安慰我說：無啥要緊　　　（第三節）

〈油菜花田〉〔註180〕刊登於 1997 年 8 月 27 日《台灣日報》

　　盛放的油菜花田　　　（第一節）

　　一隻一隻蛾蝶，翩翩穿梭　　　（第二節）

　　閒散開放的油菜花　　　（第六節）

〈揮別悲情〉〔註181〕刊登於 1999 年 2 月 2 日《台灣日報》

　　鞭炮、焰火、鑼鼓陣開道

　　沿途鄉親熱烈簇擁

　　島國老大政黨提名的候選人

　　我們家鄉的角頭大哥

　　站上高高的舞台，揮手致意

　　大聲強調肯拚、敢衝、服務最多　　　（第一節）

　　隨後擺開宴席，每桌敬酒遞名片

　　不是那番愛鄉愛土的誓言　　　（第二節）

　　也到場教示鄉親

　　並搖舉角頭大哥的手臂

　　拍胸脯保證：他是我兄弟　　　（第三節）

　　支持家鄉的角頭大哥　　　（第五節）

〈小小的島嶼〉〔註182〕刊登於 1999 年 4 月 30 日《自由時報》

　　有千百種理由揮別你

　　講起來拉拉長　　　（第六節）

〈角度〉〔註183〕刊登於 1999 年 5 月 2 日《自由時報》

　　遨遊的眼界特別開闊嗎　　　（第一節）

　　每片田園四時變換的風姿　　　（第四節）

〈馬鞍藤——憂傷西海岸之二〉〔註184〕刊登於 1999 年 5 月 28 日《台灣日報》

〔註180〕吳晟：《吳晟詩選》，頁 248～250。
〔註181〕吳晟：《吳晟詩選》，頁 257～260。
〔註182〕吳晟：《吳晟詩選》，頁 261～264。
〔註183〕吳晟：《吳晟詩選》，頁 268～270。
〔註184〕吳晟：《吳晟詩選》，頁 275～277。

騰壺、花跳、燒酒螺、招潮蟹……　　（第二節）

〈沿海一公里——憂傷西海岸之三〉〔註185〕刊登於 1999 年 5 月 29 日
《台灣日報》

灰撲撲的風砂趁勢席捲　　（第三節）

〈去看白翎鷥——憂傷西海岸之四〉〔註186〕刊登於 1999 年 6 月 7 日《自
由時報》

藏在田園後方的小山崙　　（第一節）

輕輕滑落小山崙的樹梢　　（第二節）

白翎鷥、擔畚箕、擔到叨位去

擔到童年的牛背　　（第四節）

〈消失——憂傷西海岸之五〉〔註187〕刊登於 1999 年 6 月 17 日《自由時
報》

街路兩旁成籃成簍的蚵仔殼、蛤仔殼　　（第一節）

遠來品嘗的蚵仔炸、蛤仔湯……　　（第四節）

討海子民的身影還能在海岸繼續綿延嗎

默默庇佑的媽祖娘娘　　（第五節）

　　對於吳晟的詩集裡使用台灣話或俚語的修辭「飛白」共用 246 種語詞書
寫，如表 6-21：

表6-21　吳晟詩的鄉土語言運用總表

1	去路已失	2	眠去	3	每一陣來	4	每一陣去
5	粗俗	6	戀直	7	身軀擺上床	8	頭擺上枕
9	傳來傳去	10	瘦稜稜	11	擎一支一支	12	擎一叢一叢
13	家小	14	雙雙	15	阿伯	16	看顧
17	南洋	18	長工阿伯	19	艱苦	20	蕭蕭索索
21	街仔	22	阿公	23	吃頭路	24	甘願
25	不甘願	26	古早古早的古早以前	27	開講	28	鹹鹹

〔註185〕吳晟：《吳晟詩選》，頁 278～280。
〔註186〕吳晟：《吳晟詩選》，頁 281～284。
〔註187〕吳晟：《吳晟詩選》，頁 285～287。

29	少年家	30	店仔頭咿咿唔唔	31	囝仔郎	32	世世代代的祖公
33	店仔頭	34	米酒（燒酒）	35	少年	36	講東講西
37	牛車路	38	鵝仔	39	狗仔	40	燒酒
41	開講開講吧	42	伊娘這款天氣	43	伊娘這款日子	44	時時
45	伊娘	46	往往	47	伊娘這款人生	48	初一十五
49	天公	50	趕緊	51	活命	52	歉收
53	免講啦	54	種籽	55	名姓	56	金閃閃
57	翻掘	58	墓仔埔	59	水溝仔	60	洗澡間
61	香蕉園	62	便所	63	竹蔭下	64	眠床
65	閒坐	66	稻田，是最好看的風景	67	水聲和鳥聲，是最好聽的歌	68	一鏟一鋤掘翻
69	艱苦	70	認命	71	清爽	72	鳥仔
73	囝仔郎	74	憨直的好兄弟	75	親親密密的好兄弟	76	少年郎
77	一心一意犁呀犁	78	翻掘	79	田水	80	透早到透暝
81	抹去	82	一桶一桶	83	一畚箕一畚箕	84	和著大粒汗小粒汗
85	和著安分守己由天安排的一生	86	望呀！望呀！望呀	87	年年季季	88	壞收成望下季
89	笑眯眯	90	保庇	91	安分平靜	92	不要轉來，不要轉來啊
93	不甘願	94	討命，豬狗禽獸	95	掘掘	96	牛車路
97	艱苦	98	都城	99	來來往往	100	不情不願
101	澀澀的果	102	期期艾艾	103	安安靜靜	104	番藷
105	牽親引戚	106	打拼	107	認真打拼	108	蕃藷
109	不肖	110	一點一滴	111	一批一批	112	一帖一帖
113	一棟一棟	114	假仙假鬼	115	出去	116	落雨
117	阿爸	118	阿公	119	阿媽	120	戇直而無變巧
121	安分守己的做田人	122	蔭護阿爸	123	蔭護	124	粗俗
125	機巧	126	受驚	127	自自然然	128	牽連

129	牽腸掛肚	130	甘藷	131	阿祖	132	鋤呀鋤！千鋤萬鋤
133	粗鄙	134	呀呀	135	輕輕的搖	136	搖啊搖
137	鳥仔	138	吱吱喳喳	139	菜脯和醃瓜仔	140	竹枝
141	一畚箕一畚箕	142	認不清自己	143	怨嘆別人	144	認真檢討自己
145	一車一車	146	每一支江河	147	清清爽爽	148	含含混混拖拖沓沓
149	看顧	150	賭氣的少年呀	151	正該	152	少年呀
153	拚鬥	154	惶惶然梭巡	155	親族	156	清爽
157	欺罔	158	氣呼呼	159	至親兄弟	160	暗中
161	世間	162	家族	163	哀嘆	164	補綴
165	氣嘟嘟	166	操煩	167	欠肥	168	趕時趕陣犁田
169	起起落落	170	一季接一季	171	一粒一粒	172	惜寶
173	米糧	174	肥料換穀	175	田賦繳穀	176	水租種種驚嚇壓榨
177	閒閒過日	178	滿堂	179	先輩	180	水啊水啊
181	四時	182	圳溝	183	水啊水啊給我們水啊	184	興味
185	肥膩膩	186	嘰嘎嘰嘎	187	土地公	188	田頭
189	土地廟	190	無香火	191	溪埔地	192	無田守護的土地公
193	世代先民	194	田產	195	圳溝	196	幾番地目變更的把戲
197	田地	198	有殼無實	199	拾蕃藷	200	割田草
201	田土	202	駛犁	203	巡田水	204	一季一季平靜
205	家鄉子弟	206	牛犁牛耙	207	不時	208	秧盆秧桿
209	不甘願	210	先聲	211	便服	212	鄉農會
213	民眾市聲	214	店仔頭	215	廟堂	216	一牛車一牛車
217	台灣杉褲	218	水田	219	米糧	220	無啥要緊
221	蛾蝶	222	油菜花田	223	閒散開放的油菜花	224	鑼鼓陣
225	角頭	226	講起來拉拉長	227	肯拚	228	敢衝
229	那番	230	教示鄉親	231	四時	232	眼界
233	兄弟	234	騰壺	235	花跳	236	燒酒螺

237	灰撲撲	238	小山崙	239	白翎鷥、擔畚箕、擔到叨位去	240	趁勢
241	街路	242	蚵仔殼	243	媽祖娘娘	244	討海子民
245	蚵仔炸	246	蛤仔湯					

　　吳晟的作品中用到鄉土語言的部分，就像常在他的談笑風生裡自然的流露，大多數一眼就可以看出，有些必須經過反覆讀過，或前後句子連貫讀後，去意會才能感覺出來，屬於不經意就寫出居多，並且詩中重複的詞彙不常見，讀後倍感親切，貼近鄉人，為鄉人發音，這也是吳晟詩的特色之一。

第七章　吳晟詩歌的價值與影響

　　吳晟以質樸懇切的文筆寫作，因為作品用字淺白，情感真摯，寓意深遠，常給人無限的遐想空間，令人喜愛，因此常被引用，甚至也常被選為國家考試的題材。

第一節　深刻反映出臺灣農村受到現代工商業衝激後的困頓和變貌

　　繁華的另一面是迷惘，白晝的背面是黑夜。從吳晟的詩文所讀到是一頁又一頁臺灣農村的滄桑史。當吳晟返鄉教書，正值臺灣將從農業社會轉型到工業時代的開始，政府正積極發展進口替代工業政策，以農業扶植工業。於是鄉村子弟外流到加工出口區工作，農業頓失往日的光彩，開始走向衰退，逐漸沒落，吳晟的《吾鄉印象》詳實記載這段農村的變遷。

一、認命的莊稼人

從詩中

〈土（序詩）〉〔註1〕

一行一行笨拙的足印

沿著寬厚的田畝，也沿著祖先

滴不盡的汗漬

寫上誠誠懇懇的土地

───────────────

〔註1〕吳晟：《吾鄉印象》（臺北：洪範書店有限公司，2012年6月初版四印），頁1～3。

不爭、不吵，沉默的等待　　（第二節）

〈泥土〉〔註2〕

不在意遠方城市的文明

怎樣嘲笑，母親

在我家這片田地上

用一生的汗水，灌溉她的夢　　（第四節）

〈序說〉〔註3〕

古早古早的古早以前

世世代代的祖先，就在這片

長不出榮華富貴

長不出奇蹟的土地上

揮灑鹹鹹的汗水

繁衍認命的子孫　　（第三節）

〈晨景〉〔註4〕

吾鄉的老人，在屋簷下

細數瑣碎而黯淡的回憶

打發無關新鮮不新鮮的空氣

目送吾鄉的男人

牽著牛，踏上永無休止的另一種征途

——昔日他們踏過的征途

哪！吾鄉的晨景

傳說是一幅美麗的圖畫　　（第三節）

可以瞭解雖然農村的生活辛苦，大家也願意勤奮耕作，最多也是認命的打拼，在厚實與辛勤中編織農村美麗的圖畫。

二、文明中農村的變遷

文明帶給農村極大的變化，雖然帶來繁華，和農耕自動機械化的便利，但也產生不少負面影響。

〔註2〕吳晟：《吾鄉印象》，頁3～5。

〔註3〕吳晟：《吾鄉印象》，頁23～24。

〔註4〕吳晟：《吾鄉印象》，頁25～27。

〈入夜之後〉〔註5〕

入夜之後，遠方城市的萬千燈火

便一一亮起

亮起萬千媚惑的姿態

寥落著吾鄉的少年家　　（第一節）

〈路〉〔註6〕

自從城市的路，沿著電線杆

——城市派出來的刺探

一條一條伸進吾鄉

漫無顧忌的袒露豪華

吾鄉的路，逐漸有了光采　　（第一節）

而路還是路

泥濘與否，荒涼與否

一步跨出，陷下多少坎坷

路還是路，還是

一一引向吾鄉的公墓　　（第四節）

在政府藉著「肥料換穀」、「土地徵賦」……種種失敗的政策，導致農村陷入更困頓的經濟環境。於是

〈稻草〉〔註7〕

終於是一束稻草的

吾鄉的老人

誰還記得

也曾綠過葉、開過花、結過果　　（第三節）

一束稻草的過程和終局

是吾鄉人人的臉譜　　（第四節）

連農作物也在搖頭

〈苦笑〉〔註8〕

〔註5〕吳晟：《吾鄉印象》，頁28～29。
〔註6〕吳晟：《吾鄉印象》，頁48～49。
〔註7〕吳晟：《吾鄉印象》，頁42～43。
〔註8〕吳晟：《吾鄉印象》，頁59～60。

一粒一粒汗珠結成的稻穗

搖著頭，默默的苦笑　　　（第二節）

在現代工商業衝激之下

〈木麻黃〉〔註9〕

城市的工廠、工廠的煙囪、煙囪的煤灰

隨著一陣一陣吹來的風

瀰漫吾鄉人們的臉上　　　（節錄第二節）

造成做為防風林的木麻黃越來越稀少，土地過份開發導致水土保持不佳。

　　文明的另一面卻是道德的喪失，在〈制止他們〉〔註10〕中吳晟疾呼制止他們，不要再破壞臺灣原本美麗的土地：

含有大量毒素的偽藥和食品

卻到處充斥　　　（節錄第四節）

山林，是你的骨骼

卻有人不斷揮舞巨斧、濫加砍伐　　　（節錄第五節）

含有大量毒素的污水和廢氣

毫無顧忌的排放、不受管制

窒礙了你的呼吸

肆意污染每一條河川

肆意毀損每一片大地　　　（節錄第五節）

　　在「再見吾鄉」吳晟對國際傾銷制度下的弱勢臺灣農業政策，及搖擺不定的對應方式，提出更嚴厲更激烈的批判。對此轉變，余欣娟認為：

對家鄉的敘述，工商文明入侵農村，是以「哀嘆」、「痛惜」的心情，

喟嘆那日漸消失的鄉親以及農村一貫的宿命，在「再見吾鄉」系列，

已是攸關農村，鄉土「滅亡」的「悲憤」之情。〔註11〕

於是在 1994 年以沉重的心情寫下

〈你不必再操煩〉〔註12〕

〔註 9〕吳晟：《吾鄉印象》，頁 89～91。

〔註 10〕吳晟：《吾鄉印象》，頁 139～147。

〔註 11〕余欣娟：〈論吳晟詩作中家鄉意象的流轉及其網絡〉，《台灣詩學學刊》七，2006年 5 月，頁 106。

〔註 12〕吳晟：《吳晟詩選》（臺北：洪範書店有限公司，2008 年 9 月初版四印），頁191～194。

母親，你終於可以和你的田地

閒閒過日；不必再操煩稻作

有無缺水、有無欠肥、有無疾病蟲害

不必再趕時趕陣犁田、插秧、除草……　　　（第一節）

你實在無從想像

田地的價值，並非為了耕作

而是用來炒作

辛勤一世人的老農，竟然是

台灣經濟發展的拖累　　　（第六節）

你不必再操煩稻作，也無從擔憂

總有一天，進口糧食斷絕

而台灣島嶼已找不到農民

甚至，找不到可供耕作的田地　　　（第八節）

這是對農村文化面對的危機，和道德倫理的渙散的預警與忠告。

第二節　吳晟詩歌的流佈與價值

一、流佈

吳晟的作品〈負荷〉在 1980 年被選入「國立編譯館」編定的國民中學國文教科書；九月應美國愛荷華大學「國際工作坊」邀請，為訪問作家，可見作品早已流傳至美國並獲得矚目。1983 年《讀者文摘》將吳晟的散文集《農婦》全書濃縮，以十八頁篇幅刊載，並以十六國文字發行於世界。1986 年《吳晟詩選》經中國友誼出版公司出版。1993 年《吾鄉印象》經中國北京人民文學出版社出版。1996 年，英文詩集《My Village》（吾鄉）經 John Balcom 翻譯，在美國 Monterey 出版。2015 年，詩：《人生報告》韓譯版，由金尚浩教授選自吳晟詩歌其中 100 首，經一年時間翻譯，在韓國出版。多篇文章與詩歌被選入國中、高中、專科和大學國文課本內，也常被選入高中與大學聯考國文試題。

其鄉土詩深得畫家席德進感動，因其題材而繪畫，以吳晟的詩題字在 1972 年的水墨畫，共有兩幅。吳晟的詩在 1992 年二二八紀念會大遊行時，成為主辦單位印製的宣傳品。吳晟的詩被抄寫當追求女友的情詩，被使用為抗議環保的文宣。詩被鑄在銅板上製成獎牌，被製作成書籤，被刻劃在松江詩園的

石板上。被譜成歌曲,成了戲劇中的臺詞,被「台灣省特有生物保育中心」引用為宣導的文宣,嘉義地方法院的精神詩篇,可見吳晟的作品流傳廣遠,深獲讀者共鳴。

二、價值

吳晟詩的鄉土特色,獲得多數作家讚美和評論:

第二屆中國現代新詩獎評審對吳晟詩歌的評語:「詩風樸實、自然有力、以鄉土性的語言,表現時代變化中的愁緒,真摯感人。」〔註13〕

葉石濤也讚美吳晟的農民文學,他說:「最敏感的詩人中,也屢次出現詠歎窮苦農家的詩篇出現,最具代表性的,當推吳晟吧!」〔註14〕

林瑞明稱讚:

> 「鄉土文學」在許多時候並不容易界定,但連接在吳晟身上,卻無比貼切,他的生活、作品,甚至抽象的價值觀、處世觀都植基於鄉土,寬廣包容,質樸自然。〔註15〕

林明德在其〈台灣文學中的歷史經驗──以吳晟的作品為例〉一文中說:

> 吳晟詩文所呈示的,是活生生的歷史經驗,而且,在往事的記錄中,有一份參與與批判。〔註16〕

古繼堂認為吳晟作品的最大特色之一,是

> 充滿普通勞動者的哲理」,而「這些哲理的確是從農民的生活中概括出來的,因而我把它稱之為「普通勞動者的哲理」。〔註17〕

古繼堂也曾說吳晟這些作品充滿了生活上的情趣,也飽含濃郁的哲理,它「不需要加注,婦孺皆懂。」〔註18〕

康原對吳晟的作品認為

〔註13〕第二屆中國現代新詩獎評審對吳晟詩歌的評語,此獎為吳望堯捐贈而設立,當年吳晟和管管一起獲獎。

〔註14〕葉石濤:《走向台灣文學》,(臺北:自立晚報社文化出版部,1990 年 3 月,第 1 版),頁 80～81。

〔註15〕林瑞明:《國民文選‧現代詩卷Ⅱ》(臺北:玉山社出版事業股份有限公司,2005 年 2 月出版一刷),頁 225。

〔註16〕東海大學中國文學系編:《台灣文學中的歷史經驗》(臺北:文津出版社,1997年 6 月初版),頁 182。

〔註17〕古繼堂:《台灣新詩發展史》(臺北市:文史哲出版社,1989 年 7 月,初版),頁 424、425。

〔註18〕古繼堂:《台灣新詩發展史》,頁 425。

　　值得讚賞的是真摯，以及他對鄉土特有的感情，敏銳的觀察力，使
　　作品描述得很深入，對鄉土語言的運用相當成功，令人感到親切，
　　值得我們欣賞。另外他那種悲天憫人的胸襟，是中國的農民精神，
　　值得大家學習。〔註19〕

顏炳華也曾說：

　　我常不解吳晟的詩既少意象之雕琢，又缺美的文字之堆砌，為何能
　　如此令我感動，後來我悟解了，詩的境界不在高，而在於它呈現的
　　內涵是否有渾然真摯的情感。……吳晟以他生活的鄉村環境為原
　　點，用真正的白話語言反映這個時代環境變遷的苦惱，誠誠實實的
　　剖析在我們眼前，正是令我感動的原點。〔註20〕

　　《彰化縣文學發展史》稱許吳晟是「農民文學的實踐者」〔註21〕。並對
吳晟的農民文學有其品論：

　　吳晟以詩及散文所建構而出的農民文學形貌，具體而微的點出農戶
　　四季耕種時序、農民日常生活的悲喜哀樂，以及鄉村知識份子的真
　　實性情；吳晟筆下捕捉的農村人事百態，真實而不虛矯，因為吳晟
　　人在其中，誠實的記錄及詮釋，又能避免近距離的情感浮濫、編造
　　戲劇性的控訴吶喊，因此在閱讀吳晟的詩文書頁之時，鄉村的眾聲
　　百味幾乎透紙而出，掩卷之餘尚有淡淡的愁緒在蕩漾著。〔註22〕

　　眾多作家對吳晟作品做出美好的回應，足見吳晟作品在文學上有極重要
的價值。

第三節　吳晟詩歌的影響

　　這小節敘述吳晟的作品流浪到人間所遭遇的因緣際會，曾經在何處被引
用，而這些大多數未經詩人授權，在親朋好友無意間發現後告知，然而吳晟
認為：

〔註19〕康原：〈農婦與泥土──小論吳晟的詩與散文〉，《文訊》第 1 期（1983 年 7
　　　　月），頁 101。
〔註20〕顏炳華：〈「泥土」代序〉，收入吳晟：《泥土》（臺北：遠景出版社，1979 年 8
　　　　月三版），頁 24～25。
〔註21〕施懿琳、楊翠：《彰化縣文學發展史》，（彰化：彰化縣立文化中心，1997 年 5
　　　　月出版），頁 371。
〔註22〕施懿琳、楊翠：《彰化縣文學發展史》，頁 372。

有人願意引用我的詩句，是我的榮幸，有沒有知會我，無關緊要。

我真正在意的是，這樣的詩句果真有些作用嗎？〔註23〕

吳晟非但擁有寬闊雅量的心胸，更希望被引用的作品能夠對當事人有所助益。如同吳晟也說過：

只因文學創作固然是我終生追求的志趣，但我既非專業也非暢銷作家，不在意稿酬的收入，卻很希望自己的作品有許多人閱讀，甚至常想仿照「善書」的方式，在版權頁印上：版權所無、敬請翻印、廣為流傳。〔註24〕

〈不可暴露身分〉〔註25〕

出現在1990年臺中地區高中聯考國文試題〈負荷〉。這是一首父母對孩子的親情，付出無盡的愛。

吳晟的長子賢寧當年考試的短文寫作：「寫出讀了〈負荷〉這首詩的感想」，考試後的休息時間，吳晟得知考題，問兒子有沒有表明自己就是詩中的主角，或寫自己特別感動？兒子說；「考試規則有一項規定：考生不可以暴露身分。」也說明孩子的個性正直，而世間之事常有巧合之時。

〈負荷〉〔註26〕

下班之後，便是黃昏了

偶爾也望一望絢麗的晚霞

卻不再逗留

因為你們仰向阿爸的小臉

透露更多的期待

加班之後，便是深夜了。

偶爾也望一望燦爛的星空

卻不再沉迷

因為你們熟睡的小臉

比星空更迷人

〔註23〕吳晟：《一首詩一個故事》（臺北：聯合文學出版社有限公司，2006年1月1日初版三刷），頁75。

〔註24〕吳晟：《一首詩一個故事》，頁143。

〔註25〕吳晟：《一首詩一個故事》，頁17～21。

〔註26〕吳晟：《泥土》（臺北：遠景出版社，1979年8月三版），頁197～198。

阿爸每日每日的上下班

有如自你們手中使勁拋出的陀螺

繞著你們轉呀轉

將阿爸激越的豪情

逐一轉為綿長而細密的柔情

就像阿公和阿媽

為阿爸織就了一生

綿長而細密的呵護

孩子呀！阿爸也沒有任何怨言

只因這是生命中

最沉重

也是最甜蜜的負荷

〈撿起一張垃圾〉〔註27〕

出現在 1992 年三月初，因為學校同事張櫻川老師和妻兒到臺中體育場觀賞棒球賽，張老師的小孩在座位底下撿到一張卡片，經張老師仔細一看，內容是一首詩，題名〈獸魂碑〉，因為張老師平時就對吳晟的作品詳讀，一看就知道是吳晟的詩。日後敘述時，感覺頗具戲劇性。

推算可能是臺中市舉行二二八紀念會大遊行，主辦單位印製的宣傳品，內容隱喻對當時大環境的諷刺與傷感。此詩寫於 1977 年，經過十五年後，因為臺灣已經在 1987 年解嚴，已成為可以公然向執政者控訴的宣言，此時吳晟讀來倍感沉痛。

〈獸魂碑〉〔註28〕

吾鄉街路的前端，有一屠宰場，屠宰場入口處

設一獸魂碑——

碑曰：魂兮！去吧

不要轉來，不要轉來啊

快快各自去尋找

安身託命的所在

〔註27〕吳晟：《一首詩一個故事》，頁 22～25。
〔註28〕吳晟：《吾鄉印象》，頁 63～65。

不要轉來，不要轉來啊

每逢節日，各地來的屠夫

誠惶誠恐燒香獻禮，擺上祭品

你們姑且收下吧

生而為禽獸，就要接受屠刀

不甘願甚麼呢

豬狗禽獸啊

不必哀號、不必控訴，也不必

訝異——他們一面祭拜

一面屠殺，并要求和平

他們說，這沒甚麼不對

不必哀號、不必控訴，也不必

訝異——他們一面屠殺

一面祭拜，一面恐懼你們的冤魂

回來討命，豬狗禽畜啊

魂兮！去吧

〈詩畫有緣　人無緣〉〔註29〕

　　敘述 1995 年意外發現，關懷農村的困境及農村議題的詩作〈稻草〉被畫家席德進（1923～1981）整首抄寫在 1972 年的水墨畫作〈人〉，想必是席德進讀到「吾鄉印象」〔註30〕深受感動，並因其意象符合畫作的內容而引用；只是未書寫詩題和作者姓名，難免有些失望，但也因為獲得知音，很快的轉為感激。

　　另外和〈序說〉、〈沉默〉兩首詩頭尾連接彷若一篇，依然未書寫詩題和作者姓名被抄錄在《山水、獨行、席德進》〔註31〕中的其中一幅 1972 年的水墨畫裡。吳晟感念世間知音難得，但也喟嘆相隔四分之一世紀才發現，已無緣相識，含著感激與傷歎之情。

〔註29〕吳晟：《一首詩一個故事》，頁 26～35。

〔註30〕按：吳晟組詩，刊登在《幼獅文藝》：224 期（1972 年 8 月），後來編成書《吾鄉印象》。

〔註31〕鄭惠美著：《山水·獨行·席德進》（臺北：雄獅圖書股份有限公司，1996 年10 月 15 日初版），頁 116～117。

　　其中源由可能因為席德進終生將臺灣視為自己的故鄉，對臺灣充滿深情，當獨到吳晟的「吾鄉印象」引起共鳴，因此將詩中的意象著墨並抄入其畫。此詩亦被選入 2014 年大學學測國文試題。

圖 7-1　席德進水墨畫作與吳晟的詩〈序說〉、〈沉默〉

圖片來源：吳晟：《一首詩一個故事‧詩畫有緣‧人無緣》，頁 32～33。席德進在 1972 年的水墨畫作，與吳晟的詩〈序說〉、〈沉默〉。

圖 7-2　席德進水墨畫作與吳晟的詩〈稻草〉

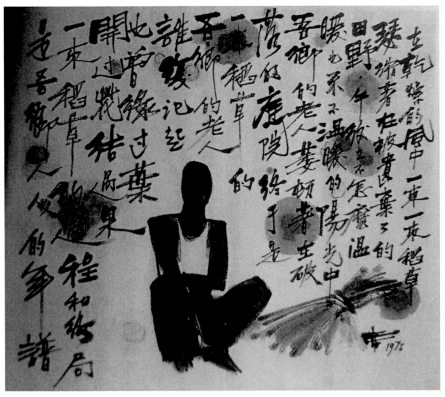

圖片來源：吳晟：《一首詩一個故事‧詩畫有緣‧人無緣》，頁 30。席德進在 1972 年的水墨畫作，與吳晟的詩〈稻草〉。

〈稻草〉〔註32〕

在乾燥的風中

一束一束的稻草，瑟縮著

在被遺棄了的田野

午後，在不怎麼溫暖

也不是不溫暖的陽光中

吾鄉的老人，萎頓著

在破落的庭院

終於是一束稻草的

吾鄉的老人

誰還記得

也曾綠過葉、開過花、結過果

一束稻草的過程和終局

是吾鄉人人的年譜

〈序說〉〔註33〕

古早古早的古早以前

吾鄉的人們

開始懂得向上仰望

吾鄉的天空

就是那一副無所謂的模樣

無所謂的陰著或藍著

古早古早的古早以前

自吾鄉左側綿延而近的山影

就是一大幅

陰鬱的潑墨畫

緊緊貼在吾鄉人們的臉上

古早古早的古早以前

〔註32〕吳晟：《泥土》，頁141～142。

〔註33〕吳晟：《吾鄉印象》，頁23～24。

世世代代的祖先，就在這片

長不出榮華富貴

長不出奇蹟的土地上

揮灑鹹鹹的汗水

繁衍認命的子孫

〈沉默〉〔註34〕

青山的那邊那邊

遠方的那邊

翩翩飄來幾隻雲朵

戲弄著吾鄉人們不語的斗笠

飛翔

河流的那邊那邊

遠方的那邊

款款流來一組水聲

逗著吾鄉人們不語的嘴巴

歌唱

水田的那邊那邊

遠方的那邊

嘩嘩奔來一羣野草

纏著吾鄉人們不語的赤足

喧鬧

免講啦

不語的斗笠、不語的嘴巴、不語的赤足

從何談起

〈情詩抄襲〉〔註35〕

　　吳晟的堂弟天保，就讀淡江大學英文系時，追求日文系一位深具文藝氣息的女孩；同時也有另一位男生在追求，這位男生的文筆很好，經常寫信給女孩，有一天寄了一首詩給她，女生拿給吳晟的堂弟看，她很感動並且非常

〔註34〕吳晟：《吾鄉印象》，頁46～47。

〔註35〕吳晟：《一首詩一個故事》，頁36～39。

讚賞，當吳晟的堂弟看了幾遍，覺得很熟悉，積極對照吳晟所贈詩集，查證後證實為吳晟所寫，拿給女孩看，也證明那是抄襲。

這首詩是吳晟年輕時寫給學妹莊芳華（後來嫁給吳晟）的情詩；後來吳晟的堂弟天保追求的曾美莉成為吳晟堂弟的夫人。如果不是吳晟的堂弟讀過吳晟的詩，就有可能失去這段美好的姻緣，世間之事常發生在因緣巧合，這段美妙的故事，將成為當事人永遠美好的回憶。

〈階〉〔註36〕
漫長的此階太長、太寂寥
請陪我，也讓我陪你
仔仔細細的踱到盡端

擁擠的此階，太喧囂
而且荒涼；陪著我
讓我在你臉上、在你眼中
踏青

同是孤獨的一粒微塵
在空曠的長階上飄浮
多麼悲戚！飄零的行程
倘若割斷這脈溫婉的偎依

可能，我將無甚功名
引不來掌聲榮耀你
請相信，我的柔情
必定一直牽引你、守護你

漫長的此階太長、太寂寥
請陪我　也讓我陪你
仔仔細細的踱到盡端
此階將更長，但不寂寥

〈詩獎〉〔註37〕

發表於1972年，作者對當代農村社會景況的入微觀察與關懷，經由農民

〔註36〕吳晟：《飄搖裏》（臺北：洪範書店有限公司，1985年6月初版），頁3～5。
〔註37〕吳晟：《一首詩一個故事》，頁40～43。

淺白俚俗的語言，以及農民生活化的舉動影像入詩，而得出其詩的意味。1972
年獲第二屆吳望堯中國現代詩獎，主辦單位將此詩鑄上銅板，製成獎牌。此
詩透過臺語朗誦，意味特別不同。吳晟求學階段得獎不計其數，但因為父親
認為他的優秀成績是理所當然，並不在意他的獎狀，也因獲獎太多，自己就
不重視，常將獎狀拿來摺飛機、帆船、紙牌，從不保留，即使在個人的簡歷上
也從不填寫這一部分，其實年輕時代已經得過兩項詩獎〔註38〕；主要是吳晟
認為：

> 我所以不願意將得獎列入個人「紀錄」，並非矯情、只因我一直信
> 奉：作品本身才是最直接的詮釋；如何鍛鍊自己的作品更成熟，才
> 是真正重要的經歷。〔註39〕

但這次領獎，吳晟感覺意義非凡。

〈雨季〉〔註40〕
抽抽煙吧
喝喝老酒吧
伊娘——這款天氣

開講開講吧
逗逗別人家的娘兒吧
伊娘——這款日子

發發牢騷罵罵人吧
盤算盤算工錢和物價吧
伊娘——這款人生

該來不來，不該來
偏偏下個沒完的雨
要怎麼嘩啦就怎麼嘩啦吧
伊娘——總要活下去

〈詩與歌〉〔註41〕

〔註38〕1970 年榮獲「五十九年度中國優秀青年詩人獎」、1975 年榮獲「第二屆吳望
　　　堯中國現代詩獎」。
〔註39〕吳晟：《一首詩一個故事》，頁 43。
〔註40〕吳晟：《泥土》135～136。
〔註41〕吳晟：《一首詩一個故事》，頁 44～48。

意含七〇年代初，臺灣從農業轉型為工商社會，隨著文明入侵農村，時代變化中的愁緒。

有一次參加教育人士的聚會，有位校長唱了幾句，請教後才知這首〈牽牛花〉曾譜成歌曲，並收錄錄音帶，但已不知名稱！吳晟無緣聽見，也不知何人譜曲？何人所唱？深感遺憾。

〈牽牛花〉〔註42〕

在陽光下奔跑、在月光下嬉戲的

吾鄉的囝仔郎，哪裡去了

他們蹲在小小的電視機前面

吾鄉的牽牛花，不安的注視著

在陽光下流汗、在月光下歌唱的

吾鄉的少年郎，哪裡去了

他們湧去一家家的工廠

吾鄉的牽牛花，寂寞的尋找著

在陽光下微笑、在月光下說故事的

吾鄉的老人家，哪裡去了

他們擠在荒涼的公墓

吾鄉的牽牛花，憂鬱的懷念著

有一天我們將去哪裡

吾鄉的牽牛花，惶恐的納悶著

〈軟弱的詩〉〔註43〕

一九七九年底，高雄發生「美麗島事件」，執政黨局羅織意圖叛亂罪名，大肆逮捕參與民主運動的人士，肅殺寒氣壟罩全島。

一九八〇年，吳晟在經營「向孩子說」系列詩輯，因此以兄弟相處做比喻，訓誡大哥要有包容評比的胸襟〈不要忘記〉，勿因一時的得意，埋下無數怨恨的種子。吳晟曾經思考是否要發表，以避免被抓走，最後刊登在當年三月號《現代文學》。每當吳晟重讀這首詩，其中的隱喻，固然有詩意的必要、更有寬闊的想像空間，然則總覺得太軟弱，深憾未能披肝瀝膽、直抒滿懷痛惡。尤其是還曾自我膨脹，更是羞慚。

〔註42〕吳晟：《泥土》，頁181～182。

〔註43〕吳晟：《一首詩一個故事》，頁49～54。

〈不要忘記〉〔註44〕
弟弟不贊同你的意見
你便繃緊臉喝叱他是壞人
阻止他開口
你以為不斷大聲說話
就是佔有真理嗎
弟弟不喜歡你的作風
你便氣呼呼的揮動拳頭
強迫他順從
你是企圖掩飾什麼嗎
你是擔心權威動搖嗎

孩子呀！不要忘記
你們是至親兄弟
應該可以誠意的討論
應該有包容的胸襟
為什麼不伸出溫暖的手掌
若是我們的家鄉
遭受外族蠻橫的欺凌
孩子呀！全力的抵抗
不必任何猶疑
然而，你們是至親兄弟

每一次看見你趾高氣揚
阿爸的心多麼絞痛
孩子呀！不要忘記
一時的得意
往往是無數怨恨的種子
撒播在深深裂開的傷口上
將暗中發芽、暗中滋長

〔註44〕吳晟：《吳晟詩集》（臺北：開拓出版有限公司，1994 年 11 月 15 日初版一
　　　刷），頁 204～206。

不愛護自己親族

怎能關心更廣大的人群

孩子呀！不要忘記

你們是至親兄弟

為什麼不伸出溫暖的手掌

〈石板上的詩〉〔註45〕

　　原為臺北市政府在 1973 年規劃的松江公園，1990 年位於臺北市松江路的小小松江公園，由《天下》雜誌社發起認養，在七家民間企業懷抱著愛鄉愛土，以及有感藝術、文化應自生活中苦長的共同理念，義務合力改建重新修建。1991 年舉行啟用儀式，在其廣場中央是大型象棋盤，兩旁的石板上刻寫十二家臺灣現代詩，節錄詩作的一、二小段詩句；其中只有吳晟的作品〈沉默〉是整首刻在廣場的石板路，石板上也刻上古典詩詞，因這樣的特色，取名「松江詩園」。

　　這首〈沉默〉的詩，是吳晟與妻在田裡工作，談起七〇年代因現代主義風潮下，一些流行詩風影響當時許多人的詩作，如「圖像詩」，覺得很好笑，便在笑談中及眼前的景色有感而發所寫，這首詩讀來像詩中有畫，畫中有詩，彈響讀者心絃，也可見詩人寫詩，有時是在忙中偷閒，將閒暇鍍成金。整首詩的脈絡從景入情，從外而內，將具象的實景遂而產生抽象的感懷。

　　如果四季無災害，農村生活是恬淡愜意無爭，人與物可以共融。尤其在農村，因為接觸都市文明的洗染逐漸蕭條，這首詩對鄉人有鼓舞的作用。天下雜誌社將其刻劃在松江詩園，必然也有深層的含意，鼓勵人們即使勞苦中，也可以尋得樂趣的一面。

　　〈沉默〉〔註46〕

青山的那邊那邊

遠方的那邊

翩翩飄來幾隻雲朵

戲弄著吾鄉人們不語的斗笠

飛翔

河流的那邊那邊

〔註45〕吳晟：《一首詩一個故事》，頁 55～60。
〔註46〕吳晟：《泥土》，145～146 頁。

　　遠方的那邊

　　款款流來一組水聲

　　逗著吾鄉人們不語的嘴巴

　　歌唱

　　水田的那邊那邊

　　遠方的那邊

　　嘩嘩奔來一羣野草

　　纏著吾鄉人們不語的赤足

　　喧鬧

　　免講啦

　　不語的斗笠、不語的嘴巴、不語的赤足

　　從何談起

〈我不久就要回去〉〔註47〕

　　一九八○年吳晟在愛荷華工作坊，有一次研討吳晟個人詩作的課程，學生已將英譯的作品事先給同學並做簡短的報告，之後再進行討論。討論到〈例如〉這首詩，突然一位外國學生發問：「你的詩中批評意味很濃厚，是否指台灣的政府很會說謊？」

　　吳晟說：「我可否不必回答，請你自己體會。」

　　學生又追問：「你用這樣的隱喻的方式批評，是否因為台灣沒有言論自由？」

　　吳晟回答：「我只是出來幾個月，不久就要回去。」如此回答帶著些幽默，但在吳晟的心裡深感悲哀。因為臺灣從五、六○年代白色恐怖肅殺統治，延續至八○年代，老百姓的言論依舊遭受嚴密控制，無數的海外「異議遊子」無法返回故鄉，但當時還有不少政客藉助媒體辯稱臺灣未曾有過白色恐怖。

　　此詩發表於一九七七年，當時的大環境僅能以隱喻方式書寫。吳晟在愛荷華大學的回答，顧及政府的顏面，實為得體。

　　〈例如〉〔註48〕

　　例如，看見某些人

　　以斑斕的顏彩

〔註47〕吳晟：《一首詩一個故事》，頁61～64。
〔註48〕吳晟：《向孩子說》，頁27～29。

拼命粉刷早已腐朽的牆壁

常忍不住想告訴他

那是沒有用的，那是沒有用的

例如，看見某些人

體面而高貴

卻肆無顧忌掠奪別人的東西

常忍不住想大喊出來

抓賊啊！抓賊啊！

例如，聽見某些人

高喊著漂亮的口號，哄抬自己

常忍不住想揭穿

不要欺騙吧！不要欺騙自己吧！

而你居然也學會

在臉上塗抹化妝品，粉飾自己

孩子呀！阿爸忍不住要告訴你

以真實的面貌

正視真實的世界吧

〈過客〉〔註49〕

　　〈過客〉發表於一九七八年九月十一日《聯合報》副刊，其中借用了鄭愁予〈錯誤〉「我達達的馬蹄是美麗的錯誤／我不是歸人／是個過客⋯⋯」〔註50〕的詩句。

　　作者在一九八七年受臺北國立藝術大學戲劇系汪其楣教授邀請，觀賞所導演《人間孤兒》，因為戲劇中有一段選用到吳晟的詩：〈過客〉。

　　　臺上演員一面揮劍馳馬、一面朗讀〈過客〉詩句，讀到「我不是歸人啊我是過客」之時，聽見後排有人出聲說話：「愁予，在念你的詩耶！」

〔註49〕吳晟：《一首詩一個故事》，頁 65～71。

〔註50〕鄭愁予：〈錯誤〉，收入鄭愁予：《鄭愁予詩集Ⅰ》，（臺北：洪範書店有限公司，2003 年 5 月二版六印），頁 8。原詩為：「我打江南走過／那等在季節裡的容顏如蓮花的開落／東風不來，三月的柳絮不飛／你底心如小小的寂寞的城／恰若青石的街道向晚／跫音不響，三月的春帷不揭／你底心是小小的窗扉緊掩／／我達達的馬蹄是美麗的錯誤／我不是歸人，是個過客⋯⋯」。

另一個聲音隨即說：「是吳晟的詩，不是我的。」〔註51〕

當吳晟轉頭一看，其中一人竟然是鄭愁予，真巧。

〈過客〉〔註52〕

美麗的蹄聲，一批又一批

達達而來

踏遍小小的美麗島上

每一個角落

並且瀟灑自得地唱著

——我不是歸人啊我是過客

蹄聲過處，歌聲過處

一陣一陣讚嘆的掌聲

狂風般捲起

簇擁著一陣一陣迷人的塵霧

瀰漫小小的美麗島上

殖民地時代

已經結束很久了啊

如夢如幻的塵霧中

一批一批現代的過客

竟然忘了

這是我們自己的土地

並且如醉如痴地唱著

——我不是歸人啊我是過客

而你竟也沉醉了

忘了你是島上的少年

竟也熱烈地鼓起雙掌

應和著達達的蹄聲與歌聲

拍出一心一意的嚮往

當你負笈遠赴異邦

〔註51〕吳晟：《一首詩一個故事》，頁68。

〔註52〕吳晟：《吾鄉印象》，頁128～131。

飄泊多年之後，踏回島上

我以滿懷欣喜

迎接你的歸來

而你竟也忘了

這是我們自己的土地

並且迷茫地唱著

——我不是歸人啊我是過客

美麗的蹄聲

一批又一批，達達而去

你也達達而去

我不禁深深疑惑

甚麼時候，到了甚麼地方

你們才是歸人

才不再是過客

　　這首詩隱含強烈的批判，在當時一披又一批的移民風潮逃亡心態，作者感觸「什麼時候，到了什麼地方，你們才是歸人，不再是過客。」〔註53〕雖然如《人間孤兒》演出的幕前所語：

　　　　自己在台灣安身立命，對於他人在世界不同的角落做各自能力所及的事，當然有著更多的尊重與同情。〔註54〕

　　但是，如此對臺灣這塊島嶼，一直要承受這樣的偏差，是否公平？

〈思考與行動〉〔註55〕

　　一九九九年系列文學講座，吳晟受邀談自己的作品，會後詩友楊渡提起日前帶兒子去南投集集「台灣省特有生物保育中心」參觀，看見有一大型看板抄錄吳晟的詩：〈制止他們〉，言談後才知道保育中心事先並未知會吳晟。後來吳晟也去參觀，發覺每塊看板皆標明「全球思考　草根行動」及編號，懸掛在各走道的牆壁上。

　　詩，九十九行，是當時吳晟寫得最長，也是措辭最強烈的一首詩，曾經莫渝為文介紹：

〔註53〕吳晟：《一首詩一個故事》，頁69。
〔註54〕吳晟：《一首詩一個故事》，頁69。
〔註55〕吳晟：《一首詩一個故事》，頁72～76。

　　主旨強調愛護母親般的島嶼，任何傷害到社會生存的舉動措施，都
　　是我們制止的對象，這是作者投入社會文化關懷的心聲。〔註56〕

　　吳晟對土地的關切從不間斷，但也因瞭解越多，思考就更多，因此從隱
抑到激越的關懷，走到抗議的最前線，為一位詩人兼環境的保護尖兵，自始
至終不渝，雖然艱辛，但是無怨無悔。

　　〈制止他們〉〔註57〕
　　我們全心全意的愛你
　　有如愛自己的母親
　　並非你的土地特別芬芳
　　只因你的懷抱這樣溫暖
　　並非你的物產特別豐饒
　　只因你用艱苦的乳汁
　　養育了我們　　（第一節）

　　山林，是你的骨骼
　　卻有人不斷揮舞巨斧、濫加砍伐
　　逐漸逐漸癱瘓了你
　　含有大量毒素的污水和廢氣
　　毫無顧忌的排放、不受管制
　　窒礙了你的呼吸
　　肆意污染每一條河川
　　肆意毀損每一片大地
　　那是你的血脈和肌膚呀
　　他們難道不知道
　　這將嚴重威脅你的健康嗎　　（第六節）

　　繁榮啊，急速的繁榮啊
　　所有的傳播工具
　　都這麼自信地誇耀、興奮地頌揚
　　然而，繁榮就是一切嗎

〔註56〕吳晟：《一首詩一個故事》，頁75。
〔註57〕吳晟：《吾鄉印象》，頁139～147。這首詩，在吳晟：《一首詩一個故事》，頁
　　　　69裡略有修改。

繁榮的背後，隱藏著多大災害

不必探究嗎

誰也沒有任何理由和藉口

散播陶醉的迷霧　　（第八節）

挫傷，可以用你教導我們的堅強療養

窮困，可以用你教導我們的勤勉克服

屈辱，可以用你教導我們的厚道原諒

我們本就需求不多

我們本就不習慣嚷嚷

那麼多不肖的子孫和過客

一再危害你的健康

又撒盡謊言掩蓋

我們還能漠視、還能不說話嗎　　（第九節）

制止他們啊、制止他們

用我們嚴肅的聲音

用我們不容曲解、不容敷衍的聲音

制止他們再傷害你、再蹧蹋你　　（第十一節）

制止他們阿、制止他們

用我們嚴肅的聲音

用我們不容曲解、不容敷衍的聲音

制止他們繼續摧殘你　　（第十三節）

　　這首詩刊登於 1981 年，實際上是吳晟於 1980 年在愛荷華工作坊當訪問作家，看到三哩島事件資料，美國的核電廠事件，感覺非常恐怖，因為臺灣那時候也開始在蓋核電廠，所寫的一首詩，屬於「愛荷華札記」的第一首詩，但詩人從未談起，也未納入「愛荷華札記」，是筆者請教時才清楚。

　　有一天，吳晟應嘉義地方法院邀請，做文學演講，走過川堂，通往二樓的迴廊牆壁上，右邊一幅畫字寬約一百六十公分、長約四百公分，是出自嘉義書法家余碧珠揮毫，據說曾經花費一、兩個月心思去揣摩，寫了六十七遍，有時半途而廢、或者已成篇卻不滿意而捨棄，直到有天清晨醒來，精神飽滿，

靈光閃現才一氣呵成。那是吳晟的〈我們也有自己的鄉愁〉〔註58〕，整首詩六節，摘錄第五節末兩行與第六節全部書寫：

> 原來小小的島嶼
> 也有我們自己的鄉愁
> 原來我們唯一的鄉愁
> 就在腳踏的土地上
> 因為真切而不夠浪漫
> 卻是永遠的愛戀和承擔
> ──〈我們也有自己的鄉愁〉

一系列的人文講座，是袁再興院長籌劃，除了鼓勵地方法院全體同仁聽講，也開放給一般民眾參與。

這首詩，表達吳晟長年以來對土地的認同感，和歷程上的心境──

> 我們唯一的鄉愁，就在腳踏的土地上。這竟是何其艱辛而漫長的追尋。〔註59〕

袁院長請書法家書寫這首詩，將大幅懸掛在顯眼處，必然有其深意。或許也希望藉著這首詩，讓來往的賓客，能夠體驗出自己內心靈魂最深處，回歸最初人性本善的自我。

〔註58〕吳晟：《吳晟詩選》，頁265～267。
〔註59〕吳晟：〈我們自己的鄉愁〉《新台灣新聞週刊》第413期（2004年2月27日。）

第八章　吳晟詩新事證

　　在研究吳晟詩文與閱讀各方面資料，筆者發現一些問題，其中包含多年以來，眾多對吳晟文學研究者常有的錯誤觀念，和對吳晟文學新的發現，在這一章舉出說明。

一、吳晟鄉土詩作早於鄉土文學論戰

　　許南村曾經對吳晟評論：

> 從一九六〇年代末一直到整個一九七〇年代，吳晟勤勉地寫下許多詩篇。其中最好的作品，不論在語言、形式和意念上，都有很好的成績，並且對於年輕的詩文學青年有一定的影響。尤其重要的是，在一九七〇年代初新詩論戰，深入批判了現代主義以後的台灣詩壇，提供了一些現實主義的、描寫表現在台灣農村社會中的人和生活的、深切關懷民族前途的，真摯而誠懇、颯爽的好詩。〔註1〕

　　呂正惠也認為：

> 在論戰之前的現代主義時期，如詩人吳晟和小說家黃春明，早已自覺現代主義不適合自己的性格與創作背景，轉而描寫他們所熟悉的農民與下層知識份子的悲苦心境。〔註2〕

　　從此，吳晟的詩就和鄉土緊緊的繫在一起。

　　蔡明諺在其論文也提到：

〔註1〕許南村：〈試論吳晟的詩〉，《文季》第1卷第2期（1983年6月），頁42。
〔註2〕呂正惠：〈現代主義在台灣〉，《戰後文學經驗》，（臺北：新地，1993年），頁32。

吳晟的鄉土詩完成在鄉土文學運動之前，當他以其直覺的藝術感性
凝視外在鄉土，而非以意識構築詩句時，他所塑造出的才是文學史
上迄今獨立的鄉土詩典範。〔註3〕

余光中也曾說：

只有等吳晟這樣的作者出現，鄉土詩才算有了明確的面目。唐文標
流了血，但是沒有革命，吳晟的革命卻無需流血。〔註4〕

從中可以瞭解到，吳晟的鄉土詩，對後來的作家寫作，自然有其舉足輕
重的影響力。

（一）被遺漏的史證

鄉土文學論戰前，吳晟這段深深影響鄉土文學的過程和貢獻，竟然皆被
避而不談？何況 1977 年發生鄉土文學論戰之前，吳晟的《吾鄉印象》已在
1976 年出版，並且在 1975 年 6 月詩人節，獲得「第二屆中國現代詩獎」，對
吳晟的作品如此的讚詞：「詩風樸實，自然有力，以鄉土性的語言，表現時代
變化中的愁緒，真摯感人。」〔註5〕而且，早在 1972 年吳晟的「吾鄉印象」
序列組詩，已刊登於《幼獅文藝》第 224 期，深受喜愛。

最明顯的例子是畫家席德進，當年詩作〈稻草〉被畫家席德進整首抄寫
在水墨畫作〈人〉，另外以〈序說〉、〈沉默〉兩首詩，頭尾連接彷若一篇，也
被抄錄在《山水・獨行・席德進》〔註6〕裡的其中一幅 1972 年的水墨畫，如
之前未書寫詩題和作者姓名，想必是席德進讀到「吾鄉印象」〔註7〕深受感
動。但是，為什麼眾多作家和畫家竟然視而不見，見而不談？令人感覺詭異！

（二）有待補正的各家目錄集

新竹楓城出版社總編輯周浩正，在 1975 年吳晟得獎典禮中，首次讀到
吳晟的詩，之後寫信希望出版吳晟詩集，並贈予他本人的論述著作。於是在

〔註3〕蔡明諺：〈吾鄉印象與鄉土文學：論七〇年代吳晟詩歌的形成與發展〉台灣文
學研究（第四期 2013 年 6 月）摘要。

〔註4〕余光中：《青青邊愁》（臺北：純文學社，1985 年 4 月初版第 6 次印刷），頁
125。

〔註5〕張默編：《真摯與奔放》（臺北：中國現代詩獎基金會，1975 年 6 月），頁 5。

〔註6〕鄭惠美著：《山水・獨行・席德進》（臺北：雄獅圖書股份有限公司，1996 年
10 月 15 日初版），頁 116～117。

〔註7〕按：吳晟的組詩刊登在《幼獅文藝》224 期（1972 年 8 月），後來編成書《吾
鄉印象》。

熱情、誠懇邀約下，1976 年 10 月出版了《吾鄉印象》，書後附錄兩篇文章，其一是顏炳華〈吳晟印象〉，另一篇是周浩正（周寧）的評論〈一張木訥的口——初讀吳晟的詩「吾鄉印象」與「植物篇」〉〔註 8〕。不到一年，賣完三千本，隔年八月再版。很巧合這時候，臺灣正如荼如火展開影響非常深遠的「鄉土文學論戰」。

在當年還是現代主義盛行的年代，《吾鄉印象》能有如此發行成績，被廣大讀者接受，實為盛事；並且周浩正的評論，已在 1976 年 6 月刊登於極為矚目的《書評書目》，這本《吾鄉印象》在文壇上必然引起相當注意和重視。然而筆者翻閱四本現代詩版本目錄集，竟然完全找不到這本楓城版的《吾鄉印象》。其目錄集如下：

1. 林煥彰編：《近三十年新詩書目》〔註 9〕
2. 國立中央圖書館編印：《現代詩三十年展覽目錄》〔註 10〕
3. 張默編：《台灣現代詩編目一九四九～一九九五》〔註 11〕
4. 張默編：《台灣現代詩集編目一九四九～二〇〇〇》〔註 12〕

究竟為什麼？是吳晟鋒芒太露，引起文人相輕，或……詭異的是，這四本目錄集的編者，裡面有一位是當年「第二屆中國現代詩獎」的評審！

二、文學史論述的偏差

《台灣新文學史（下）》提到：「吳晟崛起於一九七〇年代末期……」〔註 13〕，其所謂「末期」，應該是作者忽略，造成嚴重的錯誤！筆者有此看法，主要是：

〔註 8〕周浩正（周寧）：〈一張木訥的口——初讀吳晟的詩「吾鄉印象」與「植物篇」〉，《書評書目》第 38 期（1976 年 6 月），頁 51～56。收入林明德編：《鄉間子弟鄉間老》（臺中：星辰出版有限公司，2008 年 2 月 15 日初版），頁 9～26。

〔註 9〕林煥彰編：《近三十年新詩書目》（臺北：書評書目社，民國 65 年 2 月 25 日初版。）

〔註 10〕國立中央圖書館編印：《現代詩三十年展覽目錄》（臺北：國立中央圖書館，民國 1984 年 10 月 6 日。）

〔註 11〕張默編：《台灣現代詩編目一九四九～一九九五》（臺北：爾雅出版社有限公司，民國 1992 年 5 月 4 日初版。）

〔註 12〕張默編：《台灣現代詩集編目一九四九～二〇〇〇》（臺北：台北市政府文化局，2001 年 9 月 1 日。）

〔註 13〕陳芳明：《台灣新文學史上冊》（臺北：聯經出版事業股份有限公司，2011 年 10 月初版），頁 577。

（一）吳晟於 1970 年已榮獲「五十九年度中國優秀青年詩人獎」。

（二）1972 年 8 月，「吾鄉印象」詩輯：〈序說〉、〈晨景〉、〈入夜之後〉、〈店仔頭〉、〈陰天〉、〈雨季〉、〈曬穀場〉、〈神廟〉、〈稻草〉、〈歌曰：如是〉、〈沉默〉、〈路〉、〈清明〉，被以單排形式一氣呵成刊登於《幼獅文藝》第 224 期；這是非常難得，難得有一位詩人能夠一次十三首作品在同一期月刊被登出，足見其鄉土文學作品，在當年被重視的程度。

（三）據掌杉所言：民國六十一年（1972 年）還是師專一年級學生，在暑假期間無意買到八月號的《幼獅文藝》，看完「吾鄉印象」感動得掉淚。對於不懂得什麼是現代詩的他，被影響之後，於民國六十三年加入詩社，開始發表詩。〔註 14〕可見當時吳晟的作品已受到關注的眼神。

（四）1975 年和管管同獲「第二屆吳望堯中國現代詩獎」。

（五）1976 年，詩集：《吾鄉印象》，由楓城出版社出版。

（六）1979 年，詩集：《泥土》，由遠景出版社出版。

（七）1980 年，詩：〈負荷〉被選入「國立編譯館」編定的國民中學國文教科書，影響了多少莘莘學子。

從詩人寫作的歷程，足可證明吳晟應該崛起於一九七〇年代「初期」。

三、對唐文標與吳晟關係澄清

談吳晟的文學作品，常有人說：「鄉土文學論戰唐文標影響了吳晟」，「鄉土文學論戰後影響吳晟寫作」，有關如此的論述，是極大的錯誤。其實根據 1970 年代，當時的狀況分析，就能一目了然。

表 8-1　唐文標與吳晟關係

年代	唐文標	吳晟事跡與作品發表
1970	唐文標寫〈現代詩的沒落〉（未發表）。	榮獲五十九年度中國優秀青年詩人獎。 夜的瞳話、詠懷、終結、迷津、一般的故事、鼓聲之末、仰望、不眠夜、夜談。
1971	唐文標寫〈殭斃的現代詩〉（未發表）。	鄉居日記鈔。
1972		「吾鄉印象」詩輯發表：

〔註 14〕掌杉（張寶三）：〈試論吳晟的「吾鄉印象」〉，《明道文藝》第 58 期（1981 年 1 月），頁 150～158。

		序說、晨景、入夜之後、店仔頭、陰天、雨季、曬穀場、神廟、稻草、歌曰：如是、沉默、路、清明、辭、遠方、年譜、意外。
1973		葵花、耶誕紅、臨、輓歌、贈詩四章、夜盡。
1974	唐文標發表〈現代詩的沒落〉、〈殭斃的現代詩〉。	浮木。 「泥土篇詩輯」：泥土、臉、手、腳、野餐、水稻、含羞草、秋收之後、餘燼、迷津、終結。
1975		榮獲第二屆吳望堯中國現代詩獎。 土、木麻黃、牽牛花、野草、檳榔樹、刺竹、輪、月橘。
1976		《吾鄉印象》出版。 雷殛、秋末、長工阿伯、諦聽、自白、息燈後、堤上、日落後、苦笑。
1977	鄉土文學論戰開始。	過程、獸魂碑、雞、狗、豬、牛、羊、負荷、成長、阿爸確信、不要駭怕、阿媽不是模範母親、不要看不起、例如、奔波、收驚、愛戀。
1978		阿媽不是詩人、無止無盡、阿爸願意、進城、不要說、甘藷地圖、不要哭、寒夜、阿爸偶爾寫的詩、美國籍、你也走了、我竟忘了問起你、過客、歸來、晚餐。
1979		詩集：《泥土》出版。 晨讀、勞動服務、若是、草坪。

　　其中 1972 年的〈雨季〉，其實吳晟已在 1970 年屏東農專校刊裡發表過，後來修改一部分，納入「吾鄉印象」系列。事實所見，吳晟的「吾鄉印象」詩輯比唐文標的理論提早兩年發表。

四、對「吳晟曾經輟耕十年再犁詩田」探討

　　文章中常有人提到「吳晟曾經輟耕十年再犁詩田」，其實這樣的說法，如果仔細對照吳晟詩與散文的寫作編目，即可知道吳晟未曾停筆過，反而越寫用詞越強烈。主要是吳晟在 1980 年在美國接觸到許許多多在臺灣看不見的史料，與社會評論……思想和情緒受到極大衝擊，回臺後，為了讓更多的讀者更清楚吳晟所要表達的理念，在這段期間以寫散文為主，詩作急速減少甚至幾乎停頓，但寫詩的渴望不時在內心深處召喚。吳晟曾說明：

　　　　我的文學創作，原本以新詩為主，但新詩注重精鍊，很難做詳細的
　　　　描述，因此才改以散文形式來表達。〔註15〕

〔註15〕吳晟：《一首詩一個故事》（臺北：聯合文學出版社有限公司，2006 年 1 月 1 日初版三刷），頁 203。

自一九八○年後，我的詩作銳減，雖然內心深處對於詩的渴望，還是不斷自我要求，希望可以在創作，但是思想上遭遇了很大的打擊，使我必須停下來思索，不僅是對社會局勢、國家定位的看法，文化認同也必須重新溯源。……眼見台灣社會諸多令人氣悶的事件，加上自己內在的困頓有待解決，在這段期間，我改寫散文。〔註16〕

筆者也曾經在訪談中請教，詩人如此答覆：

我不是輟耕十年，其實那十年，主要都在寫散文，因為那個時候的心情，是想要趕緊表達，用散文，大家比較看得懂，比較直接，你要表達的意思，也能夠表達得比較清楚。所以我那十年，不是說不寫，只是不寫詩，而是在寫散文，因為我對社會的一些意見，非常強烈。〔註17〕

為了更清楚吳晟在這段期間詩、文寫作的改變，以表 8-2 分析，其中在 1981 年刊登的作品，是吳晟在 1980 年九月到美國當訪問作家，所寫的「愛荷華家書」，在 1982 年僅寫三首，1983 年續寫 1977 年的「向孩子說」序列組詩，同年另有在愛荷華寫的〈抱歉〉、〈呼喚〉發表，然而在愛荷華寫的〈眼淚〉，延至 1988 年應朋友邀稿才發表，這三首詩在《吳晟詩集》列為「愛荷華札記」，之後幾乎停寫，直到 1996 年才又開始發表「再見吾鄉」一序列組詩。2000 年之前的吳晟詩作，經常在吳晟各本詩集中重複，但〈眼淚〉僅選入《吳晟詩集》和《吳晟詩選》。

其實

吳晟基本上並不是一個「激進」的，急於「改造」世界的詩人。他有濃厚的對於母親、亡父、妻子、兒女、朋友的情感，而這些情感在他的生活中佔著極關輕重的位置。而他對於鄉土、民族和國家的情感，也是具體而實在地從這些家族血緣之愛擴充而大之的結果。〔註18〕

這是許南村對吳晟的評論。

〔註16〕吳音寧：〈開闊的土地　詩人的堅持──專訪吳晟〉《自由時報》（2000 年 5 月 20 日），第 39 版。
〔註17〕見附錄，吳晟訪問稿。
〔註18〕許南村：〈試論吳晟的詩〉，頁 41～42。

表 8-2　愛荷華返臺後創作上的影響

年代	詩　名	散文篇名
1980	不要忘記、有用的人。	下大雨的晚上、電視機、農藥。
1981	制止他們、從未料想過、異國的林子裏、遊船上、信箋、洗衣的心情、早餐桌旁、你一定不相信、雪景、早安、噩夢。	架起一座橋——《大家文學選》出版緣起。
1982	紛爭、不和你談論、叮嚀。	還之於自然、曬穀、樹的風波、菜園、嘮叨、繳穀、撿金、田水、運動、秋收後的田野、不驚田水冷霜霜、重重的巴掌、生病的時候、感心、挑秧苗——日頭赤炎炎之一、採花生——日頭赤炎炎之二、釣青蛙——日頭赤炎炎之三、譴責。
1983	沒有權利、說話課、大度山、然而、抱歉、愚行、詢問、期許、十一月十二日、設想、呼喚、兒童節、雀鳥、從此。	店仔頭、野菜、一枝草一點露、牽手、緩一緩腳步、又一簇新起住宅區、「店仔頭開講」示範村三章——好看面無路用、「店仔頭開講」示範村三章——騙肖、「店仔頭開講」示範村三章——不是自己好就好。
1984		誠惶誠恐話編選——「一九八三台灣詩選」編選工作報告、敢的拿去吃、遠行、不如別人一隻腳毛、忍聽生活的艱辛、怨嘆無路用、會生就要會顧、啥人教壞囡仔大小、一磚一木莫非心血、無關風雅談書房、臭水溝上的盆景、轉作、不見笑時代、這款錢也有人賺、現有現好，陷人起肖、鄉間道路、寧可勞動。
1985		綠化運動、無悔。
1986		病情、轉變、水聲（聲音小輯）、蟬聲（聲音小輯）、蛙聲（聲音小輯）、雀鳥、浴缸裏的魚、眼淚、小池裏較大一尾魚、餘蔭、人到中秋、不如相忘、親近鄉野、堤岸、滑泥、禁忌。
1987		獎賞、謊言、廣場、理性。
1988	眼淚。	沉默、抱歉、報馬、譴責。
1989		陪伴、山頂囝仔、退隱、遺物、衝突。

1990	抗爭。	期待、故鄉、田地、閒適、富裕。
1991		衝擊、寂寞、落實、歧視、街頭、如你還在、討人情。
1992	追究。	警惕、封建、主張、混淆、不可暴露身分。
1993		傳承、撿起一張垃圾、歲末、尊重——我所知道的莊秋雄。
1994	退出、你不必再操煩。	溪埔良田、自省、河床天地、賞樹、良田作物、河川整治、稻作記事。
1995		懷念採「豬母乳」的日子、詩畫有緣人無緣、情詩抄襲、命不該絕。
1996	回聲、意象、筆桿、經常有人向我宣揚、水啊水啊、高利貸、山洪、幫浦、土地公、賣田、不妊症、黑色土壤。	詩獎、波折、詩與歌、好為人師、人有緣 詩文無緣、軟弱的詩、石板上的詩、孤獨少年。
1997	寫詩的最大悲哀、我仍繼續寫詩、我時常看見你、一概否認、老農津貼、誰願意傾聽、出遊不該有感嘆、油菜花田。	詩畫有緣 人無緣（二）、詩情相思、試題、難堪與恩情、詩選何罪、詩集因緣之二——《吾鄉印象》、詩集因緣之一——《飄搖裡》、啟動文學教育、抉擇、寧可不要、拒絕序文、尖銳的諷刺。
1998	終於說不出話、我清楚聽見、機槍聲。	過年如過日、在天橋上看自己、我不久就要回去、過客、良緣、書籤、不知名的海岸、詩集因緣之三——《向孩子說》。
1999	揮別悲情、小小的島嶼、我們也有自己的鄉愁、角度、憂傷之旅、馬鞍藤、沿海一公里、去看白翎鷥、消失。	超越哀歌——《伊能再踏查》序。
2000	出版《吳晟詩選》	思考與行動、詩集因緣之四——《吳晟詩選》、未出世的詩選、詩名（1－14）、青青校樹、隱藏悲傷、兩相對照、後遺症、叫不敢、對年、豐富的挨打經驗、真的不痛、演講比賽、報告校長、失栽培、郵寄購書、蘭英的信。

五、尋找吳晟詩的遊蹤

　　吳晟在父親去世一年後，曾經因為心情低落，導致遷怒文學，將自費出版的《飄搖裡》〔註19〕及文學書籍，悉數燒毀和丟棄，以致後來整理資料時

〔註19〕吳晟：《飄搖裡》（屏東：中國書局，1966 年 12 月初版。）

備增困難，縱然 2000 年出版的《吳晟詩選》有詳盡編目，筆者仍然發現有 24 首詩未納入，實為可惜，這也是一般研究者在研究中遺漏的部份。筆者將其全文列於附錄，希望對詩人與喜愛吳晟作品的讀者或研究者能夠盡微薄之力。

表 8-3　未編入《吳晟詩選》編目的作品

項次	年份	年齡	詩　名	發表刊物	發表日期	備　註
1	1959	15	飛還吧！我底童年	亞洲文學 2 期	1959.11	以「吳勝雄」發表
2	1960	16	雨後	亞洲文學 6 期	1960.03	以「吳勝雄」發表
3	1961	17	醒睡	亞洲文學 17 期	1961.03	以「吳勝雄」發表
4	1962	18	中華兒女	青年世紀 14 期	1962.11.01	
5	1963	19	激流	文苑 2 卷 4 期	1963.03.01	以「吳昇夐」發表
6			別──給童年	文苑 2 卷 10 期（總 22 期）	1963.09.01	以「吳勝雄」發表
7			小徑	中華日報副刊	1963.06	
8			塑	文苑 2 卷 8 期（總 20 期）	1963.07.01	
9	1964	20	企	文苑 3 卷 2 期（總 26 期）	1963.01.10	以「吳勝雄」發表
10	1966	22	鳥	南風 13 期	1966.11	以「吳素」發表
11			孤石	南風 13 期	1966.11	以「吳素」發表
12			你	南風 13 期	1966.11	以「吳素」發表
13			月	南風 13 期	1966.11	以「吳素」發表
14	1967	23	過客	屏東農專雙週刊 1 號	1967.12.01	
15			誤	屏東農專雙週刊 1 號	1967.12.01	以「晟」發表
16	1969	25	門‧門‧門	大學雜誌 16 期	1969.04	
17			兩岸	大學雜誌 16 期	1969.04	
18	1970	26	不眠夜	屏東農專雙週刊	1970.01.01	
19			夜談	屏東農專雙週刊 39 號	1970.03.29	
20	1971	27	鄉居日記鈔（詩體七則）	南風 33 期	1971.06	

21			終結	幼獅文藝 234 期	1974.07	
22	1974	30	餘燼	幼獅文藝 234 期	1974.07	
23			迷津	幼獅文藝 234 期	1974.07	
24	1999	55	餘震總會停止	新觀念雜誌「文化心靈賑災特刊（2）」	1999.10.15	

本表所發現的作品全文放在附錄 3。

六、吳晟對鄉土情懷與環境保護疾呼的端倪

在吳晟 2000 年出版的《吳晟詩選》裡，發現每首詩的節數有越來越增加的現象，其中「吾鄉印象」與「再見吾鄉」的主題屬性較近，相比較之下，「吾鄉印象」大多以 4 節書寫，最多 5 節；但是，「再見吾鄉」普遍以 5 節、6 節、7 節書寫，甚至達到 9 節，此證明，詩人從 1984 年到 1993 年幾乎近於停筆寫詩，直到 1996 年再開始發表作品，在「再見吾鄉」這組序列詩，因為詩人對大地恆久不變的濃厚感情，延續「吾鄉印象」對環境的保護之心，促使筆力更為強勁，想呼籲眾人更珍惜和共同維護所處的環境，因為我們只有一個地球，我們只有一個國家，這些論述是經過吳晟證實。

表 8-4　吳晟詩書寫節數分析，以《吳晟詩選》為例

節　數	「飄搖裏」1963 年～1982 年作品	「吾鄉印象」1972 年～1977 年作品	「向孩子說」1977 年～1983 年作品	「再見吾鄉」1994 年～1999 年作品
1	1	0	0	0
2	2	0	0	0
3	0	3	1	1
4	8	20	8	2
5	7	6	4	9
6	1	0	0	8
7	2	0	1	5
8	0	0	1	3
9	0	0	1	1
共計篇數	21	29	16	29

本表詳盡資料列於附錄 4。

七、愛荷華的最後詩篇

「愛荷華札記」[註20]中〈抱歉〉、〈呼喚〉、〈眼淚〉這三首詩，是吳晟在愛荷華當訪問作家所寫，在一般研究論文中未見談及，然而除了「愛荷華家書」以外，這是在美國創作僅刊登的作品，若非朋友邀稿，可能會在吳晟持續起伏的心情下，讀者無法欣賞到。讀後有助於研究者，瞭解吳晟當時的無奈和哀痛之心，幾乎達崩潰狀態，以至於後來改以散文方式大量寫作。

八、對《尋訪詩的田野》[註21]資料的澄清

根據林明德:〈在傑作中尋幽訪勝〉，收入《尋訪詩的田野》序文，頁序7，提到2000年出版的《吳晟詩選》編目，漏列1980年〈呼求〉，經筆者所查，這首詩後來改了詩名，成〈呼喚〉，有關此部分，是經過吳晟證實。這首詩，是吳晟於1980年12月在愛荷華所寫，1983年9月以〈呼求〉刊登於台灣詩季刊第二號，在《吳晟詩選》編目，編於1983年，可見吳晟寫作對用字斟酌的用心。〈呼喚〉收入於《吳晟詩集》。[註22]原文如下:

〈呼求〉[註23]

逛過了繽粉眩目的時代廣場
見識了熙攘雜亂的中國街
紐約的夜已深了
空蕩蕩的地下鐵車站
你的話，夾在寒徹心肺的冷風中
一陣一陣撲向我

你說:無依地流浪太久了
曾盡奮力掙扎的淒涼
是我背棄了故鄉
還是故鄉拒絕了我
爭論起來多麼傷神呀

[註20]　吳晟:《吳晟詩集》(臺北:開拓出版有限公司，1994年11月15日初版一刷)，頁137~138。
[註21]　林廣:《尋訪詩的田野》(臺北:聯合文學出版社有限公司，2005年12月初版。)
[註22]　吳晟:《吳晟詩集》，頁140~142。
[註23]　吳晟:〈呼求〉，《台灣詩季刊》第二號(1983年9月)，頁74~75。

你何必寄望我什麼

多少逍遙自在的公寓

多少來去自如的名流

你才該去追究

追究他們如何擺弄家鄉的苦難

追究他們抽血的針管

怎能緊緊插在家鄉的土地不放

追究他們虛誇欺瞞的調子

怎能在家鄉散播傳唱

天涯流落的遊子呀

我憑什麼責求你

只因我剛從家鄉來

且即將回去

不堪面對這麼多斷絕家鄉

或被家鄉斷絕歸路的兄弟

凜冽的寒風中，我清晰聽見

有一句急迫熱切的呼求

在空蕩蕩的地下鐵車站

奔騰迴蕩，越來越猛烈——

家鄉呀！爭氣吧

家鄉呀！爭氣吧

　　　　　一九八〇年十二月於愛荷華

九、吳晟少年時期的詩與《吾鄉印象》的風格比較

　　經常有人說吳晟詩的風格是從《吾鄉印象》突然改變，甚至於說可能是祖先的庇佑，讓吳晟突然有那樣的功力，還有人說吳晟寫詩，是不重視技巧、不重視形式，其實這些都是無稽之談。

　　吳晟第一首詩《飛還吧！我底童年》寫於 1959 年，正值吳晟十五歲，讀初二時期：

飛還吧！我底童年——

金色的小鳥，

你，從我身邊悄悄地飛出，

悠遊到廣浩的海洋，

翱翔到無際底青空，

如今，你棲息在那個水鄉？

如今，你飛翔在何處雲霄？

冬天來了，為何不再回來？

飛還吧！我底童年——

金色的小鳥，

你不知我憂悒的心多麼惦念你？

你不知我孤寂的心園，

多麼需要你的歌唱？

飛還吧！我底童年——

金色的小鳥。

　　這首詩僅有一小節，其中「飛還吧！我底童年——／金色的小鳥」在詩裡重覆出現，結尾又出現，另外「如今，你棲息在那個水鄉？」、「如今，你飛翔在何處雲霄？」「如今，你……在……？」，「你不知我憂悒的心多麼惦念你」、「你不知我孤寂的心園」，的「你不知……」都是形成複沓的修辭手法。

　　1960 年的作品：

　　〈雨後〉

　　雨後，

　　陽光那樣的暖和，

　　雨後，微風是那樣的柔順，

　　空氣是那樣的清新而舒暢。

　　雨後的大地一切呀。

　　如換上一層彩色的新裝。　　（第一節）

「雨後」，這樣的詞句用了三次，其中「雨後，／陽光那樣的暖和」「雨後，微風是那樣的柔順」，是相同結構的詩句。

　　1961 年的作品

　　〈醒睡〉

　　無忌地彈起已鏽的七弦琴

　　無忌地背起吉普賽的行囊　　（第一節）

　　再不珍惜惡夢裡甜甜的淺笑

　　再不珍惜回憶裡酒窩的醉意　　（第二節）

　　悄悄告別灰暗夢境中的渾噩

　　翩動我永恆底信仰的雙翼──　　（第三節）

　　永恆地覓找理想的火花／理想的螢光　　（第四節）

　　無論是在第一節「無忌地彈起已鏽的七弦琴／無忌地背起吉普賽的行囊」，或第二節「再不珍惜惡夢裡甜甜的淺笑／再不珍惜回憶裡酒窩的醉意」，或是第四節「理想的火花」、「理想的螢光」都是「類句」的形式。

　　1963 年的〈激流〉

　　流星的灰瞳蘊藏幾許絕望？

　　微塵的漂蕩舞著幾許夢幻？　　（第一節）

　　任圓圓的光輝

　　烘亮滿天燦笑──

　　冰冷的北風吹來

　　細細底碎影搖落了你的眸光

　　雲沉重地飄來

　　疊疊的明月復懼於你的足間　　（第二節）

　　幽幽禱詞流溢著……

　　萬能的神恆踏雲遊底步姿

　　眸眤的眼色輕掃

　　緘默的小蟻恆示你綿綿底力　　（第三節）

　　背審視的鏡而立

　　而棄串絢顏的采帶，棄黑暗的困羈

　　於淺淺一波之週旋──

　　而緊貼冷冷底黑土。　　（第四節）

　　流星的灰瞳蘊藏幾許絕望？

　　微塵的漂蕩舞著幾許夢幻？　　（第五節）

　　第一節「流星的灰瞳蘊藏幾許絕望？／微塵的漂蕩舞著幾許夢幻？」這是「類句」的書寫方式，詩中的詞性相同。第二節「任圓圓的光輝」、「細細底

碎影搖落了你的眸光」、「疊疊的明月」，第三節「幽幽禱詞流溢著」、「緘默的小蟻恆示你綿綿底力」，第四節「於淺淺一波之週旋」、「而緊貼冷冷底黑土」這首詩一共有五節，詩中使用「圓圓、細細、疊疊、幽幽、綿綿、淺淺、冷冷」許多的「疊字」。第一節和第五節，以相同樣文字開始和結束，句子前後呼應。

　1963 年的〈別──給童年〉
　　　採朵素顏底沉默贈你
　　　抹以淺淺笑姿，抹以遺忘
　　　讓搖搖欲墜底重量
　　　溶於我不安地波動著的雙眸　　（第一節）

　　　洶湧而來洶湧而去的濤濤逝往
　　　激不起純白泡沫
　　　濺向你，濺向我
　　　飲其悠遠，飲其澎湃
　　　為何切不斷漫漫塵埃底羈絆
　　　而輕靈地躍入？　　（第二節）

　　　不要回顧啊，不要回顧
　　　自你黯黯睫蔭，我讀得出
　　　行行來回擺蕩的心影
　　　緊絞著的心影　　（第三節）

　　　就讓搖搖欲墜底重量
　　　溶於我不安地波動著的雙眸吧
　　　就讓我採朵素顏底沉默
　　　贈你　　（第四節）

　　詩中使用大量的「類疊」，如「抹以……」、「淺淺」、「搖搖」、「濤濤」、「漫漫」、「黯黯」、「行行」，第二節「洶湧而來洶湧而去」，第三節「不要回顧啊，不要回顧」。在第一節、第四節裡讓「讓搖搖欲墜底重量／溶於我不安地波動著的雙眸」，又是前後呼應的「複沓」藝術手法。

　　尚有許多作品，可以看出吳晟詩的風格，在年少時已見雛型，1971 年吳晟畢業返鄉教書，課餘陪母親耕種，與鄉人有更多接觸機會，對談中使用民間語言頻繁，又在夜半勤於詩耕，於是對家鄉的情感和用詞，在作品中自然

融入。從《吾鄉印象》更見筆法成熟，詩句往淺白平易發展，這部分是和年少的作品最大相異處，任何事都是有跡可尋，絕對不能貿然判斷吳晟詩的風格形成方式。

十、吳晟詩的總量

（一）2000 年之前的作品，除《吳晟詩選》編目外，應該加上新發現 24 首，共為 258 首。

（二）《他還年輕》〔註 24〕內有 52 首。

（三）總計吳晟十五歲創作至《他還年輕》所含詩作為 310 首。2000 年之前的作品，或許陸續還會再發現，帶給讀者驚喜，這是衷心的期待。

〔註 24〕吳晟：《他還年輕》（臺北：洪範書店有限公司，2014 年 10 月初版。）

第九章　結　論

　　一篇學位論文的學術性，在於對原著者的創作理念，能否完整的瞭解，並闡揚其精神，除此之外，針對前人研究不足的地方，能有新發現可以證實加以補充。筆者正是秉持這種認知和鍥而不捨的精神，抽絲剝繭找出當今許多評論對吳晟寫作錯誤的論述之導正。研撰中，對吳晟詩集遺漏的詩作加以整理，無論是對詩人或是後來對吳晟詩的研究者，將會有所助益。

　　吳晟詩的動人，不在美麗的修辭，不在遣詞用句的雕琢。因為詩人的敦樸、和國土之愛，使得他的作品具渾然真摯的情感，也因為愛的力量，化作感情密度極高的文字，因此作品長久流傳。

　　2007 年，吳晟以詩榮獲第三十屆吳三連文學獎，評定書說他的詩

　　　　不僅止於臺灣鄉土、農村事物的描繪，同時具有強烈的臺灣土地認
　　　　同和寫實主義的批判精神

說他的散文

　　　　深刻切入臺灣農村，描寫臺灣農村對經濟發展過程的貢獻，紀錄臺
　　　　灣農村、農民的多種面向，表現農民可貴的堅韌、刻苦、剛毅與包
　　　　容特質，突出了臺灣人的共同精神。

對於吳晟以一年苦行擔任南投縣駐縣作家，尋找濁水溪的源流與書寫，更以

　　　　樹立臺灣知識份子身體力行、關愛鄉土的典範

做為讚譽。

　　吳晟一生，身躬力行，做為臺灣農民的守護者，獲得吳三連終身貢獻獎的肯定，真是名至實歸。

　　具有鄉土意識、鄉土情懷者，大地是他內心深處永遠的召喚，土地是生命力量的根源，滋養著生命，人類與萬物依靠它，才能世世代代繁衍傳遞。

　　藉著詩，叩訪詩人最深層的心靈世界，每首詩篇，在參與見證農村的變遷。以儒家民胞物與的精神和熱忱，對吾國、吾土、吾民的關愛。以土地為軸心，以圓的方式擴展，對社會、對環境生態、政治、經濟、教育持續性的關懷和對政府理性的批判。吳晟，曾被質疑詩意淺白，遣詞過於口語化，視角過於褊狹，但林廣卻認為：

　　　　吳晟的詩作其實蘊含著一種深邃的美學，只是這種美被他純厚的語
　　　　言蓋住，必須深入去探索才能發現他心靈的內頁風景。〔註1〕

　　多數人將他定位為鄉土詩人，但不足以概括詩人在詩壇的整體風貌及貢獻。吳晟以鄉土詩嶄露頭角，卻不受侷限，反而擴展關懷更多的面向，放射範圍涵蓋萬物，在發表「晚年冥想」〔註2〕組詩後，回歸生命本體，完整了吳晟詩的歷程。

　　渡也曾說：

　　　　文學必須具有社會及時代使命，詩聖杜甫之所以偉大即在於其時時
　　　　關心民生疾苦，憂國憂民，具有極高極大的理念，其詩作夠得上稱
　　　　為真正的藝術。〔註3〕

　　　　文學作品必須有思想、有血有肉，有社會使命及時代使命，必須具
　　　　有積極性和提升人類、引導人生的功能。〔註4〕

　　康原也提出相似的看法：

　　　　作家的偉大，他必須要能忠實的擁抱自己的鄉土，挖掘問題，探討
　　　　問題，反映問題，使這種社會，國家更臻於完美的境界。〔註5〕

　　這些話，用在吳晟身上實在恰當。

　　廖師一瑾對吳晟也讚譽有加：

〔註1〕林廣：《尋訪詩的田野》（臺北：聯合文學出版社有限公司，2005 年 12 月初版），頁 325。

〔註2〕收入吳晟：《他還年輕》（臺北：洪範書店有限公司，2014 年 10 月初版。）

〔註3〕渡也：《新詩補給站》（臺北：三民書局股份有限公司，1995 年 2 月初版），頁25。

〔註4〕渡也：《新詩補給站》，頁 38。

〔註5〕康原：〈農婦與泥土——小論吳晟的詩與散文〉，《文訊》第 1 期（1983 年 7 月），頁 101。

　　古有白居易，今有吳老師……白居易早年積極從事政治改革，對民
　　生格外關懷，主張詩歌創作不應該離開現實，必須取材於現實中，
　　對時代的狀況積極反映；而吳老師數十年來對土地、民生、社會、
　　政治、教育……種種的關懷令人敬佩，在作品中積極反映環境的現
　　實面不遺餘力，這種精神不愧為今之白居易。〔註6〕

　　數十年秉持熱忱和良知，以及對鄉土意識的實踐，呼籲改革的心亙古彌
新，並親身投入其中走在最前線，是在臺灣這塊土地難得一見的鄉土詩人。
他的一生有始有終，就像水稻成長的過程：秧、陽、仰、漾完美呈現。吳晟的
文學作品是他的生命詮釋，歷經將近一甲子，始終在為臺灣這塊孕育成長的
母親，謳歌與關懷。研究吳晟的作品，不如說，是向詩人一生的堅持、守護大
地的精神致敬。

〔註6〕於 2014 年 6 月 2 日，臺北市雅博客書店，吳晟新書《守護母親之河：筆記濁
　　　　水溪》發表會場所言。

參考文獻

一、專書

吳晟著作

（一）詩集

1. 吳晟：《飄搖裏》（屏東：中國書局，1966 年 12 月初版。）
2. 吳晟：《吾鄉印象》（新竹：楓城出版有限公司，1976 年 10 月初版。）
3. 吳晟：《泥土》（臺北：遠景出版社，1979 年 8 月三版。）
4. 吳晟：《飄搖裏》（臺北：洪範書店有限公司，1985 年 6 月初版。）
5. 吳晟：《吳晟詩集》（臺北：開拓出版有限公司，1994 年 11 月 15 日初版一刷。）
6. 吳晟：《吳晟詩選》（臺北：洪範書店有限公司，2008 年 9 月初版四印。）
7. 吳晟：《向孩子說》（臺北：洪範書店有限公司，2012 年 6 月初版五印。）
8. 吳晟：《吾鄉印象》（臺北：洪範書店有限公司，2012 年 6 月初版四印。）
9. 吳晟：《他還年輕》（臺北：洪範書店有限公司，2014 年 10 月初版。）

（二）散文集

1. 吳晟：《店仔頭》（臺北：洪範書店有限公司，1985 年 8 月三版。）
2. 吳晟：《無悔》（臺北：開拓出版有限公司，1992 年 10 月 15 日初版一刷。）
3. 吳晟：《不如相忘》（臺北：開拓出版有限公司，1994 年 11 月 15 日初版一刷。）

4. 吳晟:《不如相忘》（臺北:華成圖書出版股份有限公司,2002 年 9 月初版一刷。）吳晟:《農婦》（臺北:洪範書店有限公司,2005 年 8 月初版十二印。）

5. 吳晟:《一首詩一個故事》（臺北:聯合文學出版社有限公司,2006 年 1 月 1 日初版三刷。）

6. 吳晟:《筆記濁水溪》（臺北:聯合文學出版社有限公司,2009 年 10 月 10 日初版三刷第一次。）

7. 吳晟、吳明益主編:《溼地　石化　島嶼　想像》（臺北:有鹿文化事業有限公司,2011 年 1 月初版。）

8. 吳晟:《守護母親之河:筆記濁水溪》（臺北:聯合文學出版社有限公司,2014 年 4 月 8 日增定版一刷。）

二、專著

1. 白萩:《現代詩散論》（臺北:三民書局有限公司,1972 年 5 月初版。）

2. 林煥彰編:《近三十年新詩書目》 （臺北:書評書目社,1976 年 2 月 25 日初版。）

3. 尉天驄主編:《鄉土文學討論集》（臺北:遠景出版事業公司,1978 年 4 月出版。）

4. 竺家寧:《語言風格與文學韻律》（臺北:五南圖書出版有限公司。1979 年 3 月初版。）

5. 黃永武:《中國詩學──思想篇》（臺北:巨流圖書,1979 年 7 月一版二印。）

6. 蕭蕭、楊子澗:《中學生白話詩選》（臺北:故鄉出版社有限公司,1980 年 4 月 15 日初版。）

7. 黃永武:《中國詩學──考據篇》（臺北:巨流圖書,1980 年 4 月一版三印。）

8. 黃永武:《中國詩學──設計篇》（臺北:巨流圖書,1980 年 5 月一版五印。）

9. 黃永武:《中國詩學──鑑賞篇》（臺北:巨流圖書,1980 年 5 月一版四印。）

10. 蕭蕭:《現代詩入門——寫作與導讀》(臺北:故鄉出版社有限公司,1982 年 2 月 20 日初版。)

11. 陳映真:《歷史的孤兒　孤兒的歷史》(臺北:遠景出版公司,1984 年 9 月出版。)

12. 國立中央圖書館編印:《現代詩三十年展覽目錄》(臺北:國立中央圖書館,民國 1984 年 10 月 6 日。)

13. 張錯編:《千曲之島》(臺北:爾雅出版社有限公司,1987 年 7 月 20 日初版。)

14. 古繼堂:《台灣新詩發展史》(臺北市:文史哲出版社,1989 年 7 月,初版。)

15. 葉石濤:《走向台灣文學》,(臺北:自立晚報社文化出版部,1990 年 3 月,第 1 版。)

16. 楊昌年:《現代詩的創作與欣賞》(臺北:文史哲出版社,1991 年 9 月初版。)

17. 張默編:《台灣現代詩編目一九四九——一九九五》(臺北:爾雅出版社有限公司,民國 81 年 5 月 4 日初版。)

18. 孟樊主編:《當代台灣文學評論大系(4)——新詩批評》(臺北:正中書局,1993 年 5 月臺初版。)

19. 莊淑芝:《台灣新文學觀念的萌芽與實踐》(臺北:麥田出版有限公司,1994 年 7 月 1 日初版一刷。)

20. 渡也:《新詩補給站》(臺北:三民書局股份有限公司,1995 年 2 月初版。)

21. 宋田水:《「吾鄉印象」的鄉土美學——論吳晟》(臺北:前衛出版社 1995 年 2 月初版第一刷。)

22. 孟樊:《當代台灣新詩理論》(臺北:揚智文化事業股份有限公司,1995 年 6 月第二版。)

23. 楊照:《文學、社會與歷史想像——戰後文學史散論》(臺北:聯合文學出版社有限公司,1996 年 3 月初版二刷。)

24. 封德屏主編:《臺灣現代詩史論:臺灣現代詩史研討會實錄》(臺北:文訊雜誌出版,1996 年 3 月初版。)

25. 張春榮：《修辭萬花筒》（板橋：駱駝出版社，1996 年 9 月初版一刷。）

26. 江寶釵、詩懿琳，與曾珍珍編：《台灣的文學與環境》（高雄：麗文文化事業公司，1996 年 6 月。）

27. 向明：《新詩 50 問》（臺北：爾雅出版社有限公司，1997 年 2 月初版。）

28. 李瑞騰：《新詩學》（板橋：駱駝出版社，1997 年 3 月初版一刷。）

29. 張默：《台灣現代詩概論》（臺北：爾雅出版社，1997 年 5 月初版。）

30. 李漢偉：《台灣新詩的三種關懷》（板橋：駱駝出版社，1997 年 10 月初版一刷。）

31. 道家的人文精神

32. 林央敏：《台語文學運動史論》（臺北：前衛出版社，1997 年 11 月修訂版第一刷。）沈奇：《台灣詩人散論》（臺北：爾雅出版社有限公司，1996 年 11 月 20 日初版。）

33. 潘麗珠：《現代詩學》（臺北：五南圖書出版股份有限公司，1998 年 3 月初版二刷。）

34. 向明：《新詩後 50 問》（臺北：爾雅出版社有限公司，1998 年 4 月 15 日初版。）

35. 瘂弦，陳義芝主編《八十六年詩選》（臺北：爾雅出版社有限公司，1998 年 5 月 30 日初版。）

36. 焦桐：《台灣文學的街頭運動：一九七七──世紀末》（臺北：時報文化出版企業股份有限公司，1998 年 11 月 10 日初版一刷。）

37. 潘麗珠：《臺灣現代詩教學研究》（臺北：五南圖書出版股份有限公司，1999 年 3 月初版一刷。）

38. 陳義芝：《不盡長江滾滾來》（臺北：幼獅文化股份有限公司，1999 年 3 月二版。）

39. 廖永來：《廖永來詩選》（臺北：草根出版公司 2000 年 2 月初版。）

40. 李敏勇：《台灣詩閱讀──探觸五十位臺灣詩人的心》（臺北：玉山社出版事業股份有限公司，2000 年 9 月一版一刷。）

41. 趙天儀：《台灣文學的週邊──台灣文學與台灣現代詩的對流》（臺北：富春文化事業股份有限公司，2000 年 12 月一版一刷。）

42. 施炳華：《行入台語的花園》（臺南：真平企業有信限公司，2001 年 1 月初版。）

43. 廖永來:《你在我最深的內心:縣長的詩生活》(臺北:望春風文化事 業股份有限公司,2001 年 4 月初版。)

44. 林明德編:《台灣現代詩經緯》(臺北:聯合文學出版社有限公司,2001 年 6 月初版。)

45. 張默編:《台灣現代詩集編目 一九四九～二○○○》(臺北:台北市政府 文化局,2001 年 9 月 1 日。)

46. 莫渝:《新詩隨筆——北台灣文學 (53)》(臺北:臺北縣政府 2001 年 12 月。)

47. 梁宗岱:《詩與真》(臺北:臺灣商務印書館股份有限公司,2002 年 11 月 二版一刷。)

48. 應鳳凰:《臺灣文學花園——吳晟的向孩子說》(臺北:玉山社出版事業 股份有限公司,2003 年 1 月初版一刷。)

49. 張默:《現代百家詩選 (新編)》(臺北:爾雅出版社有限公司,2003 年 6 月 5 日初版。)

50. 古繼堂主編:《簡明台灣文學史》(臺北:人間出版社,2003 年 7 月初版 一刷。)

51. 蕭蕭:《中學生現代詩手冊》(臺北:翰林出版事業股份有限公司,2003 年 9 月修訂三版。)

52. 葉石濤:《臺灣文學史綱》(高雄:春暉出版社,2003 年 10 月 20 日再 版。)

53. 黃慶萱:《修辭學》(臺北:三民書局股份有限公司,2004 年 1 月增訂三 版二刷。)

54. 向陽:《浮世星空新故鄉——臺灣文學傳播議題析論》(臺北:三民書局 股份有限公司,2004 年 1 月初版一刷。)

55. 潘麗珠:《現代詩學》(臺北:五南圖書出版股份有限公司,2004 年 3 月 二版一刷。)

56. 彭瑞金:《台灣新文學運動 40 年》(臺北:春暉出版社,2004 年 9 月再 版。)

57. 聯合報副刊編輯:《臺灣新文學發展重大事件論文集》(臺南:國家臺灣 文學館,2004 年 12 月。)

58. 白靈：《一首詩的玩法》（臺北：九歌文學書屋，2005 年 10 月 10 日初版二刷。）

59. 尉天驄：《是夢也是追尋》（臺北：圓神出版社有限公司，2005 年 3 月初版。）

60. 林廣：《尋訪詩的田野》（臺北：聯合文學出版社有限公司，2005 年 12 月初版。）

61. 曾潔明：《吳晟詩文中的人物研究》（臺北：萬卷樓圖書股份有限公司，2006 年 1 月初版。）

62. 歸人編：《楊喚全集 I》（臺北：洪範書店有限公司，2006 年 4 月二版。）

63. 蕭蕭：《現代詩學》（臺北：東大圖書公司，2006 年 7 月二版一印。）

64. 張雙英：《二十世紀臺灣新詩史》（臺北：五南圖書出版股份有限公司，2006 年 8 月初版一刷。）

65. 張春榮：《修辭散步》（臺北：東大圖書股份有限公司，2006 年 9 月增訂二版一刷。）

66. 林明德：《臺灣新詩研究——中生代詩家論》（臺北：五南圖書出版股份有限公司，2007 年 2 月初版一刷。）

67. 陳黎，張芬齡：《詩樂園》（臺南：南一書局企業股份有限公司，2007 年 4 月初版。）

68. 邱貴芬、柳書琴主編：《台灣文學與跨文話流動：東亞現代中文文學國際學報第三期，台灣號（2007）》（臺北：行政院文化建設委員會，2007 年 4 月出版。）

69. 蕭蕭：《現代新詩美學》（臺北：爾雅出版社有限公司，2007 年 7 月 20 日初版。）

70. 張錦忠、黃錦樹：《重寫臺灣文學史》（臺北：城邦文化事業股份有限公司，2007 年 9 月 1 日初版一刷。）

71. 陳映真主編：《左翼傳統的復歸——鄉土文學論戰三十年》（臺北：人間出版社，2008 年 1 月初版一刷。）

72. 古遠清：《台灣當代新詩史》（臺北：文津出版社有限公司，2008 年 1 月初版。）

73. 王德威：《如何現代，怎樣文學？》（臺北：城邦文化事業股份有限公司，2008 年 2 月 1 日初版一刷。）

74. 林明德編：《鄉間子弟鄉間老》（臺中：星辰出版有限公司，2008 年 2 月 15 日初版。）

75. 行政院文化建設委員會策劃主編：《閱讀文學地景：新詩卷》（臺北：行政院文化建設委員會，2008 年 4 月 30 日初版。）

76. 馬悅然，奚密與向陽編輯：《二十世紀臺灣詩選》（臺北：麥田出版有限公司，2008 年 11 月 1 日三版一刷。）

77. 須文蔚主編：《文學@台灣：11 位新銳台灣文學研究者帶你認識台灣文學》（臺南：台灣文學館，2008 年 9 月初版。）

78. 歸人編：《楊喚全集 II》（臺北：洪範書店有限公司，2009 年 4 月二版。）

79. 張默編：《現代百家詩選 1952-2009》（臺北：爾雅出版社有限公司，2009 年 5 月三版。）

80. 横路啟子：《文學的流離與回歸——三十年代鄉土文學論戰論》（臺北：聯合文學出版有限公司，2009 年 10 月 20 日初版一刷。）

81. 蔡源煌：《從浪漫主義到後現代主義——文學術語新詮》（臺北：書林出版有限公司，2009 年 11 月一版。）

82. 蕭蕭：《蕭蕭教你寫詩、為你解詩》（臺北：九歌出版社有限公司，2010 年 6 月 10 日增訂新版。）

83. 林明德：《親近彰化文學作家》（臺中：星辰出版有限公司，2011 年 2 月 23 日初版。）

84. 彭瑞金編選：《臺灣現當代作家研究資料彙編——葉石濤》（臺南：國立台灣文學館，2011 年 3 月初版一刷。）

85. 宋裕策劃：《與作家有約》（臺北：幼獅文化股份有限公司，2011 年 4 月初版。）

86. 林皇德：《用愛釀成篇章——臺灣文學家的故事》（臺南：國立臺灣文學館，2011 年 7 月初版一刷。）

87. 張錯：《西洋文學術語手冊——文學詮釋舉隅第二版》（臺北：書林出版有限公司，2011 年 9 月二版初刷。）

88. 陳芳明：《台灣新文學史上冊》（臺北：聯經出版事業股份有限公司，2011 年 10 月初版。）

89. 陳芳明：《台灣新文學史下冊》（臺北：聯經出版事業股份有限公司，2011 年 10 月初版。）

90. 戴華萱：《鄉土的回歸——六、七〇年代台灣文學走向》（臺南：國立臺灣文學館，2011 年 11 月初版一刷。）

91. 高明士主編：《臺灣史》（臺北：五南圖書出版股份有限公司，2012 年 2 月二版四刷。）

92. 林明德總策劃：《親近臺灣文學——作家現身》（臺北：五南圖書出版股份有限公司，2012 年 2 月二版四刷。）

93. 白靈：《一首詩的誕生》（臺北：九歌出版社有限公司，2012 年 3 月增訂三印。）

94. 蕭蕭、白靈主編：《臺灣現代文學教程：新詩讀本》（臺北：二魚文化事業有限公司，2012 年 5 月。）

95. 陳芳明：《詩人楊牧——練習曲的演奏與變奏》（臺北：聯經出版事業股份有限公司，2012 年 5 月初版。）

96. 陳政彥：《跨越時代的青春之歌——五、六〇年代臺灣現代詩運動》（臺南：國立臺灣文學館，2012 年 10 月初版一刷。）

97. 陳允勇總編輯：《彰化縣文學家的城市》（彰化：彰化縣文化局，2012 年 11 月第一版第一刷。）

98. 蔡明諺：《燃燒的年代——七〇年代台灣文學論爭史略》（臺南：國立臺灣文學館，2012 年 11 月初版一刷。）

99. 楊宗翰：《台灣新詩評論——歷史與轉型》（臺北：秀威資訊科技，2012 年 12 月 16 日初版。）

100. 瘂弦主編：《天下詩選 I ——1923～1999 台灣》（臺北：天下遠見出版股份有限公司，2013 年 5 月 20 日初版第 16 次印刷。）

101. 瘂弦主編：《天下詩選 II ——1923～1999》（臺北：天下遠見出版股份有限公司 2013 年 5 月 20 日初版第 13 次印刷。）

102. 鐘聖雄、許震唐：《南風》（新北市：衛城出版，2013 年 7 月初版。）

三、期刊與報紙

1. 吳晟：〈中華兒女〉，《青年世紀》第 14 期（1962 年 11 月 1 日）。

2. 周寧：〈一張木訥的口——初讀吳晟的詩「吾鄉印象」與「植物篇」〉，《書評書目》第 38 期（1976 年 6 月），頁 51～56。

3. 掌杉：〈「吾鄉印象」與中國現代詩的鄉土精神〉，《書評書目》43 期（1976年）。

4. 顏炳華：〈吳晟印象〉，《幼獅文藝》第 44 卷 4 期，（1976 年 10 月），頁125～146。

5. 康原：〈從真摯出發——兼論吳晟詩集「泥土」〉，《幼獅文藝》第 51 卷第1 期（1980 年 1 月），頁 154～160。

6. 掌杉：〈吳晟來臺北〉，《幼獅文藝》第 51 卷 1 期，（1980 年 1 月），頁 152～153。

7. 掌杉：〈試論吳晟的「吾鄉印象」〉，《明道文藝》第 58 期（1981 年 1 月），頁 150～158。

8. 掌杉：〈略論吳晟「泥土」詩集中的寫作技巧〉，《書評書目》第 94 期（1981年 2 月），頁 71～79。

9. 李敏勇：〈評巫永福的「泥土」與吳晟的「泥土」〉，《笠》第 104 期（1981年 8），頁 66～72。

10. 康原：〈平淡的深情——論「愛荷華家書」（吳晟）〉，《明道文藝》第 71期（1982 年 2 月），頁 149～151。

11. 康原：〈溫馨的鄉音・吳晟的散文集「農婦」〉，《明道文藝》第 83 期（1983年 2 月），頁 94～97。

12. 許南村：〈試論吳晟的詩〉，《文季》第 1 卷第 2 期（1983 年 6 月），頁 16～44。

13. 康原：〈農婦與泥土——小論吳晟的詩與散文〉，《文訊》第 1 期（1983 年7 月），頁 98～101。

14. 侯吉諒：〈關懷鄉土與放眼天下——評「一九八三臺灣詩選」・吳晟主編〉，《創世紀詩雜誌》第 65 期（1984 年 10 月），頁 251～254。

15. 蕭蕭：〈向孩子說些什麼？——讀吳晟的「向孩子說」〉，《文訊》第 21 期（1985 年 12 月），頁 218～226。

16. 陳益源：〈訪吳晟談「負荷」〉，《國文天地》第 9 期（1986 年 2 月），頁90～93。

17. 張健：〈吾鄉・孩子・飄搖——評吳晟的三本詩集〉，《聯合文學》第 2 卷第 4 期（1986 年 2 月），頁 143～144。

18. 李豐楙：〈寫實的農村隨筆——評吳晟「店仔頭」〉，《聯合文學》第 2 卷第 5（1986 年 3 月），頁 212～213。

19. 吳晟：〈少年書房——眾生皆有情〉，《幼獅少年》第 171 期（1991 年 1 月），頁 24～25。

20. 謝四海：〈直接認同大地的彰化鄉土詩人——吳晟〉，《儒林學報》第 7 期（1991 年 6 月），頁 17～21。

21. 李明白：〈一位執著於人和土地之間的作家——訪吳晟〉，《臺灣文藝》第 6 期（1991 年 8 月），頁 49～57。

22. 楊琇惠：〈吳晟鄉土詩中的現實意象及其內涵〉，《傳習》第 12 期（1994 年 6 月），頁 139～146。

23. 林明德：〈臺灣文學中的歷史經驗——以吳晟的作品為例〉，《文學臺灣》第 13 期（1995 年 1 月），頁 288～320。

24. 康原：〈建構臺灣農村圖像——論吳晟的散文集「不如相忘〉，《文訊》第 74 期 112（1995 年 2 月），頁 7～10。

25. 康原：〈建構臺灣農村圖像——論吳晟的散文集「不如相忘」〉，《文訊》第 75 期（1995 年 3 月），頁 10～13。

26. 許碧純：〈濁水溪畔一位詩人的喟歎「吳晟」從吾鄉印象到再見吾鄉〉，《新觀念》第 97 期（1996 年 11 月），頁 18～27。

27. 宋澤萊：〈論吳晟散文的重大價值——日據時期以來臺灣農村生活記實文學的巔峰〉，《臺灣新文學》第 6 期（1996 年 12 月），頁 206～215。

28. 劉原君、涂亞鳳：〈當代成名作家訪談錄——訪吳晟〉，《臺灣新文學》第 6 期（1996 年 12 月），頁 16～25。

29. 郭秋生：〈建設「台灣話文」一提案〉，《台灣新聞》（1977 年 7 月 7 日）。

30. 施懿琳：〈稻作文化蘊育下的農民詩人——試析吳晟新詩的性格特質與批判精神〉，《台灣新文學》第 9 期（1997 年 12 月），頁 315～331。

31. 施懿琳：〈稻作文化蘊育下的農民詩人——試析吳晟新詩的性格特質與批判精神〉，《台灣新文學》第 10 期（1998 年 6 月），頁 322～337。

32. 楊鴻銘：〈吳晟「泥土」等詩多解論〉，《孔孟月刊》第 37 卷第 6 期（1999 年 2 月），頁 46～49。

33. 施懿琳：〈從隱抑到激越——論吳晟詩的政治關懷〉《台灣日報·台灣副刊》。(上) 1999 年 5 月 27 日，(中) 1999 年 5 月 28 日，(下) 1999 年 5 月 29 日。

34. 蔡英鳳：〈吳晟詩「向孩子說」在語言要素上之修辭研究〉，《問學集》第 9 期 (1999 年 6 月)，頁 98～116。

35. 林佩如、劉麗貞、陳思嫻：〈用泥巴塑造文學生命的詩人——吳晟〉，《臺灣文藝》168/169 (1999 年 6 月)，頁 49～54。

36. 康原：〈東羅溪畔的文學家——吳晟〉，《彰化藝文》第 5 期 (1999 年 10 月)，頁 14～19。

37. 吳音寧：〈開闊的土地　詩人的堅持——專訪吳晟〉《自由時報》(2000 年 5 月 20 日)，第 39 版。

38. 羅葉：〈土地與詩的救贖——評介《吳晟詩選》之「再見吾鄉」〉，《文訊》第 179 期 (2000 年 9 月)，頁 27～28。

39. 莊紫蓉：〈田埂上的詩人——吳晟專訪〉，《臺灣文藝》第 172 期 (2000 年 10 月)，頁 111～126。

40. 應鳳凰：〈吳晟詩集「吾鄉印象」〉，《明道文藝》第 302 期 (2001 年 5 月)，頁 19～23。

41. 游喚：〈論臺灣現代詩史書寫的相關問題〉，《國文學誌》第 5 期 (2001 年 12 月)，頁 187～208。

42. 林政華：〈首部區域文學讀本——評介臺中縣中小學吳晟等編《臺灣文學讀本》〉，《文訊》第 198 期 (2002 年 4 月)，頁 24。

43. 張鴻愷：〈從吾鄉印象吳晟著析論吳晟的鄉土情懷〉，《臺灣文藝》，第 183 期 (2002 年 8 月)，頁 48～65。

44. 羊子喬：〈濁水溪·臺灣的動脈——展讀吳晟「筆記濁水溪」有感〉，《聯合文學》第 18 卷第 12 期 (2002 年 10 月)，頁 164～166。

45. 林廣：〈尋訪一條被遺忘的詩路——評析吳晟的詩〉，《明道文藝》第 323 期 (2003 年 2 月)，頁 70～73。

46. 玉文仁、陳沛淇：〈亞熱帶的文學田園——店仔頭讀詩〉，《文化視窗》第 56 期 (2003 年 10 月)，頁 41。

47. 章綺霞：〈親近文學·親近土地——淺談「筆記濁水溪」的教學引導與設計〉，《國文天地》第 19 卷第 8 期 (2004 年 1 月)，頁 83～85。

48. 王文仁：〈親近文學·從閱讀開始:專訪靜宜大學與修平技術學院駐校作家吳晟〉，《臺灣文學館通訊》第 3 期（2004 年 3 月），頁 70～73。

49. 曾麗壎：〈農村詩人吳晟〉，《書香遠傳》第 15 期（2004 年 8 月），頁 36～38。

50. 蔡依伶：〈家在溪洲，吳晟〉，《印刻文學生活誌》第 1 卷第 6 期（2005 年 2 月），頁 150～157。

51. 曾麗壎：〈農村詩人──吳晟〉，《Taiwan News 財經·文化周刊》第 173 期（2005 年 2 月），頁 84～85。

52. 曾潔明：〈一本厚厚的大書──論吳晟詩文中的母親形象〉，《國文天地》第 20 卷第 10 期（2005 年 3 月），頁 91～102。

53. 曾潔明：〈相偎相依的人生旅程〉，《國教世紀》第 215 期（2005 年 4 月），頁 39～44。

54. 李欣倫：〈吳晟印象:謙卑或者樸實、真誠或者靦腆〉，《聯合文學》第 21 卷第 6 期（2005 年 4 月），頁 74～83。

55. 李欣倫：〈吳晟以及那些謙卑面對死亡的詩句〉，《聯合文學》第 21 卷第 6 期（2005 年 4 月），頁 62～73。

56. 劉慧珠：〈詩與散文之間──吳晟文學生命的抉擇〉，《國文天地》第 20 卷第 12 期（2005 年 5 月），頁 62～66。

57. 曾潔明：〈家禽家畜的代言人──析論吳晟的新詩「禽畜篇」〉，《中國語文》第 96 卷第 5 期（2005 年 5 月），頁 51～57。

58. 曾潔明：〈家禽家畜的代言人──析論吳晟的新詩「禽畜篇」〉，《中國語文》第 96 卷第 6 期（2005 年 6 月），頁 54～65。

59. 林廣：〈繫根在故鄉的土地──評析吳晟「吾鄉印象」〉，《明道文藝》第 357 期（2005 年 12 月），頁 118～126。

60. 劉梓潔採訪：〈國中篇──吳晟:永遠的農村詩人〉，《聯合文學》第 22 卷第 6 期（2006 年 4 月），頁 78～81。

61. 余欣娟：〈論吳晟詩作中家鄉意象的流轉及其網絡〉，《臺灣詩學學刊》第 7 期（2006 年 5 月），頁 85～113。

62. 謝美萱：〈吳晟:燃燒熱情·書寫土地與生命的詩人〉，《人本教育札記》第 204 期（2006 年 6 月），頁 9～13。

63. 吳明益：〈且讓我們蹚水過河：形構臺灣河流書寫——文學的可能性〉，《東華人文學報》第 9 期（2006 年 7 月），頁 177～214。

64. 陳雅莉：〈站在蕃薯地圖・吳晟真情創作〉，《書香遠傳》第 42 期（2006 年 11 月），頁 46～47。

65. 吳易澄：〈熬鍊苦難與希望的詩冊——讀「吳晟詩選」〉，《笠詩刊》第 256 期（2006 年 12 月），頁 105～107。

66. 郭麗娟：〈書寫農村的美麗與哀愁——吳晟〉，《臺灣光華雜誌》第 32 卷第 12 期（2007 年 12 月），頁 110～119。

67. 吳欣怡：〈吳晟詩歌・紅樓唱遊〉，《聯合文學》第 24 卷第 9 期（2008 年 7），頁 109～111。

68. 葉千聲：〈吳晟「甜蜜的負荷」，威豹合唱團〉，《幼獅文藝》第 655 期（2008 年 7 月），頁 119～120。

69. 水筆仔：〈臺灣農村的美麗與哀愁——耕作文學農園的吳晟〉，《源雜誌》第 71 期（2008 年 9 月），頁 26～31。

70. 丁旭輝：〈從《飄搖裏》論吳晟 1970 年以前詩作的開展意義與價值〉，《臺灣文學研究學報》第 7 期（2008 年 10 月），頁 209～234。

71. 曾潔明：〈論吳晟詩歌中的水稻意象〉，《國文天地》第 24 卷 10 期（2009 年 3 月），頁 16～20。

72. 吳岱穎：〈默默——讀吳晟「我不和你談論」〉，《幼獅文藝》第 664 期（2009 年 4 月），頁 20～33。

73. 吳孟昌：〈吳晟鄉土散文（1979-1989）析論：一個文學社會學的視角〉，《彰化師大國文學誌》第 18 期（2009 年 6 月），頁 123～146。

74. 張瑞芬：〈泥土的詩學——2009 訪溪州詩人吳晟〉，《新地文學》第 10 期（2009 年 12 月），頁 70～83。

75. 林明志：〈為近萬本藏書起新厝——吳晟戀書成癖〉，《書香遠傳》第 85 期（2010 年 6 月），頁 40～43。

76. 楊佳嫻：〈手植文學森林——田園詩人吳晟在溪州〉，《文訊》第 302 期（2010 年 12 月），頁 87～93。

77. 曾潔明：〈吳晟「晚年冥想」組詩的意象〉，《國文天地》第 26 卷第 8 期（2011 年 1 月），頁 50～56。

78. 林明德:〈吳晟新詩的倫理意識〉,《明道文藝》第 419 期（2011 年 2 月）, 頁 48～57。

79. 李進文:〈生存,非讀不可的行動書——談「溼地　石化　島嶼　想像」〉 《文訊》第 306 期（2011 年 4 月）,頁 119～121。

80. 向明:〈我對新詩的認知——回答一位研究生的問題〉,《海星詩刊》第 10 期（2013 年 12 月。）

四、學位論文

1. 陳秀琴:《吳晟詩研究及教學實務》（高雄:高雄師範大學國文教學碩士 班碩士論文,2001 年）

2. 陳文彬:《從《吾鄉印象》到〈再見吾鄉〉——以台灣農村社會發展論吳 晟詩寫作》（臺北:世新大學社會發展研究所碩士論文,2002 年）

3. 郭玲蘭:《吳晟散文中的農村書寫》（臺北:銘傳大學應用中國文學系碩 士論文,2005 年）

4. 許倪瑛:《吳晟及其散文研究》（雲林:雲林科技大學漢學資料整理研究 所碩士論文,2005 年）

5. 賴淑美:《吳晟《店仔頭》一書的語言藝術運用研究》（彰化:彰化師範 大學國文學系碩士論文,2006 年）

6. 賀萬才:《吳晟詩之詞彙風格研究》（彰化:彰化師範大學國文學系碩士 論文,2008 年）

7. 蘇惟文:《吳晟作品中的鄉土》（臺北:淡江大學中國文學系碩士論文, 2008 年）

8. 陳韻如:《吳晟詩及其入樂現象研究》（高雄:高雄師範大學國文學系碩 士論文,2009 年）

9. 莊藝淑:《吳晟散文之思想研究》（嘉義:嘉義大學中國文學系碩士論文, 2009 年）

10. 林秀英:《論吳晟蕭蕭作品中的彰化人關懷》（臺北:逢甲大學中文碩士 論文,2010 年）

11. 柯雅齡;《吳晟和阿盛散文之研究》（臺北:臺北市立教育大學中國語文 學系碩士班碩士論文,2010 年）

12. 廖苙妁：《論吳晟的農村文學》（臺中：中興大學台灣文學研究所碩士論文，2010 年）

13. 陳美搖：《吳晟的文學思想研究》（彰化：彰化師範大學台灣文學研究所碩士論文，2011 年）

14. 吳建樑：《吳晟的土地書寫與社會實踐》（臺北：臺北教育大學台灣文化研究所碩士論文，2011 年）

15. 林亞筑：《吳晟與吳音寧詩文中的台灣鄉土情懷研究》（宜蘭：佛光大學文學系碩士在職專班碩士論文，2011 年）

16. 施玉修：《吳晟詩文作品中生命觀之研究》（嘉義：南華大學生死學系碩士論文，2012 年）

17. 利宜蓁：《吳晟詩文社會關懷之研究》（高雄：高雄師範大學國文學系碩士論文，2012 年）

18. 黃世勳：《吳晟詩中的家人研究》（高雄：高雄師範大學國文教學碩士班碩士論文，2014 年。）

附錄 1　吳晟寫作生平年表

吳晟寫作生平年表〔註1〕

西元 （年）	年齡	紀　　事
1944	0	九月八日出生於彰化縣溪州鄉圳寮村。
1951	7	入學溪州鄉下壩國民小學。（1955年改名為成功國民小學）
1957	13	國小以第一名榮獲縣長獎畢業，保送北斗中學。
1958	14	下學期參加省立彰化中學插班考試及格。
1959	15	狂熱閱讀文學書籍，以致功課一落千丈，未能畢業。詩作在《亞洲文學》和學生刊物陸續發表。
1961	17	到臺北補習。八月，以同等學力考入臺北縣立樹林高中。流連詩人周夢蝶的書攤，並向詩人請益。
1962	18	大量的創作在《野風》、《文苑》、《海鷗詩頁》等雜誌發表。
1963	19	二月，首次在《藍星詩頁》投稿。 六月，首次在《文星》發表，此後作品大都刊登在《文星》。 創辦校內刊物「苗圃」。

〔註 1〕本表來源：
　　（1）參照林明德編著：《親近彰化文學作家·〈真誠貼近土地的農民詩人——吳晟〉》（臺中：晨星出版有限公司，2011年2月23日初版），頁223～225。
　　（2）參照陳建忠編著：《臺灣詩人選集㉜·吳晟集》（臺南：國立台灣文學館 2009年7月初版），頁124～127。
　　（3）本人對吳晟的訪談和從各方面所收集資料。

1964	20	三月，因神經衰弱自動退學。 九月，再插班彰化縣私立精誠中學高三就讀。 作品仍繼續在《文星》雜誌發表。
1965	21	七月，參加大專聯考，考入省立屏東農專（三年制，於一九九七年八月改名為國立屏東科技大學）畜牧科。八月，赴成功嶺受訓。
1966	22	年初父親吳添登先生（1914—1966）因車禍逝世，從此不再對外投稿。 十二月，受在美求學的大哥資助，自費出版詩集《飄搖裏》，收錄詩三十多首。 專一暑假，受情治單位進入家中搜文稿，母親驚慌不已。
1967	23	專二，開始主編校刊《南風》和校報《屏東農專雙週刊》。在編輯事務中認識同愛好文藝、素養極佳的五專學妹，而後在工作中密切交往。
1968	24	七月，入伍，服預備軍官役。
1969	25	七月，退伍。 九月，返校補修學分，並在屏東「聲文」印刷廠當印刷工人，自謀學費和生活費。
1970	26	寒假參加救國團「大專院校刊編輯人研習營」與詩人瘂弦再結緣。 榮獲五十九年度中國優秀青年詩人獎。
1971	27	二月，正式畢業，返回家鄉溪州國中任教生物、化學等科目，課後及假日跟隨母親從事耕作。 開始再對外發表作品，大都刊登在《幼獅文藝》。 與莊芳華女士結婚。
1972	28	長女音寧出生。 八月，「吾鄉印象」詩輯：〈序說〉、〈晨景〉、〈入夜之後〉、〈店仔頭〉、〈陰天〉、〈雨季〉、〈曬穀場〉、〈神廟〉、〈稻草〉、〈歌曰：如是〉、〈沉默〉、〈路〉、〈清明〉，刊於《幼獅文藝》第 224 期。
1973	29	詩：〈階〉、〈一般的故事〉、〈意外〉、〈秋日〉、〈夜的瞳話〉、〈輓歌〉、〈臨〉被同時刊登於《幼獅文藝》第 234 期。
1974	30	「吾鄉印象」泥土篇發表。
1975	31	長子賢寧出生。 和管管同獲第二屆吳望堯中國現代詩獎。
1976	32	十月，詩集：《吾鄉印象》，楓城出版社出版。
1977	33	「吾鄉印象」禽畜篇、「向孩子說」序列組詩發表。
1978	34	次子志寧出生。
1979	35	詩集：《泥土》，遠景出版社出版。

1980	36	詩:〈負荷〉被選入「國立編譯館」編定的國民中學國文教科書。九月,應美國愛荷華大學「國際工作坊」邀請,為訪問作家,為期四個月。
1981	37	因在美國接觸在臺灣看不見的史料,與社會評論等,思想和情緒受極大衝擊,回臺後,詩作急速減少至幾乎停頓。為了讓讀者更清楚吳晟的表達,此段期間以寫散文為主。 編選:《大家文學選》,梅華文化事業有限公司出版。 詩:〈負荷〉被選入國中國文(一下)(國立編譯館)。
1982	38	散文集:《農婦》,洪範出版社出版。
1983	39	《讀者文摘》將散文集:《農婦》全書濃縮,以十八頁篇幅刊載,並以十六國文字發行於世界。
1984	40	編選:《一九八三台灣詩選》,前衛出版社出版。
1985	41	詩集:《飄搖裏》、《吾鄉印象》、《向孩子說》,散文集:《店仔頭》,洪範出版社出版。
1986	42	詩集:《吳晟詩選》,中國友誼出版公司出版。
1990	46	詩:〈負荷〉被選入高中聯考國文試題。
1992	48	散文集:《無悔》,開拓出版社出版。 為省議員候選人廖永來助選。
1993	49	詩集:《吾鄉印象》,中國北京‧人民文學出版社出版。 為臺中市長候選人林俊義助選。
1994	50	詩集:《吳晟詩集》、散文集:《不如相忘》,開拓出版社出版。
1995	51	散文:〈遺物〉被選入國文(一)五專適用(三民書局)。
1996	52	英文詩集:《My Village》(吾鄉),美國 Monterey 出版,譯者 John Balcom。 詩:〈水稻〉被選入國文(二)五專適用(三民書局)。
1997	53	散文:〈不驚田水冷霜霜〉被選入國中國文(一上)(國立編譯館)。
1999	55	母親吳陳純女士(1914~1999)逝世。
2000	56	二月從溪州國中退休,專事耕讀;並兼任靜宜大學、嘉義大學、大葉大學、修平技術學院等校講師,授文學課程,至 2007 年 6 月為止。 五月,詩集:《吳晟詩選》,洪範出版社出版(內含詩集「再見吾鄉」)。
2001	57	榮獲南投縣駐縣作家徵選。 台灣文學讀本編選:(台中縣國民中學台灣文學讀本),台中縣文化局出版。 詩:〈蕃藷地圖〉被選入高中國文(四)、高職國文(三)(龍騰文化)。 詩:〈我不和你談論〉被選入大學國文選(麗文文化事業)。 詩:〈我時常看見你〉選入大學文選(國立成功大學中文系)。

2002	58	獲彰化縣磺溪文學貢獻獎。 九月，散文集：《不如相忘》，華成出版公司出版。 十二月，散文集《筆記濁水溪》、《一首詩一個故事》由聯合文學出版。 詩：〈負荷〉被選入啟思中國語文（第一冊）（香港牛津大學出版社）。 散文：〈秋收後的田野〉被選入國小國語讀本（六下）（翰林出版）。 散文：〈不驚田水冷霜霜〉被選入國中國文（一上）（翰林出版）。
2003	59	詩：〈泥土〉被選入國中國文（第二冊）（光復書局）。 散文：〈深入奧萬大〉被選入大專國文選（立誠書局）。 詩：〈負荷〉被選入國中國文（一下）（康軒文教事業）。 散文：〈小池裡較大一尾魚〉被選入國中國文（二上）（南一書局）。
2004	60	台灣文學讀本編選：（彰化縣國民中學台灣文學讀本），彰化縣文化局出版。 詩：〈土〉被選入國中國文（9上）（翰林出版），現代新詩讀本（大學用書）（揚智文化）。 散文：〈遺物〉被選入大學國文（三民書局）。 詩：〈我不和你談論〉被選入台灣現代文選——大學用書（三民書局），新編國文選——大學用書（三民書局）。
2005	61	發表組詩：「晚年冥想」十首。
2006	62	散文集：《吳晟散文選》，洪範出版社出版。
2007	63	榮獲吳三連獎新詩獎。 詩作朗誦集：《甜蜜的負荷：吳晟詩作，朗誦》，國立台灣文學館出版。
2009	65	詩集：《吳晟集》，國立台灣文學館出版。
2010	66	2010 年濁水溪詩歌節，受邀朗讀自己的作品。
2011	67	散文：《溼地 石化 島嶼印象》，與吳明益合著，有鹿文化出版。
2013	69	2013 年彰化西螺大橋通車六十週年慶祝活動，受邀詩歌朗誦。
2014	70	詩：〈稻草〉被選入大學學測國文考題。 散文：《守護母親之河——筆記濁水溪》，聯合文學出版。 9 月 27 日為紀念母親百歲冥誕，在以母親陳純女士名字命名的「純園」舉辦紀念音樂會。 詩：《他還年輕》，洪範出版社出版。
2015	71	詩：《人生報告》韓譯版，由金尚浩教授選自吳晟詩歌其中 100 首，經一年時間翻譯，在韓國出版。

附錄 2　訪談吳晟紀錄

時間：2014 年 2 月 8 日（星期六）

地點：吳晟鄉間書屋

1. 您十六歲開始創作，請問「詩心」是與生俱有或是後天的努力？

答：

從初二開始創作，認真說，應該是從十五歲就開始創作。

所謂「詩心」應該是兩者都有。詩是來自於生活，又可以回歸生活，所以詩、文學、藝術、音樂，這些都是與生俱來某種程度的本能。就像以前的人在勞動的時候，就會唱歌，有很多山歌、農夫的歌、工人勞動時「嘿吼嘿吼」的節奏聲、或者是一些吟誦、或者是繪畫本能、浮雕……等等，意思就是說，這些都是一種本能，但是這些本能，在每個人程度上不一樣，有的人對某一方面的本能比較強，對某一方面本能比較弱；像我對體育方面的本能比較弱，語言方面的本能就比較強。

第一個層面：從各種本能裡面再看每個人的傾向，這叫做天資。

第二個層面：才說是後天，在第一個接觸點，你有沒有接觸的機會。

第三個層面：才叫做培養。大概就是這樣，分幾個部份來談。

所以有的人說，天生的什麼……什麼……，天生的詩人、天生的音樂家、天生的藝術家，為什麼說是天生的，就是因為這方面本能較強。所謂天生的，還要看個別的、民族的、環境的因素，比如唱歌、歌劇，在臺灣練得要命，到了義大利，聽那裡的一般人唱歌就有一定

的水準。我們就比較沒有那個環境、那個條件，在這樣的環境和社會條件下，本能也會降低。所以所謂「本能」，也是要看後天的環境和其他因素，都會互相牽扯，很複雜。

2. 如果人生可以重來，會不會像年少時全心全力投入文學，導致課業退步，甚至差點無法畢業。

答：

這種假設性的問題，我是沒有辦法回答。

假設的嘛，我也不知道，我也無法重來。事實上是這樣：我們每個人的命運，是順著你的條件走，這個條件是個人條件、家庭條件、社會條件，這樣去發展。

每個當下，每個當下，都在做決定，人生是不斷的做抉擇。比如去哪一家飯店吃飯，這時，機運就會不一樣，你這個時候的決定，去哪一家，碰到什麼人，或者會有什麼樣的回味，會有什麼樣的感覺，那又不一樣，或許它又會產生某些什麼變化，都無法預料。

人生真的是很微妙，你沒有辦法去假設，也沒有辦法去預料，就像一般人說的命運。你選擇了我的文學作品，作為你的研撰，這也是有很多的因素造成的，如果沒有那些因素，你就不可能選擇我，對不對。這個就是由很多機緣來促成。然後你寫了我的論文，就有更進一步的機會對我的作品瞭解；但是，同時其他的機會你就會放掉了，你得到了這個機會，也放掉了很多機會。同樣的道理，那個時候，我如果沒有認真投入文學，很可能我就是很會讀書，因為我功課還不錯嘛。那我很可能就是很順利啊，或許我可能也是讀醫科，因為我從小功課就很好，幾乎都是第一名。我們家裡的條件算不錯，我哥哥出國，我可能也會出國……等等，反正就是，都是難講啦。機緣到這裡，每個階段都是在做抉擇，每次的抉擇都會有不同的際遇。

3. 請問您對「鄉土意識」的看法？

答：

「鄉土」，在我的看法是，我們每個人，立基在自己生活的土地上，因為你是靠這些在生活，這個地方的好壞，跟你息息相關，這個叫做環境意識。

任何動物一定會顧自己的窩，再來顧自己的週邊，這是一個本能，我都會強調這一點。每個人在生活的環境裡面，你將會自然的這樣做。

第一，比較熟悉。

第二，比較有感情。

第三，一定希望環境比較好，我們說是安身立命的地方。

所謂「鄉土」，安身立命的地方，這是非常自然。因為我們臺灣的教育、文化，時常引導到別的地方去，讓我們淡忘、忽略、喪失這樣的本能。本能也會受到外在環境改變，像母親哺乳這麼基本的本能，都可以被商業行為改變，何況那麼一般鄉土意識的本能，也會受到外在改變。

所以「鄉土意識」，應該是非常簡單、自然的本能，台灣歷經多次殖民，往往為了改變國族認同，使用一些強硬的手段，壓制了本土意識。

4. 在屏東農專的實習時間，您選擇了前往臺東，離家鄉更遠，當時的想法是什麼？

答：

很簡單：

第一點：就是對遙遠東西的一種想望，對遙遠的地方，都有一種浪漫的想法。

第二點：就是，我比較喜歡海邊。我們西海岸這邊，比較沒機會接觸海邊，東海岸那邊，感覺比較不同，所以認為到東海岸那邊，有一種不同的環境，這是選擇的機會。

當然，那個時候心情也不好，因為我爸爸剛過世，我在整個課業、文學，甚至愛情，都不穩定，都不順利，年輕時候的一種徬徨。本來生活目標很明確，但是父親過世後，整個都亂掉了，以前的行為，和父親過世後的行為絕對會改變，所以心情上就會變得徬徨，加上對遙遠的一種浪漫的想法，有一點放縱、自我放逐，離開家鄉遠一點，暫時脫離一下等等因素。

5. 您在愛荷華工作坊時，經歷到什麼？為何在心境上有極度的影響？以致後來寫了《無悔》。

答：

說起來很複雜，我簡單講幾項：

第一：我可能是臺灣第一個跟「共匪作家」住在一起，因為 1980 年的時候。中國那邊，也是文革之後才剛剛開放，以前也不能出來。那臺灣呢，也是第一個，正好有機會在一起，那個衝擊當然蠻大的，因為瞭解到很多我們在這邊所宣傳的，和私底下知道的「祖國」發展，有很大的落差。那時的宣傳，中國大陸人民啃樹皮、吃草根，但是我私底下看到的，空飄的資料，那個時候，都還有空飄，祖國的建設有多好多好，所以是兩種極端。

第二：其實我比較信仰社會主義祖國，不是很強，但基本上是這樣。結果出去，發現兩邊都很誇張，不過確確實實文革時非常的悲慘，我們台灣的宣傳，有些地方是誇張的，有些地方，他們的悲慘比政府宣傳的還要悲慘，那個悲慘，我聽了很多很多，所以每晚都在哭。因為我很脆弱，我的感情很豐富，你想想看，晚上一個人睡，想想嚮往中的祖國，看到悲慘的故事，說不完，魏京生自傳、紅衛兵的故事……還有很多文人被迫害、人性的扭曲。比如，被打得不成人形，爬到自己的家門口，太太不敢開門，只好爬到牛棚，死在那裡，這是難以想像的景象。那種故事太多了、太多了。每個故事都會讓人哭的要命。

李廣田，詩人，後來當校長，紅衛兵叫他跪在校門口；每一個學生進來時，跪著對學生叩頭，第三天，就忍不住了，就倒頭栽，栽到荷花池死了。意思是說，天地相反。那些多的說不完，我一直一直看，中國的這種文化，人性的扭曲，怎麼這麼恐怖。

那時候，臺灣剛發生美麗島事件，很明顯是政治迫害，這些人被用判亂罪判刑，其實怎麼可能，裡面有很多我認識的，還有林義雄家血案、美麗島大審判；這邊讓我們非常的灰心，但是那邊更恐怖！不管我承認不承認中國，但是臺灣和中國總是有密切關係，結果我心情感到非常痛苦，就是這樣的衝擊，我寫了一篇〈衝擊〉，寫得還不是很完整，大概就是這樣。

第三：我又看到三哩島事件資料，美國的核電廠事件，非常恐怖，我們臺灣那時候也開始在蓋核電廠，那時候我就知道，核電廠非常恐怖，所以種種因素加在一起，其實我在那裡非常不愉快！

人家是出去玩嘛，當做度假，那是交流。很多作家，都留在美國，

像余光中、鄭愁予等，都留下來讀碩士，包括瘂弦，後來是去補學分。但是，我不是，我太過於社會性，我想趕快回來；趕快回來，是我從少年就非常確定的，我的夢想就在我自己的家鄉。夢想不一定要去遠方，我一直強調，自己的地方，要自己去愛護，這已經是很重要的夢想了。自己的地方，要照顧好。我還是回到臺灣，至於國土認同，我不再想這些問題了。我就是臺灣自己愛護，至於中國，中國人那麼多，自己去顧吧，我不再去理會那邊的問題了，各人顧各人的，我還是顧自己的臺灣。至於中國，你們要怎麼發展，那裡的人那麼多，自己去顧吧！我不再去幻想社會主義的祖國，有多好多好。但是臺灣一定不要和中國合併，以後要併、不併，是歷史在決定，現在我總是先把臺灣顧好，自己顧好，這比較實在。

6. 曾經輟耕十年再犁詩田，這十年期間您如何保持一顆詩心？什麼力量讓您有再提筆的衝勁？拾筆後與之前的筆觸有何異同？心境是否也不一樣？

答：

吳晟：

第一：我不是輟耕十年，其實那十年，主要都在寫散文，因為那個時候的心情，是想要趕緊表達，用散文，大家比較看得懂，比較直接，你要表達的意思，也能夠表達得比較清楚。所以我那十年，不是說不寫，只是不寫詩，而是在寫散文，因為我對社會的一些意見，非常強烈；我剛才說的，從愛荷華回來後，臺灣一定要自己顧好，我對臺灣社會有很多意見，包括我到現在還是一樣很強烈，也是一直在講，一直有很多很多意見，應該趕快寫出來，看看能不能引起更多人的共鳴，或者把這個理念能夠趕快傳達，像我現在在寫臺灣原生樹種，也是一直要告訴世人這些，一直要講這個，就是表示這個很重要，你們怎麼都不懂？所以要透過散文，才能夠清楚表達。

第二：我並沒有停筆，怎能說「再提筆」，因為我一直都沒有斷，都沒有停，散文和詩的發表年代並列，就看出我並沒有停筆。至於與之前的筆觸有什麼不同？比較強烈，而且會更強烈，因為更憂煩，非常憂煩。其實我從八〇年代，那首〈制止他們〉，1980 年寫的詩，我已經知道，臺灣的食安問題、偽藥、山林砍伐、環境的問題，已經很清楚表達。這表示我預見臺灣的環境，會越來越壞，已經看出

來了。你看我七〇年代那時寫的〈木麻黃〉，木麻黃正快速消失。我每一組詩都蘊釀多年。比如，2005 年我發表「晚年冥想」那組詩，也蘊釀很久。其實我是沒有那種劃分，我都是持續這樣發展、發展，這個不一樣。這種講法，一般都會講說，《吾鄉印象》以前都是受現代主義影響，《吾鄉印象》以後怎樣怎樣，這個說法都太簡化、太絕然了，每種發展都是累積而來。

筆者：

其實那個有一個脈絡，有幾首已經感覺到了，漸進式的，不是突然一下子結束，截止了，不是黑白分明的。

吳晟：

我那首〈雨季〉，其實 1970 我就發表在我們的校刊裡了，後來再重改一些，1972 年再納入「吾鄉印象」系列。

吳晟：

討論事情，很多都會用斷代的，比如解嚴前，解嚴後，怎樣怎樣，其實沒有這麼絕然啦，其實改變是很微妙，是不斷在改變，不是說這時都不自由，然後這時以後都很自由。

筆者：

事實上那個有脈絡可尋，有影子在那邊，明顯不明顯而已。能不能細微去觀察。

吳晟：

要分二個層面，一個是個人的層面，一個是整體社會的層面，要這樣看。有的人說，鄉土文學論戰後影響吳晟寫作，其實鄉土文學論戰是 1977 年，我的詩集《吾鄉印象》在 1976 年就出版了。

筆者：

1972 年「吾鄉印象」就開始發表，有人講唐文標，影響到你，事實上，唐文標那幾篇文章是 1973 年才發表，你根本沒有看到它，就已經發表了，所以唐文標事實上也不認識吳晟嘛！

吳晟：

我大約到八〇年代才見過他一面，但未多談。時間，就是說，因為很多講法，太便宜行事，你說唐文標影響什麼什麼……，沒有錯，

很多人可能被他影響；不過，唐文標和我，是並行。我是用創作，他是用理論，而且你可以看看發表的時間，都差不多，我的作品發表了，他的理論也出來了，怎麼可能我受到他影響，他沒有看到我的，我也沒有看到他的。

筆者：

但是唐文標發表這些以後，是不是對於台灣現代詩的發展路線有些改變了，也就是說，比較不會像那時候的現代主義寫法，大家比較能看得懂。

吳晟：

他會對我有什麼影響？因為鄉土文學論戰後，大家對鄉土文學，比較重視，才回過頭，去檢視它。有人說：吳晟在八〇年代中期，才怎樣……怎樣……，很多人都認為我是八〇年代後才出名的，我隨便啦，出名不出名；我現在也不出名，雖然很多人討論，但是不出名。

筆者：

因為老師你已經在一九七〇年獲得「五十九年度中國優秀青年詩人獎」，一九七五年你獲得「第二屆吳望堯中國現代詩獎」。

吳晟：

那個獎是關鍵。你看掌衫，寫我的評論，我在得了那個現代詩獎以後，才引起注意。因為我不是很耀眼的，我也沒有參加詩社，我也不在台北和別人經常往來。我，就自己寫，自己投稿發表，人家也不知我是誰。我得那個獎的時候，有一個人，在龍族詩刊寫「吳晟何許人也？名不見經傳，竟然，忽然得到這個獎，這麼重要的獎。」誰寫的，我也不知道！

筆者：

有一個想法不曉得對不對？至少自己也有一點程度，如果看一首詩看了幾遍，看不懂，我就不想看了，把它擱置在一邊，不知道這樣的做法對不對？

吳晟：

這也是有好幾種層面，這個已經討論很多。就是說，「隔與不隔」，有些詩，像李商隱比較隱晦；有些詩像白居易就比較不隔，這個隔，

來自讀者、作者兩項。第一是作者的表達有問題，第二是讀者的理解程度，牽涉欣賞能力和有沒有共同的經驗或體會，有的人寫鄉土、土地的事情，卻有很多人沒有感覺。

吳晟：

最近在文訊辦的，兩岸青年文學會議當主講，我就講臺灣農村的農業問題，我注意幾位都會型的教授聽不進去。他們對這種東西不覺得重要，他沒有感覺，這種詩對他來講，沒什麼。但是像席德進，在 1972 年看到我的「吾鄉印象」，非常感動，就用我的詩來畫圖，表示說他真的很感動，雖然沒註明是我的詩。

7. 請問作家肩負時代的使命與社會的責任是什麼？

答：

我想，作家是很多種類型，那不可能每個作家都要求一樣，要有什麼時代使命跟社會責任，這是不可能。那我的意思，基本上，每個作家都是那個社會的公民，首先你要做一個公民，作家也是一樣，藝術家、學者、政治家、科學家、音樂家，什麼家……什麼家……，都一樣，都是社會公民，這是基本條件，所以你的公民責任跟義務要做到什麼程度？完全看那個人，不可強求，比如說有的作家，就不理現世，他就是不理現世，但是不要矯情說自己是不去管政治，我要做為什麼什麼的……那沒有道理的。因為作家是社會公民嘛，社會公民就是要繳稅金、合乎社會規範、法令、行使投票權，這都是普通一般人。所以我常說，作家都一樣，只是用作品來表達你的理念而已。

大家都說政治是骯髒的，文學是崇高的，其實都一樣，任何一個行業，都一樣。

對文學而言，就文學人而言，文學也有很卑劣的文學，無論是昧著良心寫的東西，或知識不足，寫出來的東西會誤導，也是文學，你去歌頌獨裁者，也是文學啊！日本時代，歌頌皇民，也是文學，你去歌頌蔣公、第一夫人或是偉大的領袖，然後說不理政治，政治是骯髒的，這樣有道理嗎？我的意思是說，作家是社會的公民，一份子，每個作家他有他要做的社會事情，像我比較雞婆，管的事比較多，但是我不能要求別人和我一樣，是不能強求，愛管的人去管，你不能說我為什麼愛管政治，我有我的信仰，我是公民，我當然為

我的信仰去努力。同樣的我們對社會的責任，要盡到什麼程度，那是個人的條件，個人的個性，性情，你不能去批評別人為什麼不理事情，他有不理事情的個性。處理同樣的事情題材，有的人靠這邊，有的人靠那邊，那無關對或不對，那是個人的選擇，對或不對，以後的人去評價。

8. 您的作品，無論散文或詩歌常在不經意間（或刻意）使用臺灣母語，讀起來倍感親切；有些作家整首詩用臺語寫作，閱讀時壓力頗重，各自不同的風格和寫作方式您有什麼看法？

答：

第一：我幾乎不太刻意用台語，都是不自覺，說都不刻意也不對，但是不是很刻意。

第二：我很慚愧，我台語用太少，這是我感到很不足，如果用多一點會更好。我覺得我寫的這些，很多語言其實是用台語的語言，民間的語言，不是一定用台語，而是民間的語言，我都說是民間語言。我遺憾的是用的太少，其實可以多一點。但是因為我不是很有自覺，或者很想把握這種台語或者民間語言，這是因為我不刻意，這也是我的弱點，沒有很自覺要用台語。

9. 作品常因心緒的起伏得來靈感而書寫，您的作品以系列的組詩為主，請問如何保有不被干擾的心境去完成整組詩？

答：

這個問題很有深度，很好。在蘊釀的過程，就是汰選題材和增加題材，我的大目標確定，比如說「晚年冥想」，我要寫死亡，面對死亡的思考，在蘊釀的過程，有一些想法，有的你就不想去寫，有的你就會越思考越多，就會加進來，這樣的題材，越蘊釀越久越豐富，會更多樣，會更豐富，它會不斷的分化出新的思考，新的題材，就是類似一種撞擊、刺激、激發，我在思考這個問題，延伸一個新的感悟，所以題材越來越多，這就是一個組詩的優勢，越思考越寬廣，因為有連鎖撞擊，連鎖撞擊就越寫越多，越深入，越深入就越廣。你在蘊釀的過程裡面，就是不斷的在思考，在思考的過程裡面，會不斷的有新的靈感，它會有一種連鎖撞擊，它會更深、更多、更豐富，再慢慢篩選。

10. 作家在做評審委員時，會不會因為自己作品的風格導致有特別的取向？
    如果會，如何避免？

答：

　　這當然難免，因為每個人在做評審的時候就是在做你的文學價值標
　　準的取捨，每個作家對作品的好壞評價，難免會牽涉個人的好惡。
　　這是難免的，每個作家有他個人的好惡。但是他也有共同的，一定
　　的標準，這兩種，那交集比較多呢，還是衝突比較多，那就不一定
　　了，所以評審請很多位，因為每個委員有他的代表性；第二就是說
　　比較不會偏頗，不然請一個就好了，一定是多請幾個來評審，各有
　　不同的風格、不同的喜好、不同的價值標準，大家討論一下。所以
　　有沒有特別取向，一定有的，一種是交情，一種是好惡。我們的文
　　學獎評審，個人作品是密封的，不知道是誰，那個就會比較純粹個
　　人作品的好惡；有時是俱名的，知道是是誰，就難說了，就蠻複雜
　　的。

11. 面對台灣這塊土地的保護，除了作品中呼籲政府及財團和人民，您更以實
    際的行動站在第一線捍衛，如此的行為改變了什麼？未來的路要怎麼
    走？

答：

　　因為實際的行動多少還是會有影響，例如說，我直接參與的幾個運
　　動，總算有結果，但是我們畢竟力量很有限，該做的實在很多，事
　　實上是這樣，社會的發展裡面，很多這種惡行，惡行就是建基在自
　　己的利益之上，而去傷害公眾環境，這樣的一個現象是不斷的在發
　　生，你知道的時候如果不跳出來，實在很難過，因為人性的惡，就
　　會想去佔有，或者去破壞環境，包括目前發生這麼多的事，像日月
　　光的排放污染，包括農民不自主的惡，沒辦法就是農藥，農民沒辦
　　法！我希望趕快來改變，因為以我的認知，地球是必然毀滅，以我
　　地球科學的知識和觀察，因為世間人，我時常說，如金庸有一篇武
　　俠小說，那尊佛像金的，很毒，明知很毒，一堆人跟瘋子一樣，一
　　直搶，一直打，一直中毒，最後都死了，這就是說，人要為公益出
　　來努力的很少，大家知道，分做幾個層面，很壞的人少數，很好的
　　人少數，大部分的人都是隨波逐流，有的偏惡，有的偏善，少數惡

的人，他其實是在主導社會的發展，太龐大了。大部分的人是隨波
逐流，那少數的善，為社會公益努力的，非常困難，非常困難，所
以地球一定會毀滅，不過總是能說就儘量說，能做多少算多少，我
也七十多歲了，我希望在有生之年，能多做一些，儘力而為，我的
力量現在都在推動，種樹、敲掉水泥，也要開始一直宣導，文章寫
完，就要一直宣導，文章不先寫起來，沒有依據，也說不清楚，所
以我寫好，就要開始一直宣導。再來，比如說農藥，現在推動無毒
農業耕作，也要宣導，要趕快寫，所以覺得很急，寫好，就要開始
推動宣導，等這些寫好，我也不一定要寫了，因為該寫的也差不多
了，就是要來做了，要去實踐。所以我覺得在文學上的爭論，什麼
語辭、修辭、誰比較出名，我覺得那不是我關心的，我關心的是能
趕快做多少，來挽救這個環境。我會設定目標，每項都要插手，是
管不來的。我現在很多工作要開始做了，未來的路，我儘量推動社
會實踐。

12. 當人民關懷土地的熱情，沒有破壞來得快及嚴重，該如何解決？
答：

當今社會，大部分人的環境意識，都不及便宜行事，可惜的是言多
行少。例如塑化劑，明知它會危害身體；塑膠產品，它會造成環境
汙染，但是大家還是要用。比如像我家因為有樹就相當清涼；其實
鄉下人家大多有庭院，只要肯種植樹木，何必使用冷氣？自然的風
總是比較健康；可是又有幾戶人家願意這樣？整個行政體系和觀念
混入官僚體系，這是人性的弱點，就在於貪圖方便。像我現在正在
呼籲敲掉水泥，增加綠地是一樣；一般認為將土地鋪上水泥比較好
打掃，也是相同的道理，其實這樣一來就衍生很多問題。

13. 您的作品風格的分界點如何劃分會更理想？
答：

這個我也不太瞭解，這就是理論了，其實我的風格變化不大，我的
內容、精神，差不多有它的一貫性，至於風格要如何說分界點，剛
才有說過，它是延續性的，它不是突變，而且我的變化很小，所以
有人感覺我很少改變，就是說太單一，為什麼我的風格比較單一，
因為我著重的是內容，而不是追求形式的變化。如果用心在形式，

當然就形式而言，就會想要如何改變、用什麼方式表現，就會想去變。有的去變什麼印象詩、圖象詩、語言要如何……如何……，我不會花心思在這裡。因為我只想這首詩要表現什麼，我就是用我的形式、風格表現出來就好。我比較沒有花心思去多想要改變什麼技巧，但是不是沒有技巧，沒有寫詩不重技巧的，有的人說吳晟不重視技巧，那是不對的；只能說你的技巧好不好，沒有人說沒有技巧，就像說話，每個人都有說話的技巧，差別是技巧好或不好，那有說沒有技巧。藝術創作、語言……什麼都有技巧，只差在你的技巧好或不好。我的技巧其實也會變，不過不想有太大的改變，大概會遵循比較固定的一種風格，在一定的形式裡面去做一個不同題材的一種改變，這樣而已，大概是這樣。

14. 在您的詩歌作品中您最喜歡那幾首？為什麼？

答：

這個，要看時候，就是你在什麼樣的情形，什麼樣的場合，什麼樣的背景，每個人感覺哪一首比較好，不一定，其實我喜歡的很多，例如我的作品被選入課本有很多首，那代表他們有不同的喜好。我聽過，很多人說我的詩選集，哪幾首怎麼沒選進去？那是因為我的感覺較不佳。有的就感覺還有好幾首，他感覺很好，為什麼沒有選進去？這就很難說，所以我說因為是那幾首我感覺比較好。其實，我公開的回答：就像自己的小孩，每一首都很喜歡，每一首都不滿意。這是真的，還可以更好，哪幾個小孩你會完全滿意，沒有嘛，總是會唸他。我們的作品也是這樣，每首你都感覺是我的心血，我很用心寫出來，我總是喜歡，沒有不喜歡的，但就像自己的孩子，總是會嫌，如果怎樣不是更好嗎？可是還是覺得很喜歡，就是這樣，這是作家的心情，不完全一樣，但是差不多這個意思。

15. 您曾主編前衛版《一九八三台灣詩選》，有學者認為您所選大多以政治和鄉土意識的作品為主體，共達 43%，有極大的缺失，您有什麼看法？（根據，侯吉諒：《創世紀創刊卅周年紀念號》〈關懷鄉土與放眼天下——評「一九八三台灣詩選」〉，頁 251。）

答：

當時批評這本詩選，其實是鄉土文學論戰的一個延伸。

第一：他們牽涉擁護中央政府，還是批評中央政府的那種立場，就是說政治立場，其實他們用政治立場批評的。候吉諒我曾和他溝通，我不會因他批評我，我就罵他，或者不跟他來往。

這本，當時以政治和鄉土意識的作品為主體，其實這是那個時代剛好發生美麗島事件、林義雄家的血案、剛好發生很多這種社會運動氛圍很濃的事件，那個時候難免就會選較多這種詩。

第二：就是我的個性傾向，我覺得這種詩比較好。

第三：其實那時選出來的是合議制的，當然那時候合議的一群人，都是社會意識比較強。現在回頭看，其實也沒有什麼。而且批評中的很多語言也很好笑，例如：是在為共匪統戰台灣鋪路、為台獨效犬馬之勞，好笑的是共匪和台獨是衝突的。那時候批評我為什麼要用「一九八三」而不用民國，為什麼要用台灣而不用中華，那個時代過去了，當你回頭看，也一笑置之。

16. 當您的身體健康出了狀況，對生命有更深入的體認，您如何克服度過難關？以及日後的保健方式？又如何在那一段時期振筆書寫〈晚年冥想〉凝視生命的組詩？

答：

這個，第一時間點不對，我是「晚年冥想」組詩發表後才發生的。這個說起來很好笑，「晚年冥想」寫了很多年，一直在修訂，修訂好，沒發表，拿給我女兒看，她不高興說：先不要發表，寫那個做什麼！因為我第一首就是〈告別式〉。她看了，說不要寫那個啦，不要發表，她會忌諱，我就說，無禁無忌吃百二。一次十幾首寫死亡，她一直叫我不要發表，我就說沒關係。不料「晚年冥想」發表後幾個月，發現得了癌症，有關泌尿系統方面。坦白說，如何去面對？剛開始是愣了一下，後來反而蠻坦然了，該治療的治療，我都配合，該注意的注意，不過心情上要放輕鬆。我時常對得癌症的人說，該注意當然要注意，不過要把它忘記。一方面要注意，一方面要忘記，這樣好像聽起來是很矛盾，不過要調整成這樣，我也是要治療，我都很配合。因為我好命，發生後，我都交給我兒子，檢查、手術……等等。我就說該麻醉就麻醉，我一概不管，交給吳醫師，我兒子，反正他在旁邊，我很放心，其它我都不管，後來改成定期檢查，定

期治療。治療過程，有夠痛。過去了，就算了，沒有什麼。人就是這樣，面對嘛。

17. 臺灣農村的存在問題有哪些？如何解決？

18. 電話中您曾提到「土地徵收」它的關鍵是什麼？

答：

有關 17、18 這部分，詩人說牽涉層面很大，不是一時之間可以談完，鼓勵寫完碩士論文再深入研究。

附錄3　臺灣戰後重要政治、經濟事件、文藝潮流活動與吳晟關係[註1]

年	政治・經濟事件	文藝潮流和活動	吳晟作品發表與活動
1947	二二八事件。		
1949	實施「三七五」減租。 警備總司令部發佈全台戒嚴令。		
1952	中國青年反共救國團正式成立。		
1953	韓戰停戰協定成立。 公佈「實施耕者有其田條例」台灣省施行細則。 美國發表解除臺灣中立化。	紀弦成立現代詩社。	
1954	中美共同防禦條約成立。	藍星詩社成立。 幼獅文藝創刊。 創世紀詩社成立。	
1955	中美協防條約生效。	林亨泰：《長的咽喉》	

〔註 1〕參見：吳晟的創作歲月，從一九六〇年到現在，數十年以來，其作品所呈現的經驗幾乎與台灣的政治社會密不可分。為了對照吳晟作品的歷史經驗，製本表。

　　1. 林明德：〈臺灣文學中的歷史經驗——以吳晟的作品為例・錄下台灣戰後重要大事記〉，《文學臺灣》13 期（1995 年 1 月），頁 316～319。

　　2. 許南村：〈試論吳晟的詩〉，《文季》1 卷 2 期（1983 年 6 月），頁 20～21。

1956	立法院議決「司法行政部調查局組織條例」。	錦連：〈轢死〉。 錦連：《鄉愁》。 《五月畫會》、《東方畫會》成立。	
1957		《五月畫會》第一次展出。《文星雜誌》創刊。	
1958	台灣警備總司令部正式成立。 金門八二三砲戰。	白萩：《蛾之死》。	
1959	中南部八七水災。	《筆滙》發刊。 碧果：《秋·看這個人》。 白萩：〈流浪者〉。	
1960	獎勵投資條例訂定。	《現代文學》發刊。 余光中：〈萬聖節〉。	
1961		《六十年代詩選》出版。 許常惠《製樂小集》開始。	
1962	台視開播。		
1963	經合會成立。	葉維廉：〈賦格〉。	〈樹〉、〈漠〉
1964		台大教授彭明敏以判亂罪被捕。余光中：〈從靈視主義出發〉（附英譯）。 《笠》詩社成立。 《台灣文藝》創刊。	
1965	美援停止。 加工出口區管理條例訂定。 中日貸款談判。	《劇場》雜誌發刊。 《前衛》雜誌發刊。 《這一代》發刊。 周夢蝶：《還魂草》。 白萩：《風的薔薇》。	
1966	中國大陸文化大革命開始。	《文學季刊》發刊。 現代藝術季展開。 李英豪：《批評的觀覺》。	《飄搖裏》自費出版。
1967	實施九年國民教育。	陳映真以為共產黨宣傳的罪名坐牢，七年後釋放。 《七十年代詩選》出版。	〈菩提樹下〉、〈懷〉〈雲〉、〈岸上〉、〈空白〉

1968		《文學季刊》休刊。	
1969		葉維廉：《愁渡》。 《創世紀》暫時休刊。	
1970	保釣愛國運動。	唐文標寫〈現代詩的沒落〉（未發表）。	榮獲五十九年度中國優秀青年詩人獎。 〈也許〉
1971	退出聯合國。	《文學》雙月刊發刊。 唐文標寫〈殭斃的現代詩〉（未發表）。	〈雕像〉
1972	美國總統尼克森訪大陸，發表〈上海公報〉。 蔣中正連任第五任總統。 中日斷交。	關傑明批評港臺新詩，新詩論戰。 《中外文學》發刊。	吾鄉印象系列發表
1974	第一次石油危機·臺灣經濟繁榮達於頂峯。 臺海決議案廢除。	陳若曦離開大陸的第一篇小說〈尹縣長〉，於香港《明報》月刊發表，轟動海內外。 唐文標：〈現代詩的沒落〉、〈殭斃的現代詩〉發表。 《文季》季刊發刊。	〈秋日〉、〈臨〉、〈階〉、〈輓歌〉、〈意外〉、〈夜的瞳話〉
1975	蔣中正逝世。 蔣經國任中國國民黨主席。 行政院核定補助二十億加速農村建設。 增額立委選舉。		榮獲第二屆吳望堯中國現代詩獎。
1976	毛澤東逝世。 蔣經國院長指示省糧食局，無限制收購稻穀使農民安心耕作。	《夏潮》創刊。	《吾鄉印象》出版。
1977	中壢事件。	鄉土文學論戰開始。	
1978	蔣經國當選第六任總統。 中美斷交。		
1979	開辦出國觀光護照。 高雄美麗島事件。	陳映真遭拘留，扣押第二天釋放。	《泥土》出版。

1980	增額國代及立委選舉。		赴愛荷華大學國際工作坊四個月。
1981	肥料價值調整，漲幅為36.68％。	李敖《千秋評論》叢書刊行。	
1982	文化資產保存法完成立法。 三民主義統一中國大同盟成立於台北。	楊逵赴愛荷華大學國際作家工作坊。 索忍尼辛訪台並發表〈給自由中國〉。	散文集：《農婦》出版。
1983	增額立委選舉。	陳映真、七等生赴愛荷華大學國際作家工作坊。	
1984	蔣經國連任第七任總統、李登輝任副總統。	賴和平反，重新入祀忠烈祠。	
1985	江南（劉宜良）事件引發重大震撼。 民進黨成立。	楊青矗、向陽赴愛華大學國際作家工作坊。 李喬《藍彩霞的春天》遭查禁。	詩集：《飄搖裏》、《吾鄉印象》、《向孩子說》、散文集：《店仔頭》出版。
1987	解除長達三十八年之久的戒嚴令。		
1988	開放大陸探親。 蔣經國逝世，李登輝繼任。		
1990	學生運動。		
1992	立法院全面改選。 校園民主蔚為風氣。		散文集：《無悔》出版。

附錄4　24首未編入《吳晟詩選》編目的 作品

1959 年

〈飛還吧！我底童年〉

飛還吧！我底童年——

金色的小鳥，

你，從我身邊悄悄地飛出，

悠遊到廣浩的海洋，

翩翔到無際底青空，

如今，你棲息在那個水鄉？

如今，你飛翔在何處雲霄？

冬天來了，為何不再回來？

飛還吧！我底童年——

金色的小鳥，

你不知我憂悒的心多麼惦念你？

你不知我孤寂的心園，

多麼需要你的歌唱？

飛還吧！我底童年——

金色的小鳥。

1960 年

〈雨後〉

雨後，

陽光那樣的暖和，

雨後，微風是那樣的柔順，

空氣是那樣的清新而舒暢。

雨後的大地一切呀。

如換上一層彩色的新裝。

孤獨的我，

漫步在清淨的馬路上，

向著遠方癡望。

在我心裡日漸茁長的

對妳之懷念與相思啊，

也像眼前的景物那樣清明

那樣的遼闊。

1961 年

〈醒睡〉

無忌地彈起已鏽的七弦琴

無忌地背起吉普賽的行囊

再不珍惜惡夢裡甜甜的淺笑

再不珍惜回憶裡酒窩的醉意

悄悄告別灰暗夢境中的渾噩

翩動我永恆底信仰的雙翼——

永恒地覓找理想的火花

理想的瑩光

1962 年

〈中華兒女〉

飄揚的戰鬥旗幟已昇起，

前進啊！熱血沸騰的中華兒女。

觸及彼岸重重鐐銬的陰影

誰的怒濤不澎湃？

觸及彼岸漠漠淒淒的密幃，

誰的心弦不震顫？

前進啊！熱血沸騰的中華兒女。

繫串璀璨的星芒，

佩飾發光底信念，

誰還描著自己灰色的夢？

傾飲陽光的血液，

閃爍堅毅笑姿，

誰還踱著徬徨的碎步？

蒼白的鄉土祈求著綠的灌注，

冰霜覆抑的鄉土期盼著春的降生，

前進啊！熱血沸騰的中華兒女，

時代的脈搏就是我們的脈搏。

以源源不絕底力，

吹響嘹亮的戰鬥交響曲，

給沉睡者以甦醒的音符

以永不褪色底熱誠，

戳碎夜幕的重幃，

給顫慄的靈魂以鼓舞的勇氣。

時代的脈搏就是我們的脈搏，

前進啊！熱血沸騰的中華兒女。

飄揚的戰鬥旗幟已昇起。

1963 年

〈激流〉

流星的灰瞳蘊藏幾許絕望？

微塵的漂蕩舞著幾許夢幻？

任圓圓的光輝

烘亮滿天燦笑——

冰冷的北風吹來
細細底碎影搖落了你的眸光
雲沉重地飄來
疊疊的明月復罹於你的足間

幽幽禱詞流溢著……
萬能的神恆踏雲遊底步姿
睟盼的眼色輕掃
緘默的小蟻恆示你綿綿底力

背審視的鏡而立
而棄串絢顏的采帶，棄黑暗的困羈
於淺淺一波之週旋──
而緊貼冷冷底黑土。

流星的灰瞳蘊藏幾許絕望？
微塵的漂蕩舞著幾許夢幻？

1963 年
〈別──給童年〉
採朵素顏底沉默贈你
抹以淺淺笑姿，抹以遺忘
讓搖搖欲墜底重量
溶於我不安地波動著的雙眸

洶湧而來洶湧而去的濤濤逝往
激不起純白泡沫
濺向你，濺向我
飲其悠遠，飲其澎湃
為何切不斷漫漫塵埃底羈絆
而輕靈地躍入？

不要回顧啊，不要回顧
自你黯黯睫蔭，我讀得出
行行來回擺蕩的心影
緊絞著的心影

就讓搖搖欲墜底重量
溶於我不安地波動著的雙眸吧
就讓我採朵素顏底沉默
贈你

1963 年
〈小徑〉
驚於群星焦急眼色底泛濫
兩旁的樺樹們
都不安地叫了起來

敲來敲去的企望裡
你的影子流落著、孤單著
敲來敲去的碎冰的音響裡
傾斜的昏朦月光零亂著

數過長串酸澀底日子
寫著翩飛的時刻
仍棄在渺渺茫茫之中

哎！滿徑的淒冷
又得從頭一一咀嚼

1963 年
〈塑〉
不以飛揚的塵埃，顯示你底存在
踏響如許輕悄細緻的步音
你無忌於指向悠悠底歸宿

引纖維織就的秋的面影
覆住列列春底眩迷
引淡淡的雲的足痕
踩碎月宮之距底揣測

當夜底重量，深深低垂
邀那暗隅的小星，與你淺酌

淺酌薄薄的笑意，未著色的心曲
你的眼眸置於它之外

葬下往昔，葬下那些難忘的綠的
幻像。你無忌於指向悠悠底歸宿

1964 年
〈企〉
就讓這溪澄澈
永映著你光潔底姿影吧
雲呵，不要飄逝

倦於漂泊
而又不得不起程的歲月裡
除了陰黯，總是單單調調的深藍
雲呵，舒展你柔柔底淺笑
溫撫他疲憊的面容，以及
更疲憊的心吧

未知底前路，阻遏無數
只有你脈脈的凝視，能使他
輕快地完成向生命的奔赴
雲呵，不要飄逝

1966 年
〈鳥〉
只不過是一次可愛的小玩笑
——這些風、這些雨的顛狂
挽著他們，在我雙翼下
就這樣怡然地展放朵朵淺笑

原屬於飛的族類，且偏喜孤獨
且鄙棄喧噪中的安逸
飛啊！我原屬於飛的族類
沐著清冷、飲著沁涼

與綠草們共舞
與青山們同守著堅韌的沉默
零亂啊、驚駭啊、灰茫啊
我一一穿越

1966 年
〈孤石〉
他們都紛紛遠避
說他的雙瞳中，浮漾著南北極
他們是春的兒子，不喜愛這份冷
就這樣，他們帶走燃燒的陽光
將所有昏暗抹上他的臉

去年冬天，降落好多冰冷的雪
埋葬了他的豪笑和悲哭
遂把自己塑成木乃伊
掩藏破碎而熾熱的情感
他們不知道，他們只會說：
木乃伊。木乃伊

星空的樹下，他不再喃喃
不再畫綠色的十字
不再企望一朵霧花，會乍然顯現
子夜時分，沒有誰聽得到
他把孤獨的影子
貼上熱切禱詞的音響

1966 年
〈你〉
噢！憂愁的少年
散場後，你的孤獨
親暱地陪著你步出那席豪華
步出面具們的圍繞

散場後，哦，少年
你才是你
緜延著冷寂的荒徑
沒有掌聲簇擁你
沒有顏彩妝飾你──
守著堅忍的沉默
你底微笑，開在漠地掘出的
噴泉之上
但橫亙在你無限展放的雙眸中
大戈壁太廣漠
噢！憂愁的少年

1966 年
〈月〉
覆以矇矓、被以極地的投影
你是幽幽的款步者
隱於列列謎底之後
夜夜，總有痴痴底凝眸
向你；總有行行昏矇、行行
讀不完的淒迷
寫上我的雙瞳
群星閃熠，圍繞著你
幽幽的款步者啊
那網眩目光華之外的
恆久的企仰
你竟不能洞視
設若這程永遠無法計算的距離
砌滿了美
自你冷目瀉下的空泛
我卻傾飲不盡
幽幽的款步者啊

1967 年

〈過客〉

客居的少年啊

再度數完最後一截創痕給星看

——那一段落水苦泅的往事

你說，你將不再提及

其實，也沒什麼好提及的了

群樹自綠自枯

花們自開自落

匆匆的眼色，困於自己的腳步

何況，你只是一粒

自塵中蕩來的名字

——一粒何其纖小的名字

你原該慣於被遺忘

是的，沒什麼好提及的了

牆籬之外，仍有牆籬

客居的少年啊

且將你不揚起塵埃的履痕

託付給雲，託付給水吧

1967 年

〈誤〉

問此溪潺潺的靜謐，何來何往

問此谷憂傷的甜蜜，怎樣遼闊

不為什麼而殘的殘月

猝然躍出，自你背面的山後

猝然擊碎滿空昏矇

滴滴濺向我抓不住攀附的舉目

自起步之初

一個足音，便譜出一種錯誤

——一種絕望的延伸

輕盈也罷！猖狂也罷

畢竟，你溫婉的明媚

引不去在我面額上狂嘯的風雨

甚至，把我垂老的紋絡

襯托得更蒼涼

你的明媚，遮不住

冷冷逼視我的一大群昨日

同樣結局的諸多火燄，一一熄了

無處疏濬的殘爐

已冷去我年少的狂熱

就該靜待終點的接引

就不該再企圖點起

在一閃一滅之間，照見自己的卑微

問這一程倉皇，如何終結

問下一步行腳，如何可知

迎面撲來的漫天風沙

掩沒我窺視明日的禪機

1969 年

〈門‧門‧門〉

——二十餘年成一夢

此身雖在堪驚

沒有。即使小小的一朵花蕾

在你倉促的怔視中

亦無展顏的空階

眼向山，山在何處？

眼向雲，雲在何處？

悠然啊曾是你熟諳的伙伴

用甚麼去磕碎

和你之間不可計量的距離

昔日的顧盼，便是一種淒惶
任你頓足復頓足，總頓不掉
在你身前身後的叫囂
總有紛亂如許
緊絆住你善於飛翔的雙翼

一跨入這一道門限
你就該交出自己，就該
將自己鑄為彫石
讓持刀的人
要怎麼塑就怎麼塑
何來尖而且銳的喧嚷啊
揮來揮去
斑斑你抗拒無奈的血跡

1969 年

〈兩岸〉

伊走近了，走近了又怎麼樣？
伊遠離了，遠離了又怎麼樣？
你被放逐的無桅無槳的竹筏，依然擺盪

冬天去了，去了又怎麼樣？
春天來了，來了又怎麼樣？
你在河面的擺盪，依然空曠

太陽落了，落了又怎麼樣？
月亮升起了，升起了又怎麼樣？
你空曠的展視，依然深暗

雨嘩嘩落下了，落下了又怎麼樣？
虹撐開了，撐開了又怎麼樣？
你深暗的瞳中，依然荒涼

花謝了，謝了又怎麼樣？
花開了，開了又怎麼樣？
你荒涼的未知，依然長不出一株企望

緊拉著執拗不馴的兩岸
對峙著，撕絞著
——永不容你靠岸
附記：將現實與理想，喻之為陡峭的河之兩岸，亦無不可。

1970 年
〈不眠夜〉
雞鳴三起，春寒隱隱逼進
——夜很央了嗎
哪！由它要怎麼央就怎麼央吧
我們的夜，正年輕

我們的夜，正輝煌
一齣齣孩提的嬉戲
猶之一輪輪太陽
開心地展露著熱烘烘的笑靨
開心地照耀著我們
不經紋飾、不講究結構的傾談

休道什麼塵名與利祿
休道什麼相逢必然有別離
且記取今晚
今晚濃烈的純真和情誼
待來年，當我們髮也蒼蒼
視線也茫茫
且把今晚的一切
一片一片堆起來
烤無數暖暖的寒夜

1970 年
〈夜談〉
用言語和神采播種
深植在遼闊著歲月的瞳中

一朵朵芬芳

即如是迎面孃孃而來

酒色與燈色，淡淡地

泛起一片青翠的草原

一群童年──如斯貼近的往事

爭相跳躍其上

猶有一群未來

輝煌或不輝煌、總之是嚮往

亦耐不住等待

結伴呼嘯奔馳而來

狼藉之後、怎樣收拾

雞鳴之後、怎樣迎向明日

哪！仍將上升的太陽

自會以淡然的錦繡安排

用言語和神采播種

一朵朵芬芳

爭吵著孃孃而來，孃孃而來

依偎吾等暖暖的胸懷

1971 年

〈鄉居日記鈔（詩體七則）〉

五月 X 日（之一）

奔走是一回事，焦灼是一回事

無告的苦求是一回事

核薪不成的事實，君則唯有無語問蒼天。

空靈是一回事，恬淡是一回事

不爭功名於世，不求聞達於諸侯是一回事

現實的逼迫，君則無從逃避。

振作是一回事，計劃是一回事

力圖改善家境是一回事

諸般困厄的環境，君則束手無策。

天真是一回事，嚮往是一回事
苦心維護孩子們的快樂是一回事
君已漸漸老去，則不容否認。
恐懼是一回事，傷痛是一回事
不忍拖累伊是一回事
深深的愛戀，君則無計拋棄。

五月Ｘ日（之二）
倘若他們需要
小小的奢侈和熱鬧，給他們吧
倘若他們需要
小小的虛榮和得意，給他們吧
倘若他們需要
小小的歡樂和揮霍，給他們吧
倘若他們需要
小小的迷信和固執，給他們吧
倘若他們需要
小小的縱容和寬諒，也給他們吧
勞累、窮困及卑賤之餘
何必定要他們背負醒覺的苦痛如我？

五月Ｘ日（之三）
瀟灑往往必需忍受窮困
飛翔往往必需忍受風雨
善良往往必需忍受傷害
節操往往必需忍受排擠
輝煌往往必需忍受良心的譴責
幸福往往必需忍受憂懼
負責往往必需忍受自身的落魄

五月Ｘ日（之四）
順從之必要，裝傻之必要
安安分份隱忍屈辱之必要
君非英雄亦非俠士此一認識之必要。

懶散之必要，嚴肅之必要

正正經經誤人誤己之必要

君和銅像不可能扯上關係此一認識之必要。

散步之必要，淡泊之必要

詠清或不清的風，嘆明或不明的月，賞奇或不奇的星象之必要

君生而乃一愚直農家子弟此一認識之必要。

閒聊之必要，關係之必要

微笑、招呼、致敬、贊美等等之必要

君非陶淵明或華滋華斯此一認識之必要。

相思之必要、盼望之必要

設想來日苦慰自己之必要

君和伊遠隔數百公里此一認識之必要。

五月 X 日（之五）

母親的雙手，是一層厚似一層的繭

密密縫製而成

不識蔻丹、不識指甲油、不識絲絨手套的

母親的雙手，長年屬於泥土

母親的雙手，每一道掌紋

自年少迄今

永遠默默流淌著心酸的汗水──

餵養我們長大、供給我們學識的汗水

沒有握過毛筆或鋼筆的

母親的雙手，一攤開

便展現一頁一頁最美麗的文字

那是永遠讀不完的情思

那是永遠解不盡的哲理

而今晚，陰風冷雨蕭蕭切切

暗夜中，我望見

母親的雙手，因負荷太重太久

每一層堅韌的繭，正逐漸剝落……

五月 X 日（之六）
所謂立場，所謂原則，所謂
種種板起面孔的規矩
往往是優越者冷酷的藉口

勇者的氣概呢
仁者的胸懷呢
智者清醒的聲音呢
生命啊！小小的幸福和歡樂之外
君所苦苦探尋的奧秘
就是永無止盡的無奈和掙扎

任焦慮、困惑及疲倦，日日守著君
君終究只是一隻凡庸的動物

五月 X 日（之七）
……最難風雨故人來……

而你竟然履臨
一地和我一樣鄙俗而憨直的
野花野草野菜
因熟稔我對故人的懷念
紛紛仰起臉來
爭睹來自遠方的年輕少尉俊逸的神采

一地和我一樣不善表達深情
復不善作態的野花野草野菜
一逕屏息側耳傾聽
傾聽我們儲藏了許久的綿綿絮語
在輕柔的風中
無所謂意義或不意義的傳來傳去

一整個下午，就這麼延續著
誰知將延續到我們白髮蒼蒼的
何年何月何日？
而我們始終不免困惑地思忖

「吾等或將不致太輝煌亦未可知」

然則，不管輝煌不輝煌

總之是嚮往，總之是溫暖的情誼

……最難困厄故人來……

1974 年

〈終結〉

將髮型交給四面八方的風

將憂愁交給笑容

將明日交給不可信託的雲

即使蒼涼，也是微微的了……

青苔如何爬上善飛的翅膀

暮色如何腐蝕清亮的眼眸

你從未在意——

開在同一枝頭上的花

今年已非去年那種顏貌和芬芳

往日就算甜蜜的愛戀，姑且緬懷

他年就算輝煌的舊事，不妨數說

但你額上刻盡風暴的歲月

已斑駁不堪，不堪作證

晨曦，不再是歌唱榮耀的青春

默默揮別夕陽黯然老去

靜待黑暗獵盡你單薄的身影

陰悒裏，可有誰和你

交換一個莫逆而光煥的顧盼

奔馳是一回事，埋伏是一回事

所有的路均已陷成斷崖

又是另一回事

茫然撫著未白而禿的兩鬢

你苦苦半舉的手臂

將被命運怎樣安置

1974 年

〈餘燼〉

問此溪潺潺的靜謐，何來何往

問此谷哀傷的甜蜜，怎樣遼闊

殘了又殘的殘月

猝然躍出，自你背面的山後

猝然擊碎滿天迷濛

滴滴濺向我抓不住攀附的舉目

自起步之初

一個足音，便譜出一種錯誤

──一種絕望的伸延

輕盈也罷，猖狂也罷

終究，你的溫婉和明媚

抹不去在我面額上呼嘯的一道道風雨

甚至，將我垂老的紋絡

襯托得更蒼涼

一點燃，即註定結局的火焰

均一一熄了

無處疏濬的殘燼

已掩沒我年少的激情

何以竟再企圖點起

在一閃一滅之間，照見自己的卑微

問這一程淒惶，如何終止

問下一步行腳，如何可知

迎面撲來的漫天風沙

遮沒我窺視明日的禪機

1974 年

〈迷津〉

一聲佛，一聲錯

一句涅槃，千萬句纏綿

木魚啊木魚，你的敲打嘈嘈切切
可曾招來多少遺忘？
苦守空山寺廟的老僧啊
你的臨江垂釣
可曾釣起多少寧靜？

白盡鬢眉，白不盡記憶
依稀，伊就在你身側
在滿山滿林滿寺院
繞著你的聲息
款步著悠悠忽忽的往昔
往昔啊，在你的胸臆間
激盪復激盪
在你的血脈中
潺潺奔流的往昔

焚香、合什、攤開厚厚經典
音猶未出
伊已幽幽而來
自淒冷的酆都城
幽幽向你耳語：
隔世的孤苦，他年的美艷

一聲佛，一聲錯
一句涅槃，千萬句纏綿
苦守空山寺廟的老僧啊
你尋索甚麼指點？
迷津，仍是不能渡的迷津

1999 年
〈餘震總會停止〉
餘震仍持續、驚悚仍持續
持續搖憾著島嶼
多少平凡的幸福被殘垣斷壁壓垮

多少血淚悲泣埋葬在碎石瓦礫中
劫難的訊息擴大著傷痛

餘震仍持續、驚恐仍持續
持續搖醒著人心
多少無私的腳步急急趕赴
多少溫暖的雙手毫不遲疑
復建的信心迅速在凝聚

餘震仍持續、驚慌仍持續
持續搖晃著文明
光源斷絕、黑暗沉落四周
在空曠野地疲倦安頓下來
乍然望見星光、如此璀璨而貼近
那是我們生疏已久的安慰

持續的餘震總會停止
我們的傷痛也會轉化
化為疼心平撫怨懟
化為協力止息紛爭
化為公平取代榨取

餘震總會停止
就像強大的天災地變
還會再度發生
如何尊重大地倫理
我們都要重新學習

附錄 5　《吳晟詩選》書寫節數分析

「飄搖裏」1963 年～1982 年作品

編　號	詩　　名	年　代	節　數	編號	詩　　名	年　代	節　數
1	樹	1963	3	2	選擇	1967	6
3	階	1969	5	4	秋日	1969	5
5	詠懷	1970	4	6	輓歌	1973	4
7	意外	1972	4	8	浮木	1974	4
9	輪	1975	2	10	堤上	1976	2
11	十年	1976	5	12	過客	1978	5
13	有用的人	1980	7	14	從未料想過	1981	5
15	異國的林子裏	1981	5	16	遊船上	1981	4
17	洗衣的心情	1981	5	18	雪景	1981	4
19	眼淚〔註1〕	1988	4	20	制止他們	1981	7
21	我不和你談論	1982	4				

「吾鄉印象」1972 年～1977 年作品

編號	詩　　名	年　代	節　數	編號	詩　　名	年　代	節　數
1	序說	1972	3	2	晨景	1972	4
3	店仔頭	1972	5	4	陰天	1972	3

〔註 1〕〈眼淚〉（1988）與〈抱歉〉（1983）、〈呼喚〉（1983）同屬於吳晟在愛荷華時
　　　　期的作品，在《吳晟詩集》列為「愛荷華」札記，只是發表時間相隔五年。

5	雨季	1972	4	6	曬穀場	1972	4
7	稻草	1972	4	8	歌曰：如是	1972	4
9	沉默	1972	4	10	路	1972	4
11	清明	1972	4	12	泥土	1974	4
13	臉	1974	5	14	手	1974	4
15	野餐	1974	4	16	水稻	1974	4
17	含羞草	1974	4	18	秋收之後	1974	4
19	土	1975	4	20	木麻黃	1975	4
21	牽牛花	1975	4	22	野草	1975	5
23	雷殛	1976	5	24	秋末	1976	4
25	苦笑	1977	3	26	過程	1977	4
27	獸魂碑	1977	5	28	狗	1977	5
29	牛	1977	4				

「向孩子說」1977 年～1983 年作品

編號	詩　名	年　代	節　數	編號	詩　名	年　代	節　數
1	負荷	1977	4	2	成長	1977	4
3	不要駭怕	1977	4	4	不要看不起	1977	4
5	例如	1977	4	6	愛戀	1977	5
7	阿媽不是詩人	1978	4	8	無止無盡	1978	4
9	蕃藷地圖	1978	4	10	寒夜	1978	5
11	阿爸偶爾寫的詩	1978	3	12	勞動服務	1979	7
13	草坪	1979	8	14	不要忘記	1980	5
15	沒有權利	1983	5	16	詢問	1983	9

「再見吾鄉」1994 年～1999 年作品

編號	詩　名	年代	節數	編號	詩　名	年代	節數
1	你不必再操煩	1994	8	2	回聲	1996	9
3	經常有人向我宣揚	1996	8	4	水啊水啊	1996	6
5	高利貸	1996	5	6	幫浦	1996	6
7	土地公	1996	6	8	賣田	1996	6
9	不妊症	1996	5	10	黑色土壤	1996	6

11	寫詩的最大悲哀	1997	5	12	我仍繼續寫詩	1997	5
13	我時常看見你	1997	7	14	一概否認	1997	5
15	老農津貼	1997	7	16	誰願意傾聽	1997	6
17	出遊不該有感嘆	1997	7	18	油菜花田	1997	6
19	我清楚聽見	1998	5	20	機槍聲	1998	3
21	揮別悲情	1999	5	22	小小的島嶼	1999	8
23	我們也有自己的鄉愁	1999	7	24	角度	1999	4
25	憂傷之旅	1999	7	26	馬鞍藤	1999	5
27	沿海一公里	1999	6	28	去看白翎鷥	1999	4
29	消失	1999	5